"十二五"国家重点图书

出版规划项目

杜维明著作系列

文化中国

扎根本土的全球思维

杜维明 著

图书在版编目（CIP）数据

文化中国：扎根本土的全球思维 / 杜维明著 . —北京：北京大学出版社，2016.4

（杜维明著作系列）

ISBN 978-7-301-26667-0

Ⅰ.①文… Ⅱ.①杜… Ⅲ.①新儒学-研究-中国-现代 Ⅳ.① B261.5

中国版本图书馆 CIP 数据核字 (2015) 第 309440 号

书　　名	文化中国：扎根本土的全球思维 Wenhua Zhongguo
著作责任者	杜维明 著
责任编辑	吴　敏
标准书号	ISBN 978-7-301-26667-0
出版发行	北京大学出版社
地　　址	北京市海淀区成府路 205 号　　100871
网　　址	http://www.pup.cn　　新浪微博：@ 北京大学出版社
电子信箱	pkuwsz@126.com
电　　话	邮购部 62752015　发行部 62750672　编辑部 62757065
印 刷 者	北京中科印刷有限公司
经 销 者	新华书店
	880mm×1230mm　A5　9.25 印张　188 千字 2016 年 4 月第 1 版　2018 年 10 月第 2 次印刷
定　　价	45.00 元

未经许可，不得以任何方式复制或抄袭本书之部分或全部内容。

版权所有，侵权必究

举报电话：010-62752024　　电子信箱：fd@pup.pku.edu.cn

图书如有印装质量问题，请与出版部联系，电话：010-62756370

缅怀我在东海大学的业师牟宗三和徐复观两先生
——他们为我开启了儒学之门

目 录

前言 _____ 1

致林同奇 _____ 1

孟子：士的自觉 _____ 4

徐复观先生的人格风范 _____ 34

宏愿、体知和儒家论说
　　——回应冯耀明批评"儒学三期论" _____ 51

儒学论说的生命力
　　——兼答冯耀明先生 _____ 56

文化中国与儒家传统 _____ 66

徐复观的儒家精神
　　——以"文化中国"知识分子为例 _____ 77

大陆知识分子的儒学研究 _____ 92

宋明儒学的中心课题 _____ 102

儒家人文关怀与大学教育理念
　　——在岳麓书院创建1020周年纪念会上的演讲 ＿＿＿＿118
从"文化中国"的精神资源看儒学发展的困境 ＿＿＿＿126
儒家传统的启蒙精神 ＿＿＿＿147
儒家人文精神与宗教研究 ＿＿＿＿158
人文精神与全球伦理 ＿＿＿＿199
冈田武彦先生的儒学 ＿＿＿＿228
全球化与本土化冲击下的儒家人文精神 ＿＿＿＿231
郭店楚简的人文精神 ＿＿＿＿264
全球伦理的儒家诠释 ＿＿＿＿270

前言

这三本文集和两本访谈反映了我三十年来的思路：植根儒家传统，在现代西化的大潮中，关注"文化中国"，面对人类的困境，通过文明对话，为儒学第三期发展走出一条较为宽阔的道路——汲取自家的泉源及其他文明的精华，丰富具有全球意义的儒家价值。

儒学的"灵根再植"是一条漫长的道路，需要几代人不懈的辛勤耕耘。记得我的中文论文首次在中国大陆发表，那时在学术界，不带批评的儒学研究极少，否定儒家的价值才是常态，《孔子仁学中的道、学、政》当时发表在《中国哲学》第5辑（1981），并非易事。我要在这里感谢庞朴、金春峰和楼宇烈三位先生克服阻力，坚持一字不改地发表。那是对我的信任，也是编者的勇气。

对比之下，我在国内出版的第一本中译论文集《人性与自我修养》的遭遇则大不相同。不仅此书的注解被全部删除，而且编者还勉为其难地写了"仅供参考"的导言,才顺利刊发。

80年代,从临太平洋的伯克利加州大学迁居到面对大西洋的哈佛,但我常常远渡重洋来到北京、上海、武汉、深圳、广州和曲阜等地,参加学术会议的机遇随之大大地增加了。1978年10月,我在成立不久的北京历史学会发表了以韦伯理论解析"郑和下西洋的历史意义"的演讲。至此以后,特别是1980年在北京师范大学访问的近一年中,我和"文革"后入学的七七、七八、七九三届文科大学生有了深入的接触,并结下了不解之缘。那时,常有机会和国内的老中青三代学者畅谈儒学是平生一大乐事。和他们面对面的交流使我体会到深层聆听的价值;长者的智慧、同辈的见识和年轻人的提问,都需要一再琢磨才能心知其意。我所"杜撰"的"体知"(embodied knowing),不少同道以为在理论上很有发展的空间,但对我而言,80年代的"植根"工作,比如"陆象山的实学"和"刘宗周的主体性"乃至有关宗教的反思都来自"体之于身"的感知。因此,我所提出的观念,尤其是那些有形成论可能的观念,绝非即兴而发,也不是突然浮现的灵感,而是经过长期琢磨的结果。最后两篇短文,《身体与体知》和《继承"五四" 发展儒学》,虽然很不成熟,确实是我考虑多年的课题。

90年代初,中国的思想界受到了巨大的冲击。我虽然出版了《十年机缘待儒学》的文集,但更多精力则在开展"文化中国"的论域。《文化中国:以边缘为中心》这篇论文在英语和汉语世界都引起了广泛的反响。美国人文社会科学院(The American Academy of Art and Sciences)的学报 *Daedalus* 在其50周年专号(2005)从数以千计的论文中评选了14篇最有影响的代表作。我想《文化中国:以边缘为中心》入选的理由是，它提供了超越经济、政治、种族、语言和意识形态来理解中国的崭新视角。写这篇文章是在1989年下半年，当时心情极糟，"家事，国事，天下事，事事关心"的抱负和悲伤、义愤、民族感情、天崩地裂的危机意识交织在一起，迫使我不得不放弃十多年设想如何"灵根再植"的美梦。暂时把目光投向更广阔的华人世界，也就是散布在世界各地的"中国人"。不过，这种无奈和失落感毕竟被一种良知理性的光辉所唤醒：我写《孟子：士的自觉》要传达的信息是陆象山所谓"十字打开"的宽宏大量。这是一种有源有本而又涵盖天地的"人学"。如何扎根包罗万象的"文化中国"精神资源中的儒家，聚焦多层面多维度的儒家传统中的思孟心学，便是我的"存在选择"。这本是多年来的定见，毋庸赘言。在此，必须说明，我的学术谱系单就儒学而言，便包括孔思孟荀董朱陆王李（退溪）刘（宗周）、戴震及当代的熊十力、梁漱溟、马一浮、牟宗三、唐君毅和徐复观。同时，我对文中子、张载、程颢、李栗谷、王夫之和中江藤树也颇有偏好。我特别提出了孟子，是为了强调孟子的抗议精神。

我的哲学思想深受熊十力和牟宗三的影响，不认同徐复观晚年归宗程颐坚决反对形而上学的思路。在政治层面，我则衷心敬重徐复观以"儒家的自由主义"自称的浩然之气。当然，他的思路和哈耶克反民主的自由主义大异其趣，也和以市场为枢纽的新自由主义截然不同。徐复观所揭橥的是五四运动以来中国知识人追求自由、人权、法治、民主、理性、科学的自由主义，也就是反对以任何藉口维护权威为推行个人或大小集体专制的理念、意识形态或制度。我认为这是儒家抗议精神的真血脉。徐复观的一段话："人格尊严的自觉，是解决中国政治问题的起点,也是解决中国文化问题的起点"充分显示他所关注的不只是政治而是价值理性和目的理性。

1994年,我又重返阔别五年的中国大陆,目睹市场经济如何把祖国转化为市场社会的浮面现象,我和清华大学的卢风教授进行了有关"物欲释放"的对话,讨论到经济主义、消费主义和利己主义如何解构道德共识、腐化亲情关系的危险。在凡俗人文主义大行其道的时代,商业狂潮席卷政治、媒体、学术乃至宗教各大领域。我提出了宏大叙事,是源于我的忧患意识,自觉地和越分越细、越走越专的学风背道而驰。

《宏愿、体知和儒家论说》和《儒学论说的生命力》是两篇和友人冯耀明教授论学的文章。我对他批评"儒学三期论"和"体知"的理念,做出了强烈的回应。没有把他的文本附上,对他是不公平的,我在此表示歉意。其实,他提出用"分析哲学"的方法发展儒学论域,我基本同意。我坚持"做哲学"必要时不妨用似乎不合逻辑的思维,比如"内在的超越",他则未必认可。但是我们在致力于儒学进一步的发展上确是同道。

我在《文化中国》着墨最多的是儒家的人文精神,意愿是纠正那些将儒家入世的价值取向和凡俗人文主义混为一谈的印象。严格地说,和其他"轴心文明"相比,儒家的"超越突破"并不明显。儒家的天和犹太教的上帝、希腊哲学的逻各斯或印度的梵天都有超越性,但儒家的天更具有内在于人的属性,而且人性本身即有通天的实质。这种相互含蕴的天人关系导致相当普遍的误解:从正面肯定的视角看,天的人文化是理性的表现,去除了迷信的成分,因而精神性的强度不够；从负面批判的视角看，超越外在的"绝然它者（the wholly other）"没有获得充分发展，造成彻底转化世界能力的缺失，常易流于和现实妥协的庸俗。一些学者赞赏儒家在轴心时代即发挥了突出理性主义的特色，其他学者受到韦伯的影响，把中国无法培养资本主义精神的原因归罪儒家入世的价值取向。我考虑这个问题多年，80年代就接触到儒家伦理和东亚现代化的问题。不过，我真正关心的课题不是从功能和效应的层面评断儒学在社会经济领域的作用，而是从儒学本身立论：面对生命世界究竟应该何以自处？儒家和西方现代启蒙应该是什么关系？一个值得全面而深入考虑的课题是西方启蒙思想家中的"儒家因素"。我尤其关注的是儒家如何能摆脱清教伦理被资本主义的现实关进"铁笼"的命运。应该说明，韦伯研究清教伦理和资本主义精神是回顾百年前的历史而我目前发展儒家的人文精神则是为了转化当下的凡俗世界。

突显儒家的人文精神和强调儒家的批判精神是一脉相承的。80年代的儒家在国内面临灭绝的危险，但在海外，即使是"游魂"，却有广阔的发展空间。90年代儒家已从"一阳来复"走进了"否极泰来"的氛围。当下钱权和儒家结合，使其价值彻底异化，导致精神资源荡然无存的危机却大大地增加了。探究儒家的宗教性，是为了重新确认儒家的生命形态：全面发扬其理性传统，特别是沟通和目的理性；深入发掘其"与天地万物为一体"的仁道，把儒家思想融入全球化的问题意识之中。这应该是政治、学术、媒体、企业和宗教界知识人的共识和共业，也是"为中国'公民社会'催生"应作的准备。如何在公共领域中开辟各种有意义的人文话语，多元化的理性思考，形成负责任而且有启发作用的政策建言都必须以诚信为文化心理结构的前提。因此心态的转化是关键。一个没有任何敬畏感，缺乏终极关怀，刻意追求可以量化的利益，只注重钱权两种价值的"精英"，是不可能为社会开创"公共善"(the public good)的。在传统中国，"天地君亲师"都有凝聚向心力的社会功能，通过各式各样的小集体达成大社会的"有机整合"(organic solidarity)。当下，信息和传播科技的全球化已为人类建构了一个"共同体"。在"文化中国"，群体的"自我意识"逐渐形成，各方协力发展公共领域的机制也在进行。如何从只关注个人的私利推向也考虑"公共善"的心态是关键。思孟心学在培育这种心态方面可以发挥积极的作用。这是"文化中国"的知识精英不仅重视自己为人处世而且也重视教育下一代不可或缺的课题。

中国大陆90年代末，儒学复兴的迹象已很明显，但在全球化的格局中如何理解儒学在"文化中国"的处境还是困难重重。我曾在海基会介绍"大陆知识分子的儒学研究"，在岳麓书院谈"儒家的人文关怀和大学教育"，在杭州讨论儒学发展的阻力部分来自以现代的西方价值评断儒家传统的缺失，在印度讲"儒家传统的启蒙精神"，这些都是为儒学的进一步发展创造条件。我认为儒家的人文精神含有启蒙的理性，但是没有反宗教的倾向，因此可以和宗教对话。我认为儒家思想可以成为建构全球伦理的基础，我相信在处理全球化和本土化矛盾冲突的问题上，儒家传统有丰富的精神资源和实践经验。在信息科技一体化的趋势越来越强劲、文化多样性的呼声也越来越高涨的时代，全球生命共同体的认知和根源意识的觉醒同时涌现。我提出"全球伦理的儒家诠释"面对"文明冲突"，希望为文明对话提供一条和孔汉思"普世伦理宣言"不同的思路,摆脱"抽象普世主义"的陷阱。简而言之,不忽视族群、性别、年龄、语言、地域、宗教等特殊性所凝成的厚实的"根源意识",把它表面上对具体存在的限制转化为"自我实现"的能力。

21世纪的儒家必须面对全球。中国的经济崛起,为儒学的第三期发展创造了新契机,也布下了一个又一个陷阱。我相信儒家作为东亚文明的体现和中华民族心灵积习的重要组成部分,导引了"文化中国"和东亚现代化的价值取向。当然,我们还要追问儒家在中华民族走向富强的道路上起了什么积极和消极的作用。目前,我更关注的是在"新轴心时代",儒家能否充分发挥其批判精神,成为促进财富和权力转化为创造"公共善"的动力。我们不可能以空气、水源、土壤的极度污染为代价来实现小康社会。我们的精英必须从经济人转为文化人和生态人,在尊重生态和文化的前提下,厘定经济发展的速度和方向。转向一个健康的生态和文化环境,需要一个综合的、具有创造力的、开放的机制。从上到下指令式的治理是行不通的,单靠市场本身的调控也是不可能的。广义的精英——包括政府、学术、企业、媒体、慈善、宗教、非政府组织和民间团体等领域的公共知识分子都应该积极参加"公民社会"理念、制度和程序的重新建构。其实,精英只是助缘,必须全民族自觉,才能转世而不被世转。

如何使中国成为文化大国和生态大国?中国的崛起向世界传达的信息不应该只是中国的特殊道路,而应是人类存活和繁荣必经的共同道路。通过文明对话,才能超越大中华的文化沙文主义,从"他者"的角度才能审视中国道路是否有开放性。儒家的修身哲学是为己之学,首要任务是建立自我的主体性。同理,文化主体性是我们必须坚持的立场。如何处理"他者"的问题,儒家的恕道可以提供一条思路。"己所不欲,勿施于人"是一种自律,也是容忍、承认和尊重他人的原则。它不仅和"为己"没有冲突,而且是"为己之学"的必要条件。儒家所指的"己"不是孤立绝缘的个体,而是关系网络的中心点,非原子型的个体内部都蕴含着通向"他者"的因素,促使自我向世界开放。封闭的自我只是"一己之私",并非"为己之学"要培养的廓然大公的真我。"他者"指的是一个异质的世界。在文化层面,急于同化"他者"是不健康的,也是不可能的。首先面对的"他者",应该是自家文化内部的"他者",我写《文明对话的发展及其世界意义》这篇文章,就是通过多次的"回儒"对话的经验体会。我相信在 21 世纪,儒学的创新之路是离不开文明对话的。我期待儒家能从文明对话的具体经验中,摸索出一条世界各大精神传统互相学习、参照和欣赏的道路,现在已有迹象可寻,"对话文明"的出现即是显例。不必讳言,目前各种以"对话"为名的国际会议多半是抗衡、争议、辩难、谈判。但对话形式的频频出现,即表示出一种必须经由对话的共识已经被广泛接受,真正的"对话"已经不是不可企及的理想了。我相信"对话文明"应是新轴心时代的标志。只有在这种氛围中,科技全球化才能与文化多元化和平共存。只有在这个基础上,重建全球政治与经济的新秩序才有可能。儒家应该为此承担一个重要的角色,可谓"任重而道远"。

  儒家不只是中国文化的自我表述,不只是中华民族的集体记忆,也不只是东亚文明的体现,它是人类共同的精神资源。儒家的特殊性和地方性可以使它长期局限在国家和区域的范围之内,无法像基督教、伊斯兰教或佛教一样,成为世界性的精神传统。但是,当代的儒家思想,已具有全球的普世意义。我在《儒家精神取向的当代价值:20世纪访谈》中,从各种角度探讨儒家的精神取向的当代价值,如抗议精神、群体的批判的自我意识、人文主义、内在的超越、体验之知、根源意识与全球化、本土经验与现代化等等,希望激活儒家的生命力,扩大儒学的发展空间。但是,隐含在我心灵深处的"忧患意识"却从未消解。现阶段的儒家,在国内的定位尚不明确,而遭到政治扭曲和经济腐蚀的危险却大大增加,被国外误会为执政者的宣传工具,乃至文化侵略的象征也已广为流传。1997年,上海复旦大学的陈引驰教授梳理了我从1965到1995年三十年散见各地的文字,以"中国传统心性治学的历史命运"为主轴,择出二百零五条,为上海文艺出版社编了一本随笔。我即决定以"一阳来复"命名。对儒学第三期发展的大趋势,我的信心建立在国内民间社会对其教化功能的认同。儒家在文化中国的生活世界中已是被默认的"心灵积习",如果越来越多的知识人也意识到儒家是"学做人"的重要精神资源,它即有强大的生命力和宽阔的发展空间。

《文明对话中的儒家:21世纪访谈》涵盖了2002到2013年,是在文明对话的语境中进行的。我感觉到儒家即使面临着被利用,被异化,被腐蚀的危险,但它已走进了一个新阶段,也许被忽视和被边缘化的时代已经过去了。虽然,有些儒家被钱和权腐化,丧失了独立自主的风骨,被政治利用而成为软实力的形象工程,异化为"曲学阿世"的利己工具,但整体而言,儒家在学术、政治、企业、媒体各领域都相当活跃,从民间到精英各阶层逐渐被重视。我的访谈不是在象牙塔里为儒学痛切陈词，而是借此对现代性、全球化、启蒙心态做出的回应，并提出一种新的人文主义的思维方式。

面向未来，这种人文思维，导源于思孟心学，以儒家在生活世界如何学做人为起点，希望它能够促使中国人发挥自尊自重的觉悟，在国际树立谦和厚道的公共形象。为了重建中华民族的文化自信，出现一批能够"变化气质"的群体。如果有良知理性的官员、企业家和学人频频出现，如果上亿的中国游客不仅标榜钱财的实力和民族主义，也能体现关怀他人、关爱地球、关心文化和敬畏宗教的行为和素质，我相信中国人和中国文化将逐渐被世人尊重，中国的崛起不被认为是威胁，更不是一种对现有秩序的破坏。儒家的批判精神和自反能力应成为爱国主义的反馈机制，使其为重建世界文明秩序做出贡献。把中国的具体情况和人类的普遍环境紧密结合，命运共同体的提法才有实质的意义和落实的可能。

儒家的心学是从每一个人的自我出发，"先立乎其大者"，建立自我的主体性，通过"推己及人"和各种人际关系网络，形成多样的有机体。良知理性不只局限在伦理道德的范畴，和科学、民主、经济、政治、社会、文化乃至宗教都有密切的关系。人类为了解决核战危机、环境恶化、恐怖主义、世界秩序重组等诸多困难而不得不思考在 21 世纪如何学做人的问题。"文化中国"的认同，不可能摆脱人类的共同关切，而独树一帜。我希望中国走的道路是世界各国都能够接受的，甚至殷切期待的。"人同此心，心同此理"意味着在承认文化多样和宗教多元的前提之下，确有普世价值。新人文主义或精神人文主义就是追求人世间的一种基本的共同价值。

我要感谢孔祥来、史少秦、王小超、鲁鹏一、朱天助和艾蓓在编辑和校对方面的帮助。他们,尤其是史少秦,为我改定了文本中的一些谬误。吴敏是这套书的责任编辑,但她的贡献远远超出了责任编辑的范围。没有她的积极介入,包括选文和定题,这套书根本无法问世。当然,书中的缺失和错误全部由我个人负责。

杜维明

2016年1月6日于美国加州

致林同奇

同奇教授吾兄：

十二月十五日大札敬悉。

刚从巴黎返家，又逢东西中心[1]领导层危机（总裁李浩已被迫辞职），颇有忙乱之感。不过巴黎之行以儒家人文主义的现代转化为题和当地汉学家及旅法中国学人交谈和辩论，收益良多，稍可告慰。

所提 communal critical self-consciousness（群体的批判的自我意识）一观念，确为弟"杜撰"。曾在 90 年代某期刊出，并用"涌现"一辞，想说明近年来在"文化中国"的知识分子中体现了一种意味深长的群体的"自我意识"，使我乐观地认为继承并且超越五四，不仅可能而且逐渐落实。吾兄以"民族魂再铸造"刻画此文化

---
1 指夏威夷大学东西中心。——编者按

事业，令人感奋。

这次群体的"自我意识"的特色是"批判性"，也就是一种反馈、分析、评鉴与超升的机制。大陆学人，很容易把批判的"自我意识"误解为某种类型的"自我批判"（self-criticism），实是大错！其实"自我意识"在此即有层层限定与层层破除限定的含义。吾兄举出"毋意毋必毋固毋我"，甚佳。这本是建立深层和动态主体性（subjectivity）的吾儒家法，不过这种自我意识正是社会实践的动源和基础，因此和个人主义的取径不同。

儒家"为己之学"的"己"不是孤立绝缘的个体，而是"仁以为己任"的"己"，是文化传统、社会良知和超越感悟方面凝聚和陶冶的结果。因此，我强调儒家的自我创造转化的功能，是一个开放的系统。宗教学者 Wiffred Cantwell Smith（曾任哈佛宗教委员会主席），是弟师友之间的人物。正在神学院攻读的蔡彦仁同学，对其思想知之甚稔。他曾有 Corporate critical self-awareness 的说法，针对宗教界学人的文化事业而发，和我提出群体的批判的自我意识用义相同。

正如吾兄所说，这次涌现的"自我意识"因为有很强烈的批判性，因此和多元主义的精神不谋而合（弟曾有"多元主义，中心价值与共同基础"的提法）；正是如此，才能彻底转化狭隘的"种族主义""大汉族沙文主义""男性中心主义""权威主义"及"中原文化心理"。譬如我自己究心于儒学第三期发展的前景问题，但我完全能接受王元化先生为五四运动一辩的新启蒙思想。

我也认为，必须充分发挥五四的批判精神（其实五四对国民奴性及封建遗毒的批判，不是"过火"而是不够深刻不够全面）。但是"民族魂再铸造"不能只破不立，因此更艰巨的思想工程是如何丰富精神资源，拓展价值领域，在更广阔更多彩多姿的天地里进行继往开来的文化大业。值得注意的是，五四以来，特别是最近十年，文化中国的学风极其浮夸，如何"切入"深层的哲思工作，困难度很大。弟欲以鞭辟入里的切己工夫达到孟子所谓"深造自得，居安资深，左右逢源"的境地。虽苦思有年而所获尚浅，但愿能广结善缘，共同努力！

　　顺颂

尊安

弟维明上
1990 年 12 月 26 日

孟子：士的自觉

前　言

　　1985年春天，我以儒家传统的构建者为线索，在北京大学开设了儒家哲学的课程，以"人的反思"解读《论语》，以"士的自觉"刻画《孟子》[1]。1987年在曲阜召开第一届"国际儒学研讨会"时，我的发言提纲是《孟子：士的自觉》[2]。1990年7月，北美十多位教授及博士生在纽约北部进行了一周的《孟子》会读。大家所关注的人性本善、道德主体、内在超越及知言养气，也和士的自觉有密切

---

[1] 这门课所讨论的儒家传统的构建者，包括孔子、孟子、荀子、董仲舒、朱熹、陆象山、王阳明、李退溪、刘宗周、山崎暗斋和戴震。
[2] 收入杜维明：《儒学第三期发展的前景问题》（台北：联经出版事业公司，1989年），319—323页。

孟子：士的自觉

的关系。1994年5月，我分别在邹县[1]和南港参加了以孟子思想为议题的学术会议。在南港发表的论题是《孟子：有机知识分子的源头活水》[2]，仍是扣紧士的自觉展开的。

我们可以从主体意识、客观价值和天地精神三个维度来理解孟子思想中所体现的"士的自觉"。首先应指出，"士"在孟子的用词里，和"君子""大人"以及"大丈夫"属于同类，但并非完全同义的人格形态[3]。也许可以这样说：君子多半从德业来界定，而大人及大丈夫则常有社会功效的内涵。正因为孔、孟之道是把社会功效立基于德业，大人和大丈夫必然是君子，所以士君子就是孟子自许，并以此要求有志献身儒术的知识分子的理想人格。

孟子对大丈夫所下的定义，可以导引我们进入"士的自觉"这一领域的问题意识：

居天下之广居，立天下之正位，行天下之大道。得志，与民由之；不得志，独行其道。富贵不能淫，贫贱不能移，威武不能屈，此之谓大丈夫。（《滕文公下》）

北京大学的张岱年教授在这段话中，特别标出"志""位"和

---

[1] 我在邹县"国际孟子学术讨论会"（1994年5月16日至17日）的议题是《从孟子深造自得看其执中思想》，集中讨论孟子批判杨朱惟我（极端个人主义）及墨翟兼爱（极端集体主义）的理据。
[2] "有机知识分子"（Organic intellectual）是根据葛兰西的观点引申而来。葛兰西从各种不同的角度来定义知识分子，如"传统"（traditional）、"纯"（pure）和"新"（new）。所谓"有机"，主要是从社会功能及政治作用方面考虑；我采用这个提法，但重点却摆在价值取向与文化认同。
[3] 显然，"君子""大人"和"大丈夫"，在《孟子》书中专因立德而体现社会价值的人格形态，和地位（如国人、诸大人、左右、国君）或职业（如士、商、旅、农、民）的关系虽有重叠，但不算重要。

"道"三个字,提醒我们注意,他认为孟子的"主体观念"就表现在大丈夫"这样的人有一个明确的志愿,有一个正当的位置,有一个基本的原则"[1]。位,或正当的位置,就是我前面所提到的客观价值。

一、位:客观价值

"价值"一词在近代才开始流行,是翻译 value 而来,原属经济用语,如工农业总产"值"或剩余"价值"之类。value 一名词的引申义,包括重要、益处、有效等;作为动词,value 除"评估"之外,还有"尊重"和"重视"的涵义。在中国古代,与 value 意义相当的词是"贵"[2],孟子提出"良贵"说[3],就是要肯定人人本身固有而且任何权势都不能剥夺的内在仁义的坐标。孟子为建立士的客观价值,采取了多侧面和多层次的社会分析。我认为孟子对士这一阶层如何自处、定位、生存、发展和壮大等课题曾进行过全面而深刻的反思。他以高屋建瓴的宏观视野回应了当时的各种挑战,为士(君子、大人、大丈夫)也就是具有中国特色的知识分子的社会功能,作了很有说服力(理直气壮)的辩解。

对士的客观价值,站在经济效益的尺度加以全盘否定,是古今中西常见的论调。孟子的大弟子公孙丑就提出"素餐"("无功而食禄")的质疑:

---

1 张岱年:《思想·文化·道德》,成都:巴蜀书社,1992 年,第 55 页。
2 同上书,第 69 页。
3 《告子上》。另有"天爵"之说,意义相同,见《告子上》。

公孙丑曰:"《诗》曰:'不素餐兮.'君子之不耕而食,何也?"孟子曰:"君子居是国也,其君用之,则安富尊荣;其子弟从之,则孝弟忠信。'不素餐兮',孰大于是?"(《尽心上》)

批评知识分子不从事劳动生产而竟丰衣足食,虽然不合情理,也违背了社会发展的基本规律,但却立基于似乎不言而喻的因果关系。这种逻辑不仅曾用来攻击献身哲学宗教、文学艺术的人士,也成为古往今来迫害读书人的利器。孟子从政治和教育两方面证明君子并不素餐,而且即使以显著的功效作为衡断的标准,肯定君子的地位也是收益极大的社会投资,是顺着公孙丑的思路而作出的回应。

孟子对另一弟子彭更类似的质疑,就不只从功效设想了。我们在考虑孟子这一回应之前,不妨先介绍他对王子垫问"士何事"所作的解说。既然政治的领导阶层(公卿大夫)和经济的生产队伍(农工商贾)都有事干,夹在中间的士,权势和财货两不着边,究竟所干何事?

孟子曰:"尚志。"曰:"何谓尚志?"曰:"仁义而已矣。杀一无罪非仁也,非其有而取之非义也。居恶在?仁是也;路恶在?义是也。居仁由义,大人之事备矣。"(《尽心上》)

这个以尚志为事的解说,突出了士、君子、大人和大丈夫的本质理由。前面所说"其君用之,则安富尊荣;其弟子从之,则孝弟忠信",正是体现居仁由义的身教所导致的结果,因此政治和教育上的成效是根源于以实践理性为表现途径的动机伦理。彭更是孟子的及门弟子，对尚志必然心知其意，而且积极认同。有了这一共识，师生下面的尖锐交锋才特别精彩：

彭更问曰："后车数十乘，从者数百人，以传食于诸侯，不以泰乎？"孟子曰："非其道，则一箪食不可受于人；如其道，则舜受尧之天下，不以为泰，子以为泰乎？"曰："否。士无事而食，不可也。"曰："子不通功易事，以羡补不足，则农有余粟，女有余布；子如通之，则梓匠轮舆皆得食于子。于此有人焉，入则孝，出则悌，守先王之道，以待后之学者，而不得食于子；子何尊梓匠轮舆而轻为仁义者哉？"曰："梓匠轮舆，其志将以求食也；君子之为道也，其志亦将以求食与？"曰："子何以其志为哉？其有功于子，可食而食之矣。且子食志乎？食功乎？"曰："食志。"曰："有人于此，毁瓦画墁，其志将以求食也，则子食之乎？"曰："否。"曰："然则子非食志也，食功也。"（《滕文公下》）

当然，我们不必坚持彭更对孟子的批评是无的放矢，也不必排除孟子食志、食功的分别有遁辞之嫌[1]。但孟子强调了客观价值不能靠功能坐标系统来厘定，更不能采取经济效益的因果关系为惟一的评断标准，是有理据的。退一步说，即使从功能和效益来衡量，"尊梓匠轮舆而轻为仁义者"也不是合情理的，至于尚志和食功究竟应该用什么尺度才能定出报偿的高低，那就非得考虑天时、地利、人和种种因素不可了。孟子指出"非其道，则一箪食不可受于

---

[1] 孟子的主旨是阐述分工的必要和社会互助的原理。彭更认为读书人传食诸侯，跟随的学生和人员高达数百人，好像有点骄泰过分了。这两个课题本来可以分开来讨论。从动机来分别士和工农在社会中起的作用和扮演的角色，似乎也有不贴切的地方。不过，孟子的自辩从服务阶层运作的逻辑和意义结构的实际效验两方面来考虑，都是有说服力的。

人",是着重君子固穷的本分;"如其道,则舜受尧之天下,不以为泰",则是表述在家国天下的脉络中,充分体证亲亲而仁民而爱物的责任伦理。彭更排斥无事而食,也就是无功受禄的理由,是对"入则孝,出则悌,守先王之道,以待后之学者"所含蕴的意义世界及其实际作用不甚了了。他虽然自居"尚志"的阵容,但他评断价值的原则却来自食功。

在《孟子》一书中,从社会功能建立知识阶层的客观价值,有坚实理据的,是批判陈相称道许行重农思想的篇章(《滕文公上》)。孟子对"陈相见许行而大悦,尽弃其学而学焉"作出强烈的反弹:"今也南蛮鴂舌之人,非先王之道,子倍(违背)子之师而学之,亦异于曾子矣。吾闻出于幽谷而迁于乔木者,未闻下乔木而入于幽谷者。《鲁颂》曰:'戎狄是膺,荆舒是惩。'周公方且膺之,子是之学,亦为不善变矣。"

表面上,孟子痛斥陈相是学派之争,因为陈相的老师陈良虽是南方楚人,但却"悦周公、仲尼之道,北学于中国,北方之学者未能或之先也,彼所谓豪杰之士也。"既然用夏变夷是值得称许的,那么变于夷者就大逆不道了。孟子激切地责备陈相,说他"事之数十年"的老师才逝世不久,便"尽弃其学",向许行靠拢;又认为陈相这种行为和子贡在孔子墓场筑室独居,为老师履行新丧三年,以及曾子严正拒绝子张和子游想假借有若的形象"以所事孔子事之"的要求,真可谓天壤之别。那么,孟子讽刺陈相"下乔木而入于幽谷"和"不善变"是一种道德判断,一种文化批评,也就是陈相的错误是违背了儒家的师生之道和夷夏之辨。

但是通读全篇,孟子解构重农思想的策略,是从社会分工切入的。既然许行重农的理论不能违背农夫必须靠其他行业的人来织布、冶铁、制陶和交易,才能满足其种粟的意愿,"贤者与民并耕而食,饔飧而治"的原则就太偏激、太片面了。既然"百工之事固不可耕且为也",那么"治天下独可耕且为与"?于是孟子根据生产阶层和服务阶层必须同时并存,而且相互依赖的社会分工,而提出在现代曾引起极大反感的劳心劳力说:

有大人之事,有小人之事。且一人之身,而百工之所谓备,如必自为而后用之,是率天下而路也。故曰:或劳心,或劳力;劳心者治人,劳力者治于人;治于人者食人,治人者食于人,天下之通义也。(《滕文公上》)

这段话把劳心规定为大人之事,劳力规定为小人之事,而且以劳心治人,劳力治于人,似乎突出了等级关系,导致了歧视"劳动人民"的不良后果。其实不然,孟子是从社会分工的角度立论的。他的提法不仅有历史价值,而且至今还有深刻的现实意义。细扣文脉,孟子标出大人之事的食于人(靠人吃饭)的劳心者,是针对"君子不耕而食"或"士无事而食"之类经济主义和功效主义而发的。说穿了,许行的"神农之言"也是一种不顾社会的意义结构,甚至对服务阶层的功能也懵然无知的惟劳动生产是问的极端思想。这种思想所标示的平等主义,是只重等量齐观而不谙物情的同而不和:

从许子之道,则市贾不贰,国中无伪,虽使五尺之童适市,莫之或欺。布帛长短同,则贾相若;麻缕丝絮轻重同,则贾相若;五谷多寡同,则贾相若;屦大小同,则贾相若。(《滕文公上》)

孟子的反驳直截了当：

夫物之不齐，物之情也；或相倍蓰，或相什百，或相千万。子比而同之，是乱天下也。巨屦小屦同贾，人岂为之哉？继许子之道，相率而为伪者也，恶能治国家？（《滕文公上》）

固然，这场争议因为只有孟子一面之辞，不能窥得重农思想的全豹，但孟子为知识分子的社会功能所作的辩解，植根于人禽之辨、夷夏大防、职业分工、政治领导、道德教化，乃至文明演化种种复杂的意义结构。这点是可以肯定的。[1]

不过，必须指出，孟子为知识分子的社会功能所作的辩解中，最深刻的理据是民本思想。"民为贵，社稷次之，君为轻"（《尽心下》）的贵民之说，略知儒术者都耳熟能详。他推论这一光辉见地的逻辑，值得回顾：

是故得乎丘民而为天子，得乎天子为诸侯，得乎诸侯为大夫。诸侯危社稷，则变置。牺牲既成，粢盛既洁，祭祀以时，然而旱干水溢，则变置社稷。（《尽心下》）

这段话是从政治和祭祀两条线来肯定人民福祉具有崇高的价值，也就是说天子—诸侯—大人这一层次的"贵族"（所谓"人爵"）的存在理由，即是获得人民的拥戴。即便是"上谷之神"，如果"祭祀不失礼"而竟不能为人民抵御水旱等灾患，也可以"毁其坛壝而更置之"。惟一不能妥协的，是人民的福祉。只有在这语境中，孟子

---

[1] 有关分工的思想，可参考法国社会理论学家涂尔干的经典之著。孟子的观点和涂尔干所谓"有机团结"（organic solidarity）有类似之处。

对仅能"事君人者"（也就是在政坛上显赫一时的权贵，如公孙衍和张仪之流），总抱着藐视的态度：

> 有事君人者，事是君则为容悦者也；有安社稷臣者，以安社稷为悦者也；有天民者，达可行于天下而后行之者也；有大人者，正己而物正者也。（《尽心上》）

士、君子、大人和大丈夫的客观价值（社会地位），在德而不在位；有德而位尊是理所当然，德业隆而官位卑，不足挂齿，以德抗位则有何不可？孟子因齐宣王托病不亲自造访，自己也托病拒绝上朝，而且露骨地"违礼"，让齐王的左右知道托病是抗议行为。这种在专制政体形成的传统社会，乃至今天的民主社会都很难想象的"傲慢"，正是孟子以德抗位的风骨所在。齐士的大夫景丑抱怨孟子的行为不合理："礼曰：'父召，无诺；君命召，不俟驾。'固将朝也，闻王命而遂不果，宜与夫礼若不相似。"孟子举曾参、伊尹和管仲的例子表明心迹：

> 岂谓是与？曾子曰："晋、楚之富，不可及也；彼以其富，我以吾仁；彼以其爵，我以吾义，吾何慊乎哉？"夫岂不义而曾子言之？是或一道也。天下有达尊三：爵一，齿一，德一。朝廷莫如爵，乡党莫如齿，辅世长民莫如德。恶得有其一以慢其二哉？故将大有为之君，必有所不召之臣；欲有谋焉，则就之。其尊德乐道，不如是，不足与有为也。故汤之于伊尹，学焉而后臣之，故不劳而王；桓公之于管仲，学焉而后臣之，故不劳而霸。今天下地丑德齐，莫能相尚，无他，好臣其所教，而不好臣其所受教。汤之于伊尹，桓公之于管仲，则不敢召。管仲且犹不可召，而况不

为管仲者乎？(《公孙丑下》)

这种"不召之臣"的风骨，博大精深的史学家司马光已不能理解。[1] 明太祖下令罢除孟子从祀文庙，是可以想见的。但根据《辍耕录》的记载，元代的刘因却因为三次拒绝忽必烈的征召而体现了道的尊严[2]。毫无疑问，孟子这种以德抗位的批判精神，在塑造中国知识分子的"自我意识"上，起了积极的作用。

二、志：主体意识

《孟子》一书虽为知识分子的社会功能作了精辟的辩解，因此为士、君子、大人和大丈夫的客观价值建立了坚实的基础，但更能凸显孟子精神的是主体意识。其实，知识分子的自我理解、自我定义和自我期许，才是体现士、君子和大丈夫风骨的根本原由。严格地说，劳心者不仅指社会阶层，而且也蕴涵道德修养和文化成就的意义，因此取得劳心者的资格，必须通过主动自觉的人格陶铸。一般而论，"民之为道也，有恒产者有恒心，无恒产者无恒心。苟无恒心，放辟邪侈，无不为已。"(《滕文公上》)这是很平实的观察，"无

---

[1] 司马光不理解孟子的大丈夫风骨，在其《疑孟》(《说郛》第 5 册)中可以窥得几分消息，特别是有关"孟子将朝王"及"孟子谓蚔蛙居其位，不可以不言，言而不用，不可以去已，无官守，无言责，进退可以有余裕"两条。在前者，司马光举出"岂得云：彼有爵，我有德齿，可慢彼哉"的不妥，无法接受以德抗位的观点；在后者，则严厉指出："余惧后之人，挟其有以骄其君，无所事而贪禄位者，皆援孟子以自况，故不得不疑。"
[2] 明太祖虽然对孟子作了严厉的批判，但这一举动并没有形成祖训家法。明代心学鼎盛，孟学因王阳明的致良知教而大放异彩，这一现象值得作进一层分疏。

恒产而有恒心者,惟士为能",突出了士能够超越环境限制(包括经济条件)而安贫乐道的志趣。管子所谓"仓廪实,则知礼节;衣食足,则知荣辱"的普遍法则,并不能涵盖"虽无文王犹兴"的"豪杰之士"(《尽心上》)。他们行动的文法,并不符合权势和钱财的运作模式。

孟子罗列"舜发于畎亩之中,傅说举于版筑之间,胶鬲举于鱼盐之中,管夷吾举于士,孙叔敖举于海,百里奚举于市"(《告子下》)六个特殊的例子,正要说明通过"动心忍性,增益其所不能的"法家拂士("法度之世臣、辅弼之贤士")[1]才是知识分子的典范。要士君子向"东夷之人"(舜)、建筑工(傅说)、小本经营的商贾(胶鬲)、囚犯(管夷吾)、隐者(孙叔敖)和卖身奴隶(百里奚)学习"人恒过,然后能改;困于心,衡于虑,而后作;征于色,发于声,而后喻"(《告子下》)的"忧患"意识,当然不是阶级观点,而是超越阶级感情、打破阶级限制的终极关怀。

这种终极关怀,即是孟子所谓"君子有终身之忧,无一朝之患"(《离娄下》)的存在感受。君子的存在感受不完全由自己身家性命的得失所左右,因此可以坦荡荡地随遇而安,无人而不自得,既能固穷,也能富而好礼,充分体现"为己之学"[2]在陶铸人格方面的积极作用。但"为己之学"虽是艰苦工夫,即使好学如颜回者,也只能"三月不违仁"[3],但绝非只有少数人才能真实受用的精英主义,

---

[1] 根据朱子《四书集注》对"法家拂士"所作的解释。
[2] "为己之学"来自《论语》:"古之学者为己,今之学者为人。"(《宪问》)。
[3] 颜子好学见《论语·雍也》:"回也,其心三月不违仁,其余则日月至焉而已矣。"

把"为己之学"误认为高不可攀的道德理想,不仅忽视了儒家伦理的普遍原则,也和"我欲仁,斯仁至矣"(《论语·述而》)的基本信念有冲突。显然,孟子的主体意识不仅构建在知识分子的精英主义上,而且植根于儒家伦理的普遍原则与孔子的基本信念中。

其实,孔子强调"三军可夺帅也,匹夫不可夺志也"(《论语·子罕》)的主体观念,正是孟子突出主体意识的理据。孟子的性善论为人禽、夷夏及义利之辨建立了形而上的基础,彰显了人类的本质、文化的特色和道德的灵魂;归根究底,还是在充分证成人人皆可通过由主体意识所发动的实践理性,来充分展现"尽心知性知天"(《尽心上》)的全幅内涵。否则,"万物皆备于我矣,反身而诚,乐莫大焉,强恕而行,求仁莫近焉"(《尽心上》)便成虚说。的确,皆可以为尧、舜的"人"[1]和具备万物的"我"绝不只限于少数的知识分子,更非只限于神话传说的圣王,而是泛指天下的芸芸众生,包括夷狄、工人、小贩、囚犯、隐士、奴隶等等。假如说,根据现实考虑,古往今来只有少数豪杰之士才能奋然而起,勃然而兴,真正体现"为己之学"的精义,那么连孔子也不能无憾,罗近溪所谓"真正仲尼临终也未免叹一口气",是对儒术有实感的证道语。

在"保民"和"爱民"的思想氛围里[2],孟子的批判焦点是有王侯之名而实际上只配称独夫民贼的人君(《梁惠王下》)和只能遵循

---

[1] 根据"尧、舜与人同耳"(《离娄下》),而肯定"人皆可以为尧、舜"(《告子下》)。
[2] "与民同乐""安天下之民""为民父母"(《梁惠王下》)、"保民而王"(《梁惠王上》)和"善教得民心"(《尽心上》),都是爱民和保民思想的例证。

"妾妇之道"而显赫一时的权臣[1]，因此在和居高临下的政权势力对话时，孟子从不要求更不斥责士庶人、百姓或天下之民。但这并不表示孟子根本不承认天所降的下民有影响政治的参与精神；他们绝不只是被动的群众而毫无主观能动的潜力。恰好相反，正因为孟子充分肯定"天视自我民视，天听自我民听"[2]的交感互动原则，他才指出"乐民之乐者，民亦乐其乐；忧民之忧者，民亦忧其忧"（《梁惠王上》）的回馈现象。《孟子》一书中所显示的民、百姓和庶人，不仅有认识自身利益、判断仁政暴政和品评领导阶层为公为私的能力，而且可以付诸行动，作出同乐同忧、自安生理、逃亡流离乃至叛乱革命种种选择。

在诸侯、卿大夫、权臣、有司、游士、兵旅、商贾、匠工、农夫、国人、野人、百姓、丘民、奴仆各种社会阶层和流品中，孟子以私淑孔子自勉（《离娄下》）。他最大的心愿是推行仁政，彻底转化"率兽食人，人将相食"的残忍世界，以逐渐达到天下太平的人间胜境。他投入"正人心，息邪说，距诐行，放淫辞，以承三圣（禹、周公、孔子）"（《滕文公下》）的文化事业，目标是明显的：为知识分子探索一条经世济民的康庄大道。这条大道是康庄的，因为它不仅是为生民立

---

[1] 孟子所谓的"妾妇之道"已经过时了，而且必须彻底扬弃，但从他批判公孙衍和张仪之流看起来"一怒而诸侯惧，安居而天下熄"，多么威风，但因服从"以顺为正"的习俗而没有独立人格的风骨，仍有极深刻的现实意义。见《滕文公下》。
[2] 孟子引《书经·泰誓》，可见这是儒家遵从古代贵民的老传统，而发扬光大。见《万章上》。

命,也是为天地立心,为往圣继绝学,为万世开太平[1]。因此,孟子的角度定位不立基于阶层流品,他的自我认识也不反映某一特定阶层或流品的利益。不过,孟子的出身是士,认同是孔子定义的君子,自我期许是"从其大体"(《告子上》)"修其天爵"(《告子上》),并贵其"良贵"(《告子上》)的大人。他的理论和他所生存的历史环境和社会实际有紧密的联系。

为了落实他的心愿,他明确指出自己的文化使命:"闲先圣之道,距杨墨,放淫辞,邪说者不得作。"(《滕文公下》)也就是说,批判极端个人主义(杨)和极端集体主义(墨)以捍卫和传习儒家以仁义为本的中道。把重点摆在意识形态色彩浓郁的心理建设("作于其心,害于其事;作于其事,害于其政"),是孟子主动自觉的选择。

把心理建设的起点规定为自我,这本是儒门"为己之学"的家法。但自我并非孤立绝缘的个体,也不是与物质二分对立的精神;自我既是人际关系网络的中心点,又是体之于身的感性觉情。从中心点下手,推己及人的忠恕之道,也就是孔门所谓"己欲立而立人,己欲达而达人"(《论语·雍也》),才是建立自我尊严的正途。从感性觉情立足,"求其放心"(《告子上》)的学问必须在日常生活中作"集义"(《公孙丑上》)的工夫,才能达到"践形"(《尽心上》)的实效。这是任何一个人,不论命运如何悲惨,都可以充分掌握的自由,因

---

[1] 张载的这四句话,冯友兰称之谓"横渠四句",包含了超越的契悟、为了全民的福祉而投身社会的参与精神、继承文化传统的历史意义和开启大同世界的人文胸怀,很能体现儒家的道德理想主义。北京中华书局所编的《张载集》所收的语录,作"为天地立心,为生民立道,为古圣继绝学,为万世开太平",这里是根据朱熹和吕祖谦所编《近思录》的文本。有关这段话的讨论,可参考冯友兰:《中国现代哲学史》(香港:中华书局,1992年),第253—256页。

为恻隐、羞恶、辞让和是非之心人皆有之(《告子上》),而人皆有之的四端又正是"人人皆可为尧、舜"的本质理由。在这个基础上,孟子提出"求则得之,舍则失之,是求有益于得也,求在我者也;求之有道,得之有命,是求无益于得也,求在外者也"(《尽心上》)。具体地说,前者是我们性分内的资源,而后者则是不能强求、但须正当处理的命运:

> 口之于味也,目之于色也,耳之于声也,鼻之于臭也,四肢之于安佚也,性也,有命焉,君子不谓性也。仁之于父子也,义之于君臣也,礼之于宾主也,智之于贤者也,圣人之于天道也,命也,有性焉,君子不谓命也。(《尽心上》)

把口、目、耳、鼻、四肢的享受,那种人人都自然心甘情愿的需求,归诸"命",而把仁、义、礼、智、圣那种只有极少数高度自觉的人才肯献身体现的价值归诸"性",是孟子道德哲学的特色。但这和"人人皆可为尧、舜"的普遍命题,不仅不冲突,而且相辅相成。毫无疑问,孟子所谓的君子,是以主体意识的道德、觉悟为准则的。这种觉悟所导源的意识,不仅是知性的认知,也是实践的体验,可以说即是"有物有则"的"天生蒸民"本来具有的"良知良能"。(《告子上》《尽心上》)

从道德觉悟凸显主体意识,是孟子继承孔门"为己之学"而发扬光大的杰出代表。从其大体(仁、义、礼、智、圣)为大人,从其小体(口、目、耳、鼻、身)为小人的分别,不来自经济条件、政治权力或社会阶层。一贫如洗的颜回、有德无位的曾子,以及伯夷、叔齐、虞仲、夷逸、朱张、柳下惠和少连这些逸民，不都是能从其大体的人物吗？"为仁由己"（《论语·颜渊》）的基本信念在大小体的分别中更显豁了：

> 耳目之官不思，而蔽于物。物交物，则引之而已矣。心之官则思，思则得之，不思则不得也。此天之所与我者。先立乎其大者，则其小者不能夺也。此为大人而已矣。（《告子上》）

换一个角度，"从其大体"的工夫要在"存心"上作；"先立乎其大者"是"求其放心"的学问，如果不能继之以"存心"，则难免流失：

> 君子所以异于人者，以其存心也。君子以仁存心，以礼存心。仁者爱人，有礼者敬人。爱人者，人恒爱之；敬人者，人恒敬之。有人于此，其待我以横逆，则君子必自反也：我必不仁也，必无礼也，此物奚宜至哉？其自反而仁矣，自反而有礼矣，其横逆由是也。君子必自反也：我必不忠。自反而忠矣，横逆由是也，君子曰："此亦妄人也已矣。如此，则与禽兽奚择哉？于禽兽又何难焉？"是故君子有终身之忧，而无一朝之患也。乃若所忧则有之：舜，人也；我，亦人也。舜为法于天人，可传于后世，我由未免为乡人也，是则可忧也。忧之如何？如舜而已矣。若夫君子所患则亡矣。非仁无为也，非礼无行也。如有一朝之患，则君子不患矣。（《离娄下》）

这种道德推理的内容极为丰富：以培养自己的道德素质为首务，继而建立互爱互敬的人际关系。纵使遭遇横逆，亦处之泰然；先以深切自反为讼过法，如果问心无愧，则彻底化解"一朝之患"的得失心理，而向最高远的人格理想奋勉精进。

表面上，孟子的存心说平实无华，不过是常识性的做人道理，但其中荡漾着实践理性的智慧火花，含蕴着几条孔子所提出的为促进人类和平共处的金科玉律：（1）己所不欲，勿施于人（《论语·颜渊》）；（2）己立立人，己达达人；（3）为仁由己；（4）修己以敬，修己以安人（《论语·宪问》）；（5）以德报德，以直报怨（《论语·宪问》）。

孟子虽然并没有充分展现"己"的内涵，但自觉、自律、自主和自立的理念在他阐释士、君子、大人和大丈夫的文字中层出不穷。他对道德觉悟能在主体意识中引发源头活水的创造力有深切的领会：

> 君子深造之以道，欲其自得之也。自得之，则居之安；居之安，则资之深；资之深，则取之左右逢其原，故君子欲其自得之也。（《离娄下》）

存心而达到自得的境地才不只是浮面地搞好人际关系，获得一个暂时讨人喜欢的公众形象而已。必须自己能作主宰而不是受外力的强迫或引诱，方能突破"今之学者为人"的限制，而投身"为己之学"。这一关并不容易打通。试问我们要通过多高的自觉、多严的自律和多强的自主，才真能坚持自己的人生旅途和精神方向？曾子所谓"士不可不弘毅，任重道远。仁以为己任，不亦重乎！死而后已，不亦远乎！"这是对"为己之学"的艰难深有体认的肺腑之言。但真能自立，必须培养充实的内在资源为先决条件；否则，积养不够，便如无根之木、无源之水，还没有发挥作用就枯竭了。孟子为立志成圣成贤的士君子勾画了一幅超凡入圣、精益求精的蓝图：

可欲之谓善,有诸己之谓信,充实之谓美,充实而有光辉之谓大,大而化之之谓圣,圣而不可知之之谓神。(《尽心下》)

从可欲(讨人喜欢)的善,历经能自立(信),并能充实内在的精神资源(美),令其光辉灿烂(大),即需要多少次第、多少凝聚、多少积养。至于圣神境界所涵蕴的"深造自得",那就更难想象了。

不过,应当指出,孟子对人的阴暗面,也就是虽有四端以及促其壮大的才具,但却未能成学,甚至弄得众叛亲离,有鞭辟入里的洞察。他有关自暴自弃的观点显而易见,不必详扣。但他对乡愿的评断,一针见血,值得详扣:

孔子曰:"过我门而不入我室,我不憾焉者,其惟乡愿乎!乡愿德之贼也。"曰:"何如斯可谓之乡原矣?"曰:"何以是嘐嘐也?言不顾行,行不顾言,则曰:古之人,古之人。行何为踽踽凉凉?生斯世也,为斯世也,善斯可矣。阉然媚于世也者,是乡愿也。"

万子曰:"一乡皆称原人焉,无所往而不为原人,孔子以为德之贼,何哉?"曰:"非之无举也,刺之无刺也,同乎流俗,合乎污世,居之似忠信,行之似廉洁,从皆悦之,自以为是,而不可与入尧、舜之道,故曰德之贼也。孔子曰:'恶似是而非者:恶莠,恐其乱苗也;恶佞,恐其乱义也;恶利口,恐其乱信也;恶郑声,恐其乱乐也;恶紫,恐其乱朱也;恶乡愿,恐其乱德也。君子反经而已矣。经正,则庶民兴,庶民兴,斯无邪慝矣。"(《尽心下》)

"乡愿"是相对于积极进取的"狂"和有所不为的"狷"而说

的。[1]志趣高扬的狂放和坚守本分的狷介固然不能和不偏不倚的中道相提并论,但都是独立的特行之士,颇有践行"为己之学"的潜力。乡愿这种外饰谨厚、又因好逢迎而常为人所称道的伪君子,完全暴露了"今之学者为人"的浮浅:一方面讥评狂者的自我期许,同时也取笑狷者的自我克制。乡愿的求悦于人和亲媚于世,反映了心中毫无主宰的虚脱。这种刺而不痛,也没有显著恶行的同流合污者,不仅背弃了尧、舜之道,而且也抹煞了严肃的以道德觉悟为核心的主体意识,因此孔子深恶痛绝,虽倡导"有教无类"(《论语·卫灵公》)的原则,对这种人则不屑一顾。

孟子在结语中表示:君子若要消除乡愿那种鱼目混珠的干扰,就必须"反经"(回到经常的人道之中)。所谓"反经",也就是返回大丈夫所谓的"广居""正位"和"大道"。只有端正了经常的大道,才能让百姓兴发起来。乡愿正好背道而驰——软化了道德觉悟,消解了主体意识,污染了"尧、舜之道"。

和乡愿形成一尖锐的对比,不徒诵说向慕,而且因亲见"尧、舜之道"而决定以身殉之的,是伊尹所体现的人格形态:"天之生此民也,使先知觉后知,使先觉觉后觉也。予,天民之先觉者也;予将以斯道觉斯民也。非予觉之,而谁也?"(《万章上》)这种以正道兴发百姓的精神,正符合孔子"己立立人,己达达人"的道理。值得注意的是,伊尹以先知先觉自况,充分体现了保民爱民的悲愿,但并

---

[1] 孔子曾表示:"不得中行而与之,必也狂狷乎!狂者进取,狷者有所不为也。"《论语·子路》。

不预设如柏拉图洞穴之喻[1]所显示的哲人因有睿智而不同凡响的精英主义:

> 思天下之民匹夫匹妇有不被尧、舜之泽者,若己推而内之沟中。其自任以天下之重如此,故就汤而说之以伐夏救民。(《万章上》)

孟子因万章的尖锐问题而对伊尹的动机所作的说明,也许不符合历史事实,至少,孟子的辩解是有争议性的;但先知先觉是责任伦理,而非精英主义的表现,则是孟子的一贯主张:

> 储子曰:"王使人瞯夫子,果有以异于人乎?"孟子曰:"何以异于人哉?尧、舜与人同耳。"(《离娄下》)

坚持圣人与我同类,圣人不过是"先得我心之所同然耳"(《告子上》)之类例子,在《孟子》书中屡见不鲜,毋庸赘述。

进一步说,既然尧、舜都与普通老百姓属于同类的生灵,自异于人,乃至误认自己高人一等的知识分子,不仅不明智,而且也不道德。孟子明确指出"人之患在好为人师"(《离娄上》),正是要批评这批自命不凡的人。他们自以为学问有余而不觉显露出的傲慢,也

---

[1] 有关柏拉图的"洞穴寓言"(allegory of the cave),见柏拉图的《理想国》第 7 章,514—517 节。《理想国》所讨论的基本课题包括公义、教育、人的灵魂,以及哲学知识的最后真实,在洞穴寓言中,柏拉图把上述课题贯穿为一,通过"神话"(而不只是辩证推理)特别标示哲学家因究心于冥思,必然和局限于习俗和常识的无知大众迥然异趣。不过柏拉图虽强调内在知识的独立自主性,但他并不满足于智者的洞识本身;他要求先知能通过自明把理智之光带给深陷洞穴的一般人。这一寓言充分体现了柏拉图的精英主义,而且根本定义了西方哲学的价值取径。

许不比"无所用耻"之巧者的"机变"[1]那么严重,但和"行之而不著焉,习矣而不察焉,终身由之而不知其道者"(《尽心上》)一样,都缺乏自知之明。

主体意识是自知之明的基础,建立主体意识以道德觉悟为前提。士、君子、大人和大丈夫的道德觉悟,用孟子表述的方法,即"先立乎其大者,求其放心"(《告子上》),以存养并扩充那"异于禽兽"的"几希",经过长期的集义工夫,达到"深造自得"的境地,即可"由仁义行,非行仁义"了(《离娄下》)。正因为"仁,人心也;义,人路也"(《告子上》)。"由仁义行",则能把四端"扩而充之"(《公孙丑上》),不论穷达都能"左右逢其原":

广土众民,君子欲之,所乐不存焉;中天下而立,定四海之民,君子乐之,所性不存焉。君子所性,虽大行不加焉,虽穷居不损焉,分定故也。君子所性,仁义礼智根于心。其生色也,睟然见于面,盎于背,施于四体,四体不言而喻。(《尽心上》)

君子所性必获得所乐的效验,君子所乐也未必满足所欲的条件;但本末先后判然明确,绝无妥协的余地。那么,君子的文化事业便和道德的自我实现融合为一有机整体,绝不为目的而不择手段,当然也不能走一条"声闻过情"的捷径:

徐子曰:"仲尼亟称于水,曰:'水哉!水哉!'何取于水也?"孟子曰:"源泉混混,不舍昼夜。盈科而后进,放乎四海。有本者如是,是之

---

[1] 孟子对机变之巧者深恶痛绝:"耻之于人大矣!为机变之巧者,无所用耻焉。不耻不若人,何若人有?"(《尽心上》)孟子也斥责卖弄聪明的小智:"所恶于智者。为其凿也,如智者若禹之行水也,则无恶于智矣。"(《离娄下》)

取尔。苟为无本,七八月之间雨集,沟浍皆盈;其涸也,可立而待也。故声闻过情,君子耻之。"(《离娄下》)

孟子说:"有为者辟若掘井,掘井九轫而不及泉,犹为弃井也。"(《尽心上》)那么,若掘井而及泉,才是有本精神的显现。

孟子用水作譬喻来阐明君子志于道的生命形态,意味深长:

孔子登东山而小鲁,登泰山而小天下。故观于海者难为水,游于圣人之门者难为言。观水有术,必观其澜。日月有明,容光必照焉。流水之为物也,不盈科不行;君子之志于道也,不成章不达。(《尽心上》)

有本也就是尽量开发自己内部的资源,让根于心的仁义礼智从始达之泉逐渐壮大,形成沛然莫之能御的气势。如此才能如行云流水般,遨游天下,无人而不自得:

孟子谓宋句践曰:"子好游乎?吾语子游。人知之,亦嚣嚣;人不知,亦嚣嚣。"曰:"何如斯可以嚣嚣矣?"曰:"尊德乐义,则可以嚣嚣矣。故士穷不失义,达不离道,穷不失义,故士得己焉;达不离道,故民不失望焉。古之人,得志,泽加于民;不得志,修身见于世,穷则独善其身,达则兼善天下。"(《尽心上》)

显然,孟子所谓"至大至刚,以直养而无害,则塞于天地之间"的"浩然之气"(《公孙丑上》)正是刻画知识分子由主体意识所引发的自强不息的天地精神。否则,一个住在陋巷里、连温饱的基本生活都大有问题的颜回,怎能宣发"舜何人也?予何人也?有为者亦若是"(《滕文公上》)的狂言?从意义结构的侧面,也就是与社会构建人生价值的立场,孟子说:"夫君子所过者化,所存者神,上下与天地同流,岂曰小补之哉?"(《尽心上》)并没有夸张,而是如实地表达了知识分子的自我理解、自我定义和自我期许。

三、道:天地精神

在孟子思想里,知识分子的主体意识拥有丰富的文化资源。固然,不借外求的"道德的自觉能动性"[1],是主体意识涌现的基本理由,但正如知言养气所显示的孟子的"不动心"(一种心中有主宰的定笃)是内外交养、长期凝聚的结果,绝不是靠主观意愿的把捉即可一蹴而就的。根据孟子文本,知识分子的主体意识,即可以壮大为"浩然之气"的"配义与道"(也就是有道德内容)的自觉能动性,至少来自四大源头。除其自身因良知良能的勃然而兴之外,还有(1)民之所好;(2)天之所予;(3)先圣之道所成三种资源。

孟子以"圣人之徒"自勉,特别标出三圣的终极关怀来表明自己必须和时贤辩难的心迹,是一种由强烈的历史意识和深厚的文化认知所融合而成的使命感:

天下之生久矣,一治一乱。当尧之时,水逆行,泛滥于中国,蛇龙居之,民无所定;下者为巢,上者为营窟。《书》曰:"洚水警余。"洚水者,洪水也。使禹治之,禹掘地而注入海,驱蛇龙而放之菹;水由地中行,江、淮、河、汉是也。险阻既远,鸟兽之害人者消,然后人得平土而

---

[1] 张岱年:《思想·文化·道德》,成都:巴蜀书社,1992年版,第54—57页。

居之。尧、舜既没，圣人之道衰。暴君代作，坏宫室以为污池，民无所安息；弃田以为园囿，使民不得衣食。邪说暴行又作，园囿、污池、沛泽多而禽兽至。及纣之身，天下又大乱。周公相武王，诛纣伐奄，三年讨其君，驱飞廉于海隅而戮之，灭国者五十，驱虎、豹、犀、象而远之，天下大悦。《书》曰："丕显哉，文王谟！丕承哉，武王烈！佑启我后人，咸以正无缺。"世衰道微，邪说暴行有作，臣弑其君者有之，子弑其父者有之。孔子惧，作《春秋》。《春秋》，天子之事也；是故孔子曰："知我者，其惟《春秋》乎！罪我者，其惟《春秋》乎！"圣王不作，诸侯放恣，处士横议，杨朱、墨翟之言盈天下。天下之言，不归杨，则归墨。杨氏为我，是无君也；墨氏兼爱，是无父也。无父无君，是禽兽也。公明仪曰："庖有肥肉，厩有肥马；民有饥色，野有饿莩，此率兽而食人也。"杨、墨之道不息，孔子之道不著，是邪说诬民，充塞仁义也。仁义充塞，则率兽食人，人将相食（《滕文公下》）。

姑不问这段历史回顾和文化分析的客观理据，孟子从演化的角度突出华夏文明史中三大转折，是从哲学的人学来判定。在这关键时代，真有良心理性的知识分子没有沉默的权利，而必须为捍卫我们的生命形态进行辩解。

在多元文化的配景中，我们不难判定孟子的描述是一种意识形态色彩浓郁，而且道德说教意味深厚的偏颇之论；但从文明起源立说，大禹治水、周公定礼乐和孔子作《春秋》，确是在塑造华夏民族生命形态的漫长历程中，起过关键性作用的大事。孟子以孤臣孽子的危心[1]来面对时代的挑战,正是以"昔者禹抑洪水而天下平,周公兼夷狄,驱猛兽而百姓宁,孔子成《春秋》而乱臣贼子惧"(《滕文公下》)为背景的。因此,孟子挺身而出,力挽由个人主义和集体主义泛滥成灾的思想狂澜,绝非主观意愿一时的或表面的反应。他为三圣共同创造的生命形态痛切陈辞的悲情,导引出强有力的论说。这一论说是环绕着人禽之辨、夷夏之辨、王霸之辨和义利之辨几大课题而展开的。

"先圣之道"为孟子所理解的知识分子的主体意识,提供了历史的文化资源;"天之所予"则展现了孟子"内在超越"的思想特色,为士、君子、大人和大丈夫的道德自觉建立了先验的基础。首先应该交代的是,"天"在孟子学说中的突出价值。固然天时不如地利,更不如人和(《公孙丑下》);天作孽犹可违,不如人作孽那么绝对(《公孙丑下》),"强为善而已矣"(《梁惠王下》),不必期待天命,但不仅乐天畏天是仁智的表现,奉行天命的官吏才是"天吏"(《公孙丑下》),仁是"天之尊爵"(《公孙丑上》),"惟在为大,惟尧则之"(《滕文公上》),而且天才是获得天下的最后决断者:

> 万章曰:"尧以天下与舜,有诸?"孟子曰:"否。天子不能以天下与人。""然则舜有天下也,孰与之?"曰:"天与之。"
>
> "天与之者,谆谆然命之乎?"曰:"否。天不言,以行与事示之而已矣。"曰:"以行与事示之者,如之何?"曰:"天子能荐人于天,不能使天

---

[1] 孟子说:"人之有德慧术知者,恒存乎疢疾。独孤臣孽子,其操心也危,其虑患也深,故达。"这确是有同情理解的一般描述,但也表白了他自己承三圣(大禹、周公、孔子)之道的苦心。见《尽心上》。

与之天下；诸侯能荐人于天子，不能使天子与之诸侯；大夫能荐人于诸侯，不能使诸侯与之大夫。昔者尧荐舜于天，而天受之；暴之于民，而民受之。故曰：'天不言，以行与事示之而已矣。'"曰："敢问'荐之于天，而天受之；暴之于民，而民受之'，如何？" 曰："使之主祭而百神享之，是天受之；使之主事而事治，百姓安之，是民受之也。天与之，人与之，故曰：'天子不能以天下与人。'舜相尧，二十有八载，非人之所能为也，天也。尧崩，三年之丧毕，舜避尧之子于南河之南。天下诸侯朝觐者，不之尧之子而之舜；讼狱者，不之尧之子而之舜；讴歌者，不讴歌尧之子而讴歌舜，故曰'天也'。夫然后之中国，践天子位焉。而居尧之宫，逼尧之子，是篡也，非天与也。《太誓》曰：'天视自我民视，天听自我民听'。此之谓也。"（《万章上》）

这一段孟子和万章的师生对话，内容极为丰富，推尊超越而外在的天为王天下的至高无上的合法权威，更饶有深意。如果我们把孟子因万章层层逼人而明确指陈的观点，解释成以神权迷信为尧、舜禅让（传贤不传子）作出闪烁其辞的借口，这种解释即便符合信史的实证原则，也不能阐明孟子思想的哲学内涵。

天有完全独立的认知能力和运作意愿，不是任何人（包括圣王）可以左右的，因此乐天、畏天、敬天、事天是人的本分。孔子"获罪于天，无所祷矣"（《论语·八佾》）的虔诚和恭谨，孟子知之甚稔，而且体之于身。我们也许可以推论，孟子所理解的天虽然未必全能，但却无所不知，无所不在。但是"天何言哉！"[1]因此不会耳

---

1 子曰："予欲无言。"子贡曰："子如不言，则小子何述焉？"子曰："天何言哉？四时行焉，百物生焉，天何言哉？"（《论语·阳货》）

提面命地把信息传达下来。虽然如此，老天是有眼睛的，而且可以通过具体的"行"和"事"，把好生之德落实人间。孟子曾征引《书经》称赞武王之勇的话来宣示自己的信念："天降下民，作之君，作之师，惟曰：其助上帝，宠之四方，有罪无罪，惟我在，天下曷敢有越厥志？"（《梁惠王下》）

不过，孟子所处的战国时代是天崩地裂、杀人盈野的末世，他自己所亲身接触的，多半是"望之不似人君"的庸俗之辈或"欲辟土地，朝秦、楚，莅中国，而抚四夷"（《梁惠王下》）的独夫民贼。大禹得天下的胜景已成遥远的回响，周公制礼作乐的流风业已烟消云散，连孔子的仁义中道，也因受杨朱"为我"和墨翟"兼爱"的淹没而暗然不彰。此时此地重新反顾文明演化的历史陈迹，剀切晓喻仁政乃自淑淑人的经权之道，而归结到天命是民意的反映，真可谓用心良苦矣！但孟子的道德理想主义是植根于对所处时代的真实体认和对人类前途的悲愿。他的忧患意识迫使他在进行天道如何落实人间时，不得不承认天对人而言，也常表现出一种不得已（无法靠单线推理而了然于心）的无奈：

万章问曰："人有言：'至于禹而德衰，不传于贤而传于子。'有诸？"孟子曰："否，不然也。天与贤则与贤，天与子则与子。昔者舜荐禹于天，十有七年，舜崩，三年之丧毕，禹避舜之子于阳城。天下之民从之，若尧崩之后，不从尧之子而从舜也。禹荐益于天，七年，禹崩，三年之丧毕，益避禹之子于箕山之阴。朝觐讼狱者，不之益而之启，曰：'吾君之子也！'讴歌者，不讴歌益而讴歌启，曰：'吾君之子也！'丹朱之不肖，舜之子亦不肖。舜之相尧,禹之相舜也,历年多,施泽于民久。启贤,能敬承继禹之道。益之相禹也,历年少,施泽于民未久。舜、禹、益相去久远,其子之贤不肖,皆天也,非人之所能为也。莫之为而为者,天也;莫之致而至者,命也。匹夫而有天下者,德必若舜、禹,而又有天子荐之者;故仲尼不有天下。继世以有天下,天之所废,必若桀、纣者也;故益、伊尹、周公不有天下。伊尹相汤,以王于天下,汤崩,太丁未立,外丙二年,仲壬四年,太甲颠覆汤之典刑,伊尹放之于桐。三年,太甲悔过,自怨自艾,于桐处仁迁义。三年,以听伊尹之训己也,复归于亳。周公之不有天下,犹益之于夏,伊尹之于殷也。孔子曰:'唐、虞禅,夏后、殷、周继,其义一也。'"(《万章上》)

显然,尧和舜的儿子皆不贤,禹的儿子启却很得民望。孔子有德无位,桀、纣暴虐无道到了极限才亡国。益、伊尹和周公都不能拥有天下。太甲失位而复位。这些"历史"事件都有不是人的能力和意愿所能做到,而居然成功了,不需要人的努力而自然水到渠成[1]的情况,这也就是"天"和"命"。但贯穿孟子和万章这两段对话的主旨是一致的:不论传贤或传子(政权转移的形态如何),上天的旨意以民意为归依。天视而不自我民视、天听而不自我听是不可思议的,也绝无可能。好勇斗狠,夺人之国以显赫一时的霸主虽然比比皆是,只有以具体的行和事与人为善,才能获得天的默许而得天下:

孟子曰:"子路,人告之有过则喜;禹闻善言则拜。大舜有大焉:善与人同,舍己从人,乐取人以为善。自耕稼陶渔以至为帝,无非取于人

---

[1] 所谓:"莫之为而为者,天也;莫之致而至者,命也。"(《万章上》)

者。取诸人以为善,是与人为善也。故君子莫大乎与人为善。"(《公孙丑上》)

既然君子可以从民之所好和天之所予汲取文化资源,如何把超越而外在的天命转化为本来具有的德性,便成为通过"亲亲仁民爱物"(《尽心上》)而自我实现的重大课题。孟子的性善论有坚实的形上理据:"《诗》曰:'天生蒸民,有物有则。民之秉彝,好是懿德。'孔子曰:'为此诗者,其知道乎!'故有物必有则,民之秉彝也,故好是懿德。"(《告子上》)而且就在这个基础上,孟子提出独立人格的主体价值不仅在人心,而且也在天道:

孟子曰:"尽其心者,知其性也;知其性,则知天矣。存其心,养其性,所以事天也。夫寿不贰,修身以俟之,所以立命也。"(《尽心上》)

能够充分体现根源于心的仁义礼智,即能真切地体知本性原具的懿德,如此必能领悟天的性质。"尽心、知性、知天"这句话应属本体论的陈述,也就是由人心通向天道是不假外求的自知自证。但在现实世界里,人和天本有不可逾越的界域,实践理性并不能保证行道工夫的圆满自足;能作存养工夫,才能奉天而不违悖先验的秉彝。存心、养性、事天应属存在论的教言,即使穷途潦倒,不能享受天年,也以虔诚恭谨的态度,努力提升自己的品德,"不怨天,不尤人"(《论语·宪问》),以坚忍的意志"全其天之所付,不以人为害之"[1]。这种积极的"等待"(俟),和自暴自弃正好相反,是"顺受其正"的"知命"。此处所含的悖论颇有真趣:正因为"人有不为也,

---

[1] 依朱熹《四书集注》对"立命"的解释。

而后可以有为"(《离娄下》),"求仁莫近焉"的"强恕而行"(《尽心上》)绝非违反自然一意孤行,而是"尽其道而死",以"正命"为归旨的存在抉择。

和时贤交锋、和权臣往来、和诸侯对话的具体经验,使得孟子深知"乘势"和"待时"(《公孙丑上》)在实际政治运作中的重要性,但知识分子的存在抉择毕竟不同:

古之贤王,好善而忘势;古之贤士,何独不然?乐其道而忘人之势。故王公不致敬尽礼,则不得亟见之;见且由不得亟,而况得而臣之乎?(《尽心上》)

正因为"在彼者,皆我所不为也;在我者,皆古之制也;吾何畏彼哉",孟子才有"说大人,则藐之"(《尽心下》)的气象。知识分子从天之所予、民之所好和先圣之道所成的各种源头,引发出丰富的文化资源,才能充分凸显既有群体基础又有批判精神的自我意识。

(《国际儒学研究》第 1 辑,北京:人民出版社,1995 年)

徐复观先生的人格风范[1]

中国有良心、有理性的知识分子总是站在广大人民的现实生活和长远幸福的立场,为历史文化的开展、学术生命的延续以及共同意识的发展而努力、奋斗、牺牲。虽然他们并不直接参加生产劳动,在农耕和制造方面创造文明的价值,但是他们"先天下之忧而忧、后天下之乐而乐"的胸怀,确实为古往今来中华民族每一分子的身体、心智、灵觉和神明各层次的合情需求与合理表现作出了不可言喻的贡献。这就是徐复观先生的自我认识。

孟子所标示的"劳心者"绝不是骑在劳苦大众头上为统治君王服务的寄生阶级,而是主动地、自觉地为芸芸众生的生存、生活、教育、艺术和宗教等方面争取基本权益及大义大利的社会良心的代表。这批体现社会良心的知识分子,不论从原始儒学的理想形态或

---

[1] 整理者按:这篇讲演是依据录音整理的,来不及请杜教授亲自校订,特此说明,并表歉意。

儒家伦理在中国政治文化中的特殊表现来考察，都不是超脱现实而究心于抽象思考的旁观者，而是扣紧存在、以体现人生为天职的参与者。严格地说，他们不仅不脱离由农、工、商以及其他社会所组合的沉默大众，而且他们是通过身体力行的实践工夫，和各行各业的全体利益紧密联结着，而获得为沉默大众发言的知识劳动者，是既劳心又劳力的。这就是徐复观先生的社会关切。

知识劳动者是中华民族引以自豪的优良传统。儒家传说中的大禹，正是既劳心又劳力的知识劳动者的典范。大禹有洞悉天文地理的睿智，有全面认识如何解决洪水泛滥成灾的见解，有大公无私的心胸，有以身作则亲自参加劳动的实践精神。这种和劳苦大众共患难、共生死、惟天下太平是问的悲愿，说明了中国知识分子的本色。希腊哲人有探索宇宙根源的惊异之情，希伯来先知有礼赞上帝伟大的敬畏之感。在古代中国，则有尧舜禹汤文武诸圣王的忧患意识（这"忧患意识"是徐复观先生提出来的）。这就是徐复观先生的人文精神。

根据这条思路，孔子的绝学堪忧和文王不顾个人生命的危机而致力于推演易道以探索宇宙变化的悲情是一脉相承的。孔子一方面说"仁者不忧"，同时又承认对当时道业不修、学术不讲的风气抱着忧虑的心理。他对自己生死荣辱置之度外，因此不惑、不惧也不忧，但他对群体大众的现实生活、历史文化的最高理想乃至生生不息的天命，却有深刻的存在感受。这就是徐复观先生的终身之忧。

徐复观老师离开我们已经有 10 年之久。读其书想见其人，我深深地意识到，在他心灵里所荡漾的精神命脉，实乃如前面所说，是从中国泥土里涌现的源头活水。他是一个真正能认同（也许应说是体同）广大农民千百年大福大利的读书人。他的遗言之中说自己是一个农夫。同时，他是一个民主的斗士，一个敢向现实政权挑战的人文自由主义者。他的耿介、他的悲愤、他的怒吼，都是力的表现；不是王龙溪所谓的气魄承当的勇力，而是经过无数转化和超升才逐渐凝成的智力。他接触面广，涵容性大，敏感度高，所以能够广结善缘，让淡泊的儒门获得各方道友的支援。但是，作为一个知识劳动者，他不向任何学术权威低头，也不接受狭义的师承家法，而是以独来独往的情怀，开发中国文化的内在动力。他是身体力行的儒学思想家、历史学家和文学美术的批评家。

以上是根据我在纪念徐老师逝世一周年（1983年）所写的《徐复观先生的胸怀》所发的一些感想。

这10年，自从1981年和徐老师在美国告别以来，不论在北美、欧洲或日本用英文演说或在"文化中国"用中文讲习，徐先生那个非常浓郁的湖北口音，那种声如洪钟的教言，目光炯炯的形象，一种元气、活力充沛的弘道情怀，经常是激励我、导引我的灵泉。其实，在论学风格方面，他所体现的也是一种取之不尽、用之不竭的灵泉。他从事于学问工作，可以用朱熹的证道语说是非常艰苦的。朱熹晚年去世之前，学生问他这一生从事学的情况，他用了四个字"坚苦工夫"。又，熊十力先生说"为学不易，做人实难"。徐老师在这一方面确有一些体认。他自己曾说熊先生对他的"狮子吼"，是起死回生的一骂，他感觉到虽然那时候已经遍读群经，而且对于中国特别是词章文字上面已经有相当的造诣，但经熊先生当头一棒，才知道自己并不曾真正读懂一句。

所以,徐老师的学问等于是在四五十岁的时候再重新起步。在这重新起步的过程中,他的学术工作是非常艰苦的。徐先生从抄写材料、反复的排比、校阅、研读等方面,体现了一种职业知识分子在学术界,甚至可以说在经院的学术界,从事研究讲习的人文从业员必须要通过、必须要做的基本工夫。他的文章当然是改了又改,千锤百炼。另外,对于一本大家都认为耳熟能详的经典《论语》,他读了又读,特别对《论语》所谓"吾非斯人之徒与而谁与"有深刻的体会。我从徐先生这边也了解到《论语》这本书的重要性,我也感觉到"四书"熟了以后,就可以从事于其他更高深的学术研究。徐先生给我的告诫就是"假如你认为你对《论语》已经有全面的理解,而在任何其他的时候从事于对《论语》的探索,不能发现新的问题、新的方向,那你等于是跟我一样,并不曾真正读懂一句"。

徐先生也有一种"不耻下问"的精神,因此能够得道多助。作为一个老师,他在备课方面是煞费苦心的。现在我们还常常想到他进行学术讲习(讲习专书)的时候,满头大汗的样子和全神贯注的精神,真正可以说是老而弥坚,所以他给我们(他的学生)带来了一种既博大而又精深的求学论道的典范。一方面我感觉到他有孟子和象山的英气,一种"十字打开,更无隐遁"的英气,同时又有伊川和朱熹的学养。有一点我应该交代的,就是我和徐先生认识的时间非常长。在中学的时候,因为从牟宗三先生游,同时参加东方人文友会也碰到了唐君毅先生。可能在1954—1955年我十四五岁(或十六七岁)时就见到徐先生。从那时候开始,他和我每一次见面一定是论学，即使是有很多非常困难、艰苦的政治问题，他可以跟我讨论，但是基本上是以学术为对象，所以我是从他的文字，从他的个人的经验理解到除了学问一面，他在政治、在社会上面的存在的感受和关切。

鸦片战争以来中华民族受了各种的屈辱，特别是反省能力特别强的知识分子，深味一种悲愤、焦虑、痛切，到后来无力之感非常强。在整个东亚文明中，中国的知识分子所感受的是一种耻（国耻之耻）。韩国的知识分子，最近他们做一个全面的理解，了解韩国这一百多年来的发展。他们用一个字，韩文的发言叫hahn，事实上就中文的"恨"字。但这个"恨"不是仇恨的恨，是一种长恨歌式的很复杂的感情，一种悲恨、悲愤的感情。我曾和日本的学者交换很多意见，他们说如果要用一个儒家形象的字眼来了解他们明治维新以来所经历的种种，则是一个"忍"字（忍耐的忍），因为日本在战败的时候，他们的天皇就说，我们现在要忍人所不能忍。

五四以来，儒家的传统（特别是孟子之道），就中华民族的文化命脉言，如果用日本学者岛田虔次的话，是东亚文明的精神体现转变成一种抱残守缺的传统主义，或用现代大陆的一些学者的话，现代的中华民族的文化心理结构里面起着腐蚀和消极作用的封建遗毒。我本来只想举一个例子，现在因为牟先生举了另外一个例子，我可以加一点，用两个例子来说明这个情况。从1979年以后到今天这十多年，文化这个字又变成显学，所以说，大陆现在出现"文化热"不是一种夸张的说法。1974年，有一位中国领导人接见日本的教育访问团。在接见的时候，他说了这样的一句话：是在中日两国长期的友谊的长河里面,不幸有一些波澜,就是日本军国主义打了我们,希望军国主义不要再抬头。但是中国也有对不起日本的地方、对不起贵国的地方,就举了把汉字传到日本,使得日本的现代化受到阻碍,把儒学传到日本,使得日本在现代发展中间受到了钳制。但是,我觉得最有讥讽意味的是,日本代表团拒绝接受,认为汉字对他们非常好。理由何在呢?他们说在美国占领的时候,建议日本压缩汉字到八百个字。(有一段时间,新加坡认为八百个汉字也就差不多了。让人很高兴的是,现在新加坡改变了这个方针。)当美国离开以后,美国的影响逐渐地消除以后,日本的汉字从八百提升到一千、一千二、一千四、一千六,现在差不多将近二千。这都是由它的文部省所公布的。照统计,现在在日本所通行的汉字和在中国通行的汉字数量几乎相等,而日本汉字只是日本文化资源,就是象征符号的一部分,它可以通过平假名、片假名吸收很多英文、法文各方面的外来语。这可以看出来在文化发展上的距离。

另外,儒学在现代化过程中,对于中国、日本和朝鲜(韩国)所起的作用不同。但是,明治维新充分发挥儒学的道德价值,儒学成为基本的道德教育,乃至在日本的企业界、政治界、社会各界发挥积极的作用,这是有目共睹的事实。所以日本并不认为它受了儒学或者是汉字之毒。岛田虔次在1974年回访北京的时候,在北大做了一个演讲,讨论宋明儒学。当时因为"文革"的关系,中国大陆的学者不能谈儒学,至少不能正面谈儒家,于是他做了这样的一个结论(这是北京一些同学告诉我的):假若在中国,就是儒学的母国,不能够对这个学问做进一步发展,那我们在东京、在京都的学者就要加倍努力。

可是，值得注意的是，鸦片战争以来，儒学受到了这样大的撞击，成为封建遗毒，成为一种抱残守缺的传统主义，是因为有一种强势的意识形态在起着非常积极，但是有杀伤力的作用。这个强势的意识形态，我现在叫它"启蒙心态"。从18世纪开始，特别经过19世纪以后，对进步、对理性、对经验、对科技，不管是资本主义还是社会主义，都是强势启蒙心态的体现。其实有两种启蒙心态，一种是法国的，一种是英国的。法国的是反神学、反迷信的一种重智主义。因此，当时像伏尔泰，甚至百科全书的一些学者，很欣赏儒学传统，很欣赏中国所谓开明的专制。另外，还有英国的传统，是怀疑主义、经验主义。那么德国的理想主义，特别是费希特所代表的要唤起民族自觉的精神，也可以属于启蒙心态的一部分。这一部分是徐复观先生特别欣赏的。那么，法国大革命所体现的自由、平等、博爱这些价值，后来发展成所谓资本主义的一些思想动向，市场经济、民主政治和重视个人尊严、重视人权、重视隐私权、重视国家法律的程序。在徐先生的群体批判的自我意识里，这个心态（启蒙心态）起了很大的积极作用。

因此，徐先生可以说是受到五四影响极强烈的人。以前他经过一段所谓"鲁迅迷"的时期，他反传统，绝对不看中国线装书（徐先生"反传统"也有相当长一段时间）。另外，对于马列的思想，对于西方的思想，这方面的书他看了很多。在日本的时候，河上肇所翻译的关于西方社会理论的东西，徐先生看得很全，这是在他的文化心理结构中间一个很有意义、影响很大的积淀。因此，从这一方面说，徐先生可能还继承了五四启蒙心态的精神。他是比较重视理性、重视经验,当然重视科技、重视积累性的进步,而对于形上学,对于神秘经验,他是排拒的。可是启蒙心态,一方面为现代文明开拓了很多价值领域,另外也特别把浮士德的那种强烈的杀伤力的精神和启蒙心态融合在一起。好比社会达尔文主义造成殖民主义,造成帝国主义,也把人类今天带到了一个自我毁灭的边缘。因为这个缘故,在西方世界现在对于所谓根源性的问题、族群意识、种族的族群意识、语言、乡土、性别、基本的信念这些问题谈得非常多。我们看得出来,中国台湾是一个非常明确的例子,中国香港亦复如此,现在有强烈的寻根的意愿。这个寻根的意愿在它突出表现的时候,甚至是非常强烈的反中心论、反文化沙文主义的观点。因此五四以来,特别是1949年以来,出现了一种全球意识和寻根意愿之间的复杂的冲突。一方面要现代化,要成为人类文明的一部分;一方面要寻求自己的根源性、族群意识、语言、乡土、信念和自己民族的认同。在1977年的时候,徐先生第一次访问美国,他已经察觉到关于儒学的讨论将来如果要有复兴的一天,对这个问题,就是全球意识和寻根意愿要有一种比较平实的、宽广的了解。

在这个古今中西之争极为惨烈,而且非常错综复杂的思想氛围中间,民主建国的思潮(自由民主建国的思潮)和文化重建思潮,本来应该配套的。在日本配过套,因此它有突出的表现。而在中国,不仅没有配套,反而变成了冲突。这是中华民族在思想上面一个大的困境。牟先生是在哲学的层次,要对这个困境从根本上做出一个解决的方式。所以他的曲从的问题、坎陷的课题,都是从这个角度来理解的。因此要对自己的一些局限性做出全面的分梳、批判,另外一方面要对西方文化的"体"的问题而不是"用"的问题做一番理解。徐先生作为一个现代新儒家,面对这样一个复杂的思想氛围,在表面上看,他是为孔孟之道据理陈词。露骨地说呢,他要打抱不平,他要为传统中国文化申冤。其实更正面地看,这是一个怎样重新再铸民族魂的工作。各种的屈辱、悲愤,第一代、第二代、第三代的新儒家都经历了,从日常生活或者言行、言论里面都可以体会出来,有很多的愤愤不平之气。在这个干扰之下,怎么样能够掌握一些真正的文化资源、精神资源来从事文化事业,在思想的领域、历史的领域、文学艺术的领域深入思考?而这些资源又真正是来自本土的根源性,非常强烈的一种本土的根源性。徐先生他以农夫自居,这中间有一种泥土气非常强的那种精神,就是根源性,是思想、历史、文学和艺术可以开花结果的条件。这个在徐先生看来,不仅是理念,而是落实具体日常生活的一种真切的感受。

因此,要想了解他的人格风范,第一个先要了解他的感情世界,他是一个感情非常丰富的人。有一些哲学家、思想家,像牟先生自己也说了,他在很多地方把他的感情冷冻了,所以他是一个静观者。何以说冷冻?因为你这个感情没有回应,这是在一个非常残酷的世界里面所走的一条哲学思想的奋斗之路。而徐先生是一个参与者,其感情生活非常丰富、多样。他有强烈的同情感,所以他可以成为儒学进一步发展的一个主要的支持者,不仅是精神上而且是事业上各方面的一个支持者。

徐先生的感性非常敏锐、非常强烈,所以他对所谓恻隐之情有深刻的体会。他有强烈的正义感,有的时候他的正义感在突出表明的时候有极端的一面,所以有的人说徐先生喜欢骂人。可是另外一方面,他有一种真正的谦让之情,不仅是对于先圣先贤,对于传统的智慧,甚至对于当代的大师,特别是在学术上面有成就的国内或国外的学者。我看过他好几次跟西方的学者、比较重要的神学家、比较重要的知识分子谈天的时候,他有一种谦让,有一种"以学心听,以公心辩"的那种心态。当然,有的时候他也有暴躁的一面,发挥他"狮子吼"一面,但是另外一方面他确实非常谦和。另外,他对大是大非的好恶都比较强,原则掌握得非常紧。其他各种感情,如对年轻人的喜爱,对于不长进、不能发挥全力的年轻人的一种愤怒,对于民主的追求和学运中有才的后进,他是以全部的心情去培育,结果有的时候反而受到一些无谓的干扰。他一直希望有一个安静的著述环境,可以自己写东西、抄东西。我去香港看他,他的公寓还是比较狭窄,书都不够摆,而且天气非常热。另外,因为语言的障碍,他与香港的社会事实上可说是格格不入。但在另一方面,他自得其乐,可以找到他从事学术研究的一个环境。他特别痛恨有名无实招摇撞骗的学术贩子。另外,我们都知道他享受家庭的温暖,跟学生们在一起。跟同事之间的人际关系,有的时候是斗争,有的时候是和道友同志合作。平常他对人的那种感情是非常浓郁,非常复杂多样的。正因为如此,在现代新儒学发展的过程中,因为他的广结善缘,也因为他的疾恶如仇,由于他打笔战,所以他的知名度比较大,争论性比较大,使得这个淡泊的儒门热闹起来。他痛恨政治,但是强烈的不能自已的参与精神又关切社会。在这种情况下,他为儒学研究拓展了一些领域。很多朋友,很多道友,假如不是因为徐先生的关系,也不会对儒学有兴趣,甚至可以说原先对儒学有一种强烈的排拒和抗衡心理。

在提拔后进以及和年轻人打成了一片这方面,他完全是"毋意、毋必、毋固、毋我"。我记得在1957年,那时候已经安排我转系,在台北,他到我家跟我父亲、母亲大家会面。正遇台风暴雨,家里面涨水,最后必须脱掉鞋子,把裤子卷起来,打着赤脚走过污水才能上车。那个形象一直在我心里面荡漾。

他对发展东海大学的中文系可以说真是"处心积虑、不遗余力",在很多地方很像以前蔡元培先生发展北大的方式。他希望东海大学能够在义理、在考据、在词章上面三途并进。后来有很多他的论敌,对他有中伤或者批评的,基本上都是他请来的。他请他们来,并不是因为大家的学术观点一致,而是因为这些都是在各种不同领域里面的人材。牟先生提到鲁实先生,我跟他念过三年书。确实如此,我们去鲁先生家里念书,至少40分钟他要骂人,比刚才牟先生所说的5分钟要长得多。你如果不忍受这40分钟他骂人,你下面就没有一个半小时标点史记的精彩的学问。我们总是在他骂人的时候就玄想各种不同的问题,到了开始标点的时候就集中力量。其他的教授,有孙克宽先生在诗词方面,有梁容若先生和萧继宗先生在其他方面的教导。

那个时候要把东海大学中文系作为在台湾讨论中国文化、儒家思想和各种不同的学术领域的一个重要的园地。这和徐先生的努力是有直接关系的。所以,在严格的学术(就是所谓 Academy)

意义下，在经院性的学术工作里，他做了很多。对于《史记》、专书的理解，对于《文心雕龙》的研究，使得一个基督教的大学成为重视中国文化、从事儒学研究的中心，这和他后来以及牟先生其他几位先生的努力有直接的关系。

另外，在知识界，因为他办《民主评论》，结识了很多朋友。通过他的政论，甚至以后和殷海光先生等自由主义者能够联手，都是因为对于自由主义和民主精神的一种坚韧不拔的信念，致力于化解自五四以来两股不应该冲突，但却是冲突了而且造成恶性循环的力量。自由民主的思潮和传统文化的思潮，全盘西化和义和团这个狭隘的民族主义，造成了一种恶性循环。在那种复杂的恶性循环里面开出一条路来。在文化事业方面，他用他那有感情的笔继承了陆宣公（陆贽）所代表的政论精神。很多人常常跟他说，梁启超以来很少有这样锋利的笔。

因为徐先生在艺术和文学上的敏感，所以不仅在文化事业上，在文学和艺术的领域也影响了王靖献先生[1]及很多其他从事于文学、艺术（像洪铭水先生）研究的人。现在徐先生在国际学术界，一方面大家认为他对汉代的思想研究贡献非常突出，另外他对中国艺术精神、文学欣赏方面所作出的贡献，不管是国内外的学者，现在一直对他所提出的看法、观点进行进一步的了解，进一步的发展。

一个大学的理念，必须具备四个面向：为社会服务、进行文化传承、进行政治批判、进行自我的实现。这些都是徐先生所关切的范围。此外，对孔孟之道做出一种创造性的转化，而且发展出一种

---

1 笔名杨牧，1940年生，台湾著名诗人。——编者注

学术研究的方向,使之成为具有中国特色的学问,对文学、史学和思想、哲学进行了解代的诠释,这都是徐先生的突出表现。

晚年,徐先生特别把他的思想力量集中在"为己之学"。儒学说"为己之学":古之学者为己,今之学者为人。他所了解的"为己之学",是把"己"从一个生理的存在,生理的我转化成一种道德、艺术价值的理性存在。这使我想起阳明所谓的"必有为己之心,才能克己,能克己才能成己"。他所了解的是一个同心圆,从个人到社会发展是一种有真知、有实感的儒家的存在思潮。他无一朝之愤,而有终身之忧,一种"亡天下"的悲愤。也就是顾炎武那个时候所了解的"亡国和亡天下"文化上的一种大悲剧,强烈的忧患意识。这样复杂,这样困难,有很多不同的途径可以走。你可以用完全隔绝的方式或用一种复杂的参与开出一条真正具有现代意识的人生体验。

其实,他特别强调平实的世界,这个平实的世界就是在人伦日常之间,一方面注意生活的情调,一方面通过各种不同的人际关系联络来见师取友。这个不只是一个社会性的意思,而有更深刻的文化传承的意思。从他在艺术体验和文学欣赏这方面可以看出他的价值。这些都和我前面提到他那个根源性、根源感有关。他认为他确实是中国泥土上长大的,是一个"农夫"。因此他反对洋化,反对社会上的名流,可这并不是一种狭隘的民族主义。他是以一种开放的心灵,接触各种不同的价值,所以他是一个严师,又是充满了同情心的一个严师。其研究广及于先秦的哲学,不仅是《论》《孟》,还有老、庄;两汉的经学,特别是史学(《史记》我想他是念得非常熟的);魏晋的艺术精神,特别是《文心雕龙》;宋明儒学,当然是象山、阳明，特别是后来对程伊川的理解以及乾嘉的朴学。

1977年他到美国参加戴震的学术讨论会，和在美国从事于所谓乾嘉学术研究的很多学者进行了交通，其中对于王念孙、王引之父子的学问，对于钱大昕、段玉裁，后来对俞樾特别欣赏。1982年在朱熹会议的时候，他那时身体已经不很好，不能够来参加会议。那时，他的学术论文是专门讨论程伊川。对于程川和朱熹思想的看法，他赞成二程，欣赏所谓"平实世界"所体现的一种价值。还有，这一次学术会议，如果大家看一看议程的话，正可反映徐先生"文史哲"这一方面涵盖的内容。所以，虽然他已经逝世10年了，但是他在学术工作上面的造诣，他的人格风范，浸润在学术各种领域上面的造诣，还在发功，还在进行转化。

他的遗言里面有一句话是"未能亲往曲阜参拜孔庙为终身大憾"。那么，1985年的时候，我自不量力，就许愿代表他去曲阜。在这个行程中，我安排了第二天早上去孔陵。当天晚上，我在日记里面谈到非常奇怪的景况，就是"狂风、暴雨、迅雷"。8月常常有这个景况，所以这不是什么奇迹，但是那样猛烈很少见。第二天我去的时候很早，非常凄凉，人也不多，很凄凉，但是，我确实有一种很强烈的感觉，很温暖的感觉。

1981年和徐先生在美国见面的时候，他在纽约曾经和好几位朋友，包括以前在东海认得的朋友，讨论儒学发展的前景问题。当时这位年轻的朋友，认为跟徐先生总是可以说真话，不必要有任何隐瞒，就告诉徐先生说，你不必过分乐观，没什么前景可言，儒学是完了。那次会谈我没参加，后来我见到他，就在徐均琴家见的，跟杨诚在一起。他的心情非常黯淡、非常悲戚。他说"我倒不在乎到底大陆讨不讨论儒学，但我不希望以前跟我讨论过学术问题了解到我的思想动向的人，竟这样悲观"。当时这些年轻朋友跟他讨论问题的时候，并不是悲观，而是认为反正跟徐先生是无所不谈，心里面想到什么就可以提什么。但那个时候他也有一种感觉，就说儒学作为一个思潮，所谓中华民族的命脉，它在中国大陆这个田野里面总还有异军崛起的可能性。他那个时候还有个考虑，是不是可以到大陆去从事一次学术交流，当然不是政治上的，是纯粹学术上面的交流。虽然在那个时候他只是一种感觉，但是实际上外在客观的事实、客观的经验给他的一种很悲愤无奈的情怀。过去这10年，大陆确实有很大的改变，也许至少提出来可以告慰他的在天之灵。

最近大陆的学术界有这样一种考虑，认为从五四以来，在中国有三种思潮，最有影响力的是自由民主思潮。自由民主思潮从五四、抗战一直到最近，可是这一股思潮的承继性不是很强。就是五四，像胡适、陈独秀他们所兴起的浪潮，不仅和在台湾60年代的中西文化论战，也和在1979年以后在大陆兴起的全盘西化浪潮，没有明显继承的痕迹。因此有很多课题在五四谈得很深刻，结果在1979年没有触到。有很多课题在台湾谈了，在大陆不知道；有的课题在大陆冒出来了，台湾不知道。它没有很强烈的继承性，因此在学术上面它有它的缺陷。

另外还有一个思潮，他们叫做现代新儒家的思潮。这个思潮从整个影响力来看，远远不如自由民主的思潮。从它的势力上看，当然和马列、毛泽东思想不能相比，但是继承了五四时代的一些学者所提出的课题,他们提到梁、提到熊,也提到张(张君劢先生),还有其他的先生,把这些课题提到议程上面。这些课题包含民主、科学的问题,如何再发掘中国的传统文化资源的问题,怎样面对启蒙心态所提出的课题,及怎样开展新的学运的问题。

1949年以后,在新亚、东海和其他地方又有第二代的思想家在进行考虑,而他们考虑的有非常强烈的继承性。有徐先生、牟先生、唐先生他们考虑的问题,乃至包括方东美先生、钱穆先生他们考虑的问题,都和熊先生、梁先生他们在五四时代所考虑的问题一脉相承。那些问题,当然花样很多,观点不同,内部的讨论也很激烈,矛盾性也很强,但是确实有继承性。一直到了70年代后期,在台湾,有像《鹅湖》,还有其他学人所做的讨论;在香港新亚,像刘述先先生他们所提的;在美国,像陈荣捷老先生,甚至张灏(以前是殷门的大弟子),都讨论这个问题,都有继承性。如果看大陆中国文化书院,像汤一介、陈来、萧萐父和庞朴;另外看《文化:中国与世界》,就像苏国勋和陈维纲他们所做的,则儒家的论说和它们之间,一方面是抗衡,一方面是互相的对话,已经形成了一个思潮。所以,在这一方面讲当代新儒家。我举一个简单的例子,就是在1991年的12月上海出的第271期《学术月刊》,有个叫程伟礼的,在《西学东渐与儒学改革运动》一文里面提到这样一句话:"正是由于第二代新儒学积极从康德和黑格尔的理性主义哲学中吸取营养,又能够合理地采纳西方文化的科学和民主思想,故而能够继承发扬中国儒学的'情理谐和''天人合一'的哲学传统,在科学主义和人文主义的当代哲学对峙中开拓出一条富于东方智慧的独特思路。不可否认，康德哲学和黑格尔哲学的合理内核，把中国儒学改革运动推进到一个新的历史阶段。并且与这一理性主义的反思过程相适应，'儒学复兴论'的口号已经悄悄地为'儒学重建论'所取代。"

在重建儒学的文心事业中，徐复观老师的自我认识、社会关切、人文精神和终身之忧，为现代儒家开辟了一条文史哲三途并进、为儒学第三期发展创造了多彩多姿又殊途同归的康庄大道：上承孔孟，旁及老庄，融合汉代思想，体究魏晋美学，汲取宋明精神（特别是程伊川所启示的平实做人的道理），消化乾嘉朴学，正确应对西方自由民主思潮。而贯穿这一气度恢宏的伟大设计，正是徐老师那扣紧自我、社会、政治、历史和文化的批判精神。最后，我愿意说，徐复观先生的人格风范，就像东海一样的辽阔，像大度山一样的永恒。

（《东海大学徐复观学术思潮国际研讨会论文集》，台湾东海大学编印，1992年）

宏愿、体知和儒家论说
——回应冯耀明批评"儒学三期论"

冯耀明先生在《儒家思想与现代化问题》的长文中把我的思路定名为"儒学三期论",而且采取简单化和庸俗化的手法把我"重重复复"、也可说是辛辛苦苦想要表述的观点一笔勾销,而将其归约为"充满生命力"但却毫无说服力的主张。

本来冯文主要的批评对象是"格格不入论""动态停滞论""辩证开出论"(牟宗三)和"功能转化论"(金耀基)。前两者是"扬弃超越"的代表,后两者是"创造转化"的代表,把我摆在后两者的中间作一过渡,也许是行文的方便。但他的轻松乃至轻佻的语气,接触到几个我以为很严肃的课题,不得不作出回应。

人类自救的宏愿

首先,他不顾我 20 年来针对列文森《儒教中国及其现代命运》的挑战,顺着道、学、政三条线索,采取人物(王阳明、刘因、颜元、刘宗周、熊十力)品评和概念(仁、礼、性、中庸)阐述双轨并进的策略,通过历史描述及哲学分析的两种诠释,把儒学论说提上当今欧美学术界所作的努力,而带着讥讽的口吻判定我的"超越内在说""不足以支持其挽救人类免于'集体自杀'的后现代的宏愿"!

有关人类的集体自杀,是从神学家别瑞(Thomas Berry)的地球故事所得到的启发。别瑞根据生态环境的破坏必然导致人类生存危机的推论,重新反省超越而外在的有神论的限制,并特别强调张载的《西铭》和阳明的《大学问》所提示的以天地万物为一体的哲思,认为这种根源意识很强的天人观有深刻的现代神学意蕴。

不过,宋明儒的智慧只是人类自救的精神泉源之一。我站在多元开放的立场对"启蒙心态"作出批判,并不只以超越内在为准则,也绝不会引发冯文所嘲笑的那种幼稚的"宏愿"。

体知的方法

在方法学上,冯先生一再批评我误用赖尔(G. Ryle)的观点,而且认为我所"杜撰"的"体知"作为既属内化技能又是自知自证的明觉实是一种含混不清的观点,并且认为根据"体知"来构建"一套中国特有的思维体系,只是基于附会而作出的奇想"。他坚信:

"儒家的'德性之知'或'致知'之'知'乃是道德意志的反思活动所达至的心灵状态或精神境界,并不是一种认知或知识。"他在《"致知"概念之分析》中特别引述了维特根斯坦和律德(L. A. Reid)的观点,把"对象性的知识"和"任何心灵状态"截然分开[1]。对这种观点我一直抱着质疑的态度。我从身、心、灵、神四层次来理解"体知"虽是普通常识,但也指涉深层的知性活动。近来在美学、伦理学和宗教哲学的领域里常出现 embodied knowing(体知)之类的观点,也许冯先生以为我的附会和奇想是根据一种机械性的知识理论而来;坚持这各种理论便很容易把"为己之学"或"有关道德修养的心性之学"了解成心灵自身的毫无知识内涵的封闭系统。

我赞成冯先生把闻见之知和德性之知的关系当作"异质的区分",但我不相信"致知"一观点在宋明儒学中所体现的全幅意蕴可以从心灵状态、活动及过程(mental state, act and process)来掌握。我对"体知"的理解,除了从中国哲学(包括儒释道)、西方宗教和东方智慧(日本禅学、印度梵天真我之说、西藏密宗)以及原初精神文明(夏威夷、毛利、美国印第安)各处的灵泉随缘参究之外,也从欧美哲人中获得启示。但在哲学界激发我、吸引我的是马塞尔(G. Macel)、普拉里和伽达默尔之类的学人。我近年受益较多的谈友也多半是特别重视体验和实践的人物,如伯恩施坦(R. Bernstein)、泰勒(H. Taylor)、史凯龙(T. Scanlon)和普特南(不是数理逻辑的普特南,而是担任 Gifrord 讲座专扣宗教知识的普特南)。的确,为了论说的方便,我曾引用过赖尔的观点,但我对他的

---

[1] 载《中国哲学的方法论问题》,台北:允晨出版公司,1989年,18—20页。

哲学趣味索然，也不觉得他的"心灵的概念"有什么发人深省之处。冯先生一口咬定我想在赖尔的基础上建立什么具有中国特色的知识论，这才真有点附会和奇想。

儒家传统与东亚现代化

冯文判定"有关儒家思想是否促进了日本及'四小龙'的经济现代化之问题，杜氏早期的文章是闪烁其辞，后期的文章则直认不讳，但都没有提出任何论据"。这种指责我不能接受。我曾一再指出因果模式（特别是单线的因果推理）对这一课题不可能作出任何结论；即使韦伯所提示的"选择的亲和性"（elective affinity）也不是我所关注的方法。我所强调的是文化的背景因素（譬如传统的精神资源、价值取向或心灵积习在现代化进程中所起的积极和消极的作用）。近年来，有关这一课题我编了3本书，都是集结各专业学人共同探讨的结果：《三重和音：儒家伦理、工业东亚及韦伯》（*The Triadic Chord: Confucian Ethics, Industrial East Asia and Max Weber*，新加坡东亚哲学研究所，1991年)、《儒家世界的透视：东亚儒家人文主义的当代讨论》（*The Confucian World Observed: A Contemporary Discussion of Confucian Humanism in Eastern Asia*，夏威夷东亚中心，1992年）以及目前正在哈佛大学出版社审阅的《东亚现代性中的儒家传统》（*Confucian Traditions in East Asia Modernity*）。我在这些论集中所显示的观点和冯文的指责风马牛不相及。

自从 1988 年在美国人文社会院（Academy of Arts and Sciences）发表有关工业东亚的儒家论说以来，我对自己的基本看法曾通过各种渠道加以阐发，其中当然会有不完全一致的想法。但冯文这种不负责任的描述难逃"动机谬误"，也就是揣测作者或许因为什么非学术的隐情而改变了论说的立场。

细读冯耀明先生批评我有关"儒学三期论"的文字，深觉他只翻阅几篇散诸报章杂志的访谈和短评便坚信可以对我的思路作出公允的论断，也许犯了陆象山所谓的"傲點"的错误而不自知。

本来，局外人对我的批评不论多严厉、多离谱，我是无动于衷的。冯耀明先生是以儒学（特别是儒家哲学方法）自立的道友，也曾有知音之雅（心照不宣），对我的指责当然不是恶意的中伤，希望将来有缘晤谈，或许方能体味其弦外之音的微旨。

（台北：《当代》第 91 期，1993 年 11 月）

儒学论说的生命力
——兼答冯耀明先生

详读冯耀明先生的长文《"儒学三期论"的问题——回应杜维明教授》数遍,所获得的明显印象是:一、冯先生确信,他在《当代》第91期用1200个字、14个注对我的"儒学三期论"作了言简意赅的综述,不仅没有犯简单化或庸俗化的毛病,而且是有鉴于这种提法的代表性和影响力并为了解释西方学术界"愈受批评,表示愈受重视"的精神,才把评论形诸文字,就教时贤;二、冯先生坚持我简短的回应(刊于《当代》同期)对他撰写学术评论所作的责难极不公允:忽视了他的严谨,曲解了他的笔法,误解了他的文本;不仅未能欣赏他的幽默,而且还对他进行非学术性的人身品评。为了一般华人学术界"愈受批评表示愈受中伤"的"前现代化"的心态,他决定以万言长篇针对我的回应逐条作答,又为思想方法在学术讨论上作一"具体示范"。

我想对冯先生的一点确信和三项坚持作一同情而相应的理会。他确信当代英美哲学界的分析方式可以为儒家哲学提供一条崭新的思想途径；即使退一万步，至少可以澄清概念、明确定义和整理思路，这些都是使得儒学论说逐渐吻合逻辑的基本工夫。正因为儒学从业人员常犯概念混淆、定义含糊和思路芜杂的毛病，儒学论说中每有重复而且似是而非的观点，不仅不能为儒家哲学的进一步发展提供新资源，而且有误导的负面作用。"儒学三期论"就是这种大而无当、经不起分析的号称"精深博大的理论"。较平实的作法是把这种内容空洞而酷似神话的理论消解掉，从确定而清晰的理念下手：譬如分析"致知"在宋明儒学中的意蕴，即是具体可行并且有严肃学术内容的思想工作。

他的三个坚持，可以简述如下：

（一）依照西方哲学的用法，"超越"与"内在"是两个"相反"的概念，不可能用来形容同一个实体和项目。既然"超越内在"说与神秘主义有孪生关系，而坚持"超越内在"说又背离了原始儒家的思想，这是一个不可取的提法。

（二）"体知"概念不清晰，也未必可以有效地应用来分析传统儒家的"德性之知"；如果对所谓"体知"概念不能作清晰的界定，并且不能用来说明"德性之知"与"男女交媾之知"的区别，那么，任何可以用来壮声势的"后援"或"雇佣兵"都是"帮闲者"而已，并不能解救理论上的困难。

（三）儒家伦理和工业东亚现代化的说明并不是一种"科学"

或"逻辑"说明,至多只能是一种"形而上学的说明"或"合理说明",也就是"非物理说明",而不是严格意义下的"理论说明"。

我在回应冯文的短篇中所用的是"热笔",也就是投身儒学论说之中必然拥有的感情流露笔端。本来我对王国维所谓"可爱而不可信"以及"可信而不可爱"的哲人心境有些相应的理解,所以大胆的假设是:当今从事儒学研究的学人,至少可以超脱泛科学主义的窠臼,不必为科玄论战而翻案了。

其实我完全同意把分析哲学所确信的思想模式作为方法学的基本工夫,因为不如此很难发展现代意义的学术传统。但必须指出,当今英美分析哲学的缺失,不在其关注视野内所犯的毛病,而在其对焦点之外人类精神文明各大学术领域由于忽视而导致的傲慢。我不否认自己是分析哲学的受惠者;如果没有通过澄清概念、明确定义和梳理思想等基本训练,我也许不能用"冷笔"来阐述自己的观点,也不可能和英美哲人进行平等互惠的沟通。但是,我也深受分析哲学之苦,因为我所关注的领域,正是主流英美分析哲学家因隔离太甚而引发异化感的学科:美学、伦理学和宗教哲学。

美学、伦理学和宗教哲学都涉及体验的层面,无法同情并相应地理解美感、道德感或宗教感所蕴涵的内在经验,便不易深入美的历程、道德实践或宗教信仰等意义世界;要想进行如实的诠释,更是困难重重。英美分析哲学家因焦点集中于认识论,又深受逻辑实证论的影响,在美学、伦理学和宗教哲学方面则乏善可陈。

冯先生所谓的"超越内在"说大概是揣测我"内在超越"的提法而来。我用"内在"(immanent)来界定"超越"(transcendent),

则是想突出《孟子》"尽心知性知天"、《中庸》"参天地之化育"以及《易传》"天地因蕴,万物化醇,男女构精,万物化生"所体现的宇宙论的特色。

因此,"内在超越"用内在来形容超越是规定一种特定的超越形式,和外在超越,尤其是神学家奥特(L. Otto)以"全然他在"(The wholly other)来刻画上帝形成尖锐的对比。夏威夷大学的安乐哲教授和北京大学的汤一介教授都发表专论批评我的观点,但波士顿大学的南乐山(R. Neville)教授在《上帝面具之后》(Behind the Masks of God)却针对安乐哲的批评而强调了"内在超越"的优越性。

我如果接受了因为超越和内在属于两个相反的概念,所以不能用来形容同一实体或项目那种简单的二分法,当然不会用内在来形容超越;那么中国哲学中许多既有冲突又有联系的概念组合,如阴阳、体用、内外、身心、理气或天人不也都成为经不起分析的无稽之谈了吗?

"内在超越"的提出,正是为天人合一这种具有中国特色的哲学理念作诠释。晚近钱穆的最后彻悟、季羡林的"天人合一新论"、张岱年的"天人合一"说,以及冯友兰的晚年定论,都集中这一课题。冯耀明先生目前的倾向是把这一课题和西方的泛神论及神秘主义联系起来,并警告我们说,王阳明和熊十力以"超越内在"说来阐明"天地万物一体"的境界,很有堕入"气质决定论"的危险。我接受他的警告,但我相信钱穆、季羡林、张岱年和冯友兰确实言之有物,值得深扣。

我重视中国哲学界四老的体验之学,并不意味我轻视分析方法。正好是因为我强调恰如其分的学术途径,才深觉必须植根于体验之学,否则,分析来分析去,不知不觉地竟把最有价值的善果给消解掉了!

"体知"的提出正是针对这一现象而发:我的目的当然不只是为了分析传统儒家的德性之知。正因为"体知"涉及的领域很宽(至少适用于美学、伦理学及宗教学)而且是在日常生活中随时随地都不能或缺的知性活动,我没有采取严格的定义方式,而是从广泛的图案识别来显示其运作的实际情况。

普特南(H. Putnam)近年来开设了一门集中探讨"非科学知识"(nonscientific knowledge)的课。"体知"属于这种知识。我举内化技能为例,提出现代汉语的"会"(knowing how)字,正是想说明这种获取知识的方法是多源头、多层次、多渠道的。一般人从呱呱落地到寿终正寝,不论是否接受过正规教育,也不论命分际遇如何,多半是通过"体知"而做人、而为学的。

这种提法表面上只强调了感性知识,好像对于事物的本质和内在联系加以认识的理性知识了无关涉。其实"体知"所凸显的知性德文译名应是 Verstand (一种了解的悟性),既有经验基础,又是通向理性的必经之途。中文里与"体"字缀合而成的词,如体察、体会、体谅、体念、体贴、体味、体恤、体验、体证和体悟,都是了解"体知"的具体实例,而且都牵涉到"身体"。把体知翻译为:embodied knowing,应当是合乎情理的。

"知识"(不论多么严格的界定)当然和人类学、美学、伦理学及宗教学有关,"诠释"当然也是获取"知识"的方法。由于参与者与旁观者角色的互换、情景之间经验的交融、确定对象的困难、不稳定原则广泛适用种种理由,强调主客截然对立(在理论和实践层次)都大有问题。我想在"主客对峙之知识"概念之外建立另一种认知,把心性工夫论和知识论联系起来,共同探讨"体知"的涵义,逻辑上既有可能,实践上又属必要,而且可行性极大。这项工作不仅可以帮助我们开发"为己之学"的内涵,让我们较深刻地体会"知之者不如好之者,好之者不如乐之者"的精意,也许还可以促使我们对现代西方的"知识"或"认知"概念的来龙去脉获得较全面理解。

不过这一宏愿要靠广结善缘而逐步达成,闭门造车不求后援或"雇佣兵"是无济于事的。其实,我认为儒学论说本来就是在公众领域里汲取各家之长,慢慢凝聚而成的文化事业。儒学伦理和工业东亚现代化的关系,作为跨学科、地域、族群和语言的学术研究,正是这种文化事业的体现。

我是这个论说的旁观者,也是参与者;我曾用"冷笔"分析过这一现象,也用"热笔"宣泄了自己对儒门虽淡泊而前景犹可观的情怀。十多年的投入,自然有只缘身在此山中的亲切感。但必须承认,我的体验很片面,因此所知有限。这里只能谈点感受。

80年代初期,我曾为新加坡东亚哲学研究所提供了一个探讨儒家现代转化的大致构想:(一)理论架构:采取什么方法或途径来认识、分析和理解这一课题;(二)对日本、韩国、中国台湾和香港地区、新加坡和海外华人社团的实际情况作宏观、微观和比较研究;(三)以对日本和"四小龙"的理解为基础,重新认识中国和社会主义东亚；（四）以儒家社会的现代化模式反顾西欧和美国；（五）以宗教对话的方式为儒学开发新的精神资源。《三重和音：儒家伦理、工业东亚及韦伯》即是集体合作的成绩之一。

在这之前，通过哈贝马斯的介绍，我参加过史鲁克特以海德堡大学为基础的专门研究韦伯的10年计划。史教授提供给《三重和音》的论文正是集中韦伯的儒家论说，对所谓"韦伯命题"有澄清的作用。另外，我也和波士顿大学的伯格（Peter Berger）教授进行有关儒学的对话，他的"后期儒家命题"（post-confucian hypothesis）在和"中研院"萧新煌教授合编的专论中提出，引发东亚社会学界的反响。

有关理论架构的课题，我还和芝加哥的席尔斯、希伯来大学的艾森斯塔特和哈佛大学的鲁索斯基进行了长期的会商。当然，和东亚研究各家各派具有代表性的学人进行沟通和辩难，那就更频繁更广泛了。

提出这些，只想说明文化事业本是艰苦工夫，要想形成论说并不容易，我用"辛辛苦苦"来描述绝没有过甚其辞。兹举一例可以反映一些实际情况。冯耀明先生在文中指出：

> 第二本《儒家世界的透视：东亚儒家人文主义的当代讨论》，则是27位学者在夏威夷东西中心一连三天的讨论会之对话录，我把其中杜教授自己发言的部分细阅一遍，委实找不到任何有理论意义的"新观点"来。

这本不过142页的记录是根据1989年5月在康桥美国人文

艺术学院（American Academy of Arts and Sciences）所举行的3天会谈而写成；由东亚中心的文化与传播研究所刊行则是1992年。会议是我应学院之邀在1988年初开始筹划的。原来的构想是针对儒家论说聚集北美一群最有代表性和影响力的人文及社会学者，进行一次跨科学、地区和时代的对话。经过再三的协商，最后应邀参加的学人包括社会学家、神学家、史学家、人类学家、经济学家、政治学家及哲学家，集合了研究中、日、韩三大文化区的教授，分别从价值取向、伦理、文化认同、性别、家庭、社群、教育、政治、经济、大众思潮及宗教各侧面，透视儒家传统和当代东亚的关系。得出的结论之一正好是冯先生觉得大可怀疑的：儒家传统是当代东亚社会发展之基础和动力。

1989年的对话不只是回顾，也是前瞻。《东亚现代性中的儒家传统》即是以对话为基础而举行的国际会议的成果。我安排这个会议并担任文集主编，为的是使儒学论说这一文化事业像细水长流般继续发展下去。近年来有"关系资本主义"（儒家资本主义）及"儒家民主"的提法。东亚现代化中儒家传统究竟起了什么积极和消极的作用，有没有儒家现代化模式的可能，都值得我们继续思索。

我还强调一点，儒家伦理与东亚现代化关系的课题，既有理论价值又有现实含义，而且这一论说涉猎的范围极广，早已超出学术辩论的领域。我把儒学当作一种文化事业，并不表示我的第三期论必须"在儒家精神资源与东亚现代化内容之间找出相关的充分的经验证据来支持其说"。譬如我欣然答应参加1994年5月由艾森斯坦教授主持的瑞典科学院资助的国际论谈，正因为他们已超脱传统与现代的二分思考模式,而重新检视何谓现代性的问题(modernity re-considered)。提出"东亚现代性中的儒家传统",正是为植根儒家传统的现代批判创造条件!

其实,这种批判已在"文化中国"的学术界展开,从《西方社会科学理论的移植与应用》(杜祖贻编,香港中文大学社会科学及教育理论应用研究计划出版,1993年8月)和《本土心理学的开展》(创刊号,杨国枢主编,台湾大学心理系本土心理学研究室编辑出版,1993年6月)的刊行,已可窥得几分真消息。当然,这项艰巨的学术事业才刚起步,但是在中国台湾和香港的心理学、文化人类学、社会学及政治学各界所涌现的一种方法学领域里的既有群体性又有批判性的"自我意识",正和我所理解的儒学论说的精神相契。

分析哲学的方法可以帮助我们澄清概念,设定评判的标准,以对各种论说作出平实的估量,这点无庸置疑。但英美分析学派有很多盲点,我们不能不提高警觉。因此,我愿意重申自己的观点:

其一,用"分析"的方法并不能消解以"内在超越"(immanent transcendent)来诠释"天人合一"的哲学价值;其二,以"体知"来丰富美学、伦理学及宗教学领域里"认知"的涵义,不仅在理论上站得住,而且在实践上行得通;其三,从严格意义下的理论说明来评断儒家伦理和工业东亚现代化的关系,既不可能又无必要,因为这个论说的生命力和说服力在广义的文化诠释,而不在狭义的科学逻辑。

儒学论说的继续深化,外来的攻击只是助缘,内部的批判才是动力。有争议的论说才有生命。在人生哲学中,最有价值的课题常是千百年未了的公案。我自从参与儒学论说以来,忽忽 30 年矣,卷入辩难的漩涡虽多,却从来没有近期那么猛烈。我不知道真理是否愈辩愈明,但在厘清自己思路和确认自己限制方面,辩难则大有裨益,我要感谢冯耀明先生为我提供了这个机会。

(台北:《当代》第 93 期,1994 年 1 月)

文化中国与儒家传统[1]

关于文化中国,有种种不同的看法。文化同社会习性与族群意识不同,须得通过反省和自觉争取而来。因此,我认为所谓"文化中国"包含三个不同的意义世界:第一,由广义上的汉人所组成,即西方所谓的 Greater China。第二,指散布于世界各地的华人。与犹太人的"大流散"不同,Greater China 对于这些散布于世界各地的华人,仍有巨大的吸引力。虽然长期以来,华人社会之间的联系十分松散,但最近几年,情况有所改变。新闻报纸的国际化加上电脑排版处理和卫星电话等科学技术的应用,使世界各地华人社会的互助不断加强。海峡两岸及香港之间的互动关系,也在最近几年逐渐得到发展。如香港与华南、福建与台湾、山东半岛与韩国、上海与世界各地等正在组成不同的经济网络。西方有些学者采用"自然经济

---

[1] 本文据 1994 年 11 月 23 日在上海战略与管理高级讲坛所作的演讲录音整理,并经作者校订。

区"的术语来描绘这一现象。第三，指世界各地与中国文化、政治、经济有关的国际人士。这个意义上的文化中国，包括一大批与中国并无血缘和婚姻关系但仍致力于中国文化的学习、研究、传播和创造的人。其中不仅包括研究人员、学者、汉学家，也包括新闻媒体、企业界和政府官员。这个意义的世界可以使得信息与文化资源不断增长和发展，具有现实意义。这三个世界是健康互动，还是抗衡与冲突，值得思考。但就目前来看，后者甚于前者。

从"文化中国"角度来看，"文化中国"资源是薄而不是厚，从价值领域来看是少而不是多，这是非常值得我们忧虑的课题。为什么会薄？为什么会少？这要从对五四的反思中加以讨论。五四以来，"文化中国"的主要意识形态是功利和现实性很强的科学主义，而不是科学。科学主义创造了很多价值，如科学技术、经济利益，但同时摧残了几千年精神文明，其惨状令人目不忍睹。

五四以来，中国的知识精英面对西方特别是西欧和美国，总觉得自惭形秽，而面对印度，面对少数民族，却极为傲慢。究其原因，在于选择标准是功利的、现实的、科学主义的。从而在接受西方文明时显得非常肤浅，西方文明中真正有精神价值的重要资源没有接受，只是拿来最容易消化、最见效而最不深刻的东西。

在讨论"全盘西化"时，很少有人提出要对西方基督教进行研究。在中国知识界，对基督教神学有兴趣、想研究的人相当少。很多人认为它已经离开我们相当遥远，是迷信。何况人类已从迷信进步到形而上哲学，而且已发展到科学时代，何必再倒退回到以前的封建时代？现在学术界一般的观点是，认为从孔夫子到孙中山的文化遗产都要继承,但要发扬其科学民主之精华,去其封建之糟粕。中国到五四时期,在知识分子里面形成的一致看法是:与西方比较,中国传统里面最缺乏的东西,一开始认为是自由人权,后来出于现实考虑改为科学民主(其实自由人权在哲学意义上比科学民主更深刻)。当说我们的文化传统中最缺失的就是科学民主,再用这个尺度衡量、反观我们的文化价值,则我们的文化糟粕何其多,精华又何其少。大批知识精英花了九牛二虎之力学会古代汉语,了解中国传统文化,所找到的都是糟粕。这些糟粕对于创造现代文明又有何益?然而,世界上任何一种文明,包括美国、英国、法国和德国的文明,如果他们对自己的文化传统不作深刻了解,也就根本无法保证其现代文明素质。

所以,传统在整个西方现代化理论中是极为严肃的课题。没有一个西方学术界、没有一个严肃的学者对他自身的传统不是怀着一种虔诚尊敬的态度。这在英国和法国尤为明显。我们几乎不能想象有哪一个先进国家自己的文史哲思想、自己的精神资源不掌握在自己学术精英手里。没有,这几乎是没有什么例外的。这个道理正如一个人的灵魂不能让他人掌握一样。

那么,儒家传统作为文化中国的组成部分,一种绵延两千年之久的人文资源,它可以提供什么样的借鉴呢?海内外学者对这一观点已经讨论了好几年,我想在这里把自己的看法作些概括。

第一,文化中国理应拥有丰富的精神资源。从理论上讲,有美学、历史学、政治学、社会学、哲学、宗教学等各方面。从各个领域来观察,灿烂的华夏文明可以说是世界上罕有的。因为有"有古无今"的文明,如埃及、苏美尔、巴比伦、古希腊文明;也有"有今无古"的文明,如美国、苏联等。而"有古有今"而又能延续数千年的文明,确实是罕见的。中国是一个,另外一个是印度。

由于中国的传统文化中历史意识特别强,所以有许多取之不尽用之不竭的源头活水可以追溯。但我们不要忘记,这个提法在课堂里和学校里讲,其意义仅指传统文化,而不是指文化传统。其实,传统文化与我们现今掌握的文化传统已相当远了,它成了想当然的东西。我曾用遥远的回响来刻画传统文化在今天中国知识分子的文化传统中所占有的地位。王阳明讲得十分深刻。他说,一些不肖子孙把家里遗产完全送典当铺了,只剩下一本账簿。在账簿里记得非常清楚他有什么东西,但在他的库房里是一无所有,可他拿着账本到处炫耀。在文化中国也有这样的通病。已经没有什么传统文化了,却以为还有许多。

其实,要把传统文化变为我们的文化传统须经过自觉,经过努力奋斗。这种必须以弘毅精神来承担的文化使命是非常艰巨的。没有一个时代、没有任何一代人可以说是不通过自觉奋斗、一点一滴积累就可以把自己的传统文化继承下来。没有这样方便。在今天科学技术相当发达已达到顶峰的情况下更不可能。智慧的转移只能通过体认,没有其他任何捷径可走。我想,世界各地有人文素养的学者对这个问题都有深刻的理解。现在我们常常谈及后结构主义的破坏作用很强。事实上,德里达对犹太传统、对欧洲大陆的西方文化传统相当熟悉。批判解构主义的哈贝马斯不仅受欧洲大陆文化传统的影响,而且也受古希腊理性主义影响很深。尼采宣称上帝死了，抗争性极强，他也对古希腊有很深的了解。尼采一生下的功夫也就是研究古希腊的文化。

鸦片战争以来150年，五四运动以来80年，特别是中华人民共和国成立以来40年，深受西方民主自由和马列主义这两大现代思潮影响的中国知识分子痛感中国事事不如人。所谓不如人，就是胡适所认为的不如西欧、北美发达国家。他们在一种悲愤、急迫、焦虑的心情中追求富强，并且一致确认西方的今天就是中国的未来，只有西方的科学、民主才是中华民族救亡图存的途径。相形之下，中国固有之精神文明，不论是儒释道、伦常道德、天地君亲师以至天人相应的宇宙观，都因为不符合以现代西方思潮为典范的批判标准而被彻底地边缘化，成为有识之士不屑一顾的封建残余。即使有一些科学性、民主性的精华，最多也只是朴质粗糙的原始资料。

也许有人会问：现在是不是因为文化中国的经济发展很快，各种不同的华人社会的互助以及多元价值的出现，我们对传统文化的评估已慢慢走出低谷，开始有了生机，开始了解传统文化中还有什么资源？

我赞成继承五四的批判精神，这是不容置疑的。如果不继承五四的话，就会走向近代军阀式的那种不经过任何反思的宣扬传统或利用传统，这只会使情况越来越糟。但是，五四知识精英批判传统的思路可能过分乐观和过分片面。我不是说五四批判传统过头了，而是指对传统批判得不够，而且太简单、太乐观了。五四最杰出的知识分子都深受传统文化影响，这同现在情况正好相反。现在根本没有传统，又何来反传统？那时的反传统，有确实具体的对象，因为传统在其心理中发挥了极大的负面作用。比如巴金的《家》描写出了大家族的阴影；鲁迅讲的国民性，在他自己的血液中就体会到了国民性的堕落。

但是他们那时的批判不过是把传统对象化、外在化，把它认为是包袱。正因为把传统文化中糟粕视为包袱，所以就可以把它丢掉。然而这是一个在思想上与理论上非常大的失误。因为传统不是包袱，它是浸润到我们的血液中、深入到我们的骨髓里的毒素。我们要清除它，不会像扔包袱那样简单。西方的经验表明，要清除传统中的糟粕与发扬传统中的精华，这两个过程必须配合，不能分离。我们不能只发扬传统中精华而不清除其糟粕，也不能只清除糟粕而不发扬其精华。用粗暴的方式对待传统文化，结果只能是精华被打得落花流水，而糟粕却变本加厉。这个道理从简单的心理学角度就可以理解。假如我们不经过勇敢对待自己内心深处阴暗面的观察，而用健忘的方式把我们昏黑的过去忘记，结果很可能我们会把好的东西全忘了，而下意识里的乌七八糟的东西反而全部留下来，到后来使自己真正地中毒了。这不是儒家传统本身使我们中毒，而是这种错误的、肤浅的、片面的理解给我们造成这么大的祸害。

所以，对传统如何理解、考察、重新挖掘及进行扬弃是一项非常艰巨的工作。就现在而言，这项工作不是要不要做的问题，而是非做不可。可是，这项工作的做法必须和发扬传统资源的课题结合起来。进而言之，甚至可以说，如果对于传统采取粗暴的方式，即健忘式的、打倒式的方式，那么对于西方文明的引进也绝对是肤浅的，不可能是深入的；引进的只是它最表层的、耀眼的、同时也是最有争议性的东西。因此，人们常常感叹：闸门打开，进来的往往是污秽的东西。西方真正的、深刻的、有价值的东西，也不是很容易就可以引进的。

现在看来，儒家传统毫无疑问还有生命力，但儒门淡泊也是有目共睹的事实。如果要使淡泊的儒门重新兴旺，我们应采取什么策略呢？我是不赞成使用"儒学复兴"这一提法的。"儒学复兴"是一厢情愿的、没有经过反思而且绝对不可能有真正创见的一种提法。所谓复兴，就可能把有些没有彻底清理的糟粕复兴出来，所以不能走"儒学复兴"这条路。儒学要有第三期的发展，一定要在多元文化的背景下。首先必须了解文化中国的资源是十分丰富的，不仅有道家，还有佛教资源。而且在事实上，佛教在中国台湾和香港地区、新加坡以及散布世界各地的华人社会发挥着积极作用。此外，还有很多与儒学，尤其与道家、佛教有密切关系的民间资源。

另外一个问题是所谓儒教文化圈。我们不能把儒教文化圈认为是中国文化一根而聚的各种形态。儒教文化圈绝对比中国文化的含义更宽。你不能说中国文化把日本文化、越南文化、朝鲜文化等全部包容在内。从儒家传统这个角度来看，"文化中国"的含义没有办法完全包含儒家传统。儒家传统不仅是中国的，也是日本的、越南的、朝鲜的，也可能成为欧美的。

站在这个立场看，我们值得回顾一下儒学在中国发展的三个阶段。最早儒学是从曲阜的"涓涓细流"逐渐变成中国文化的主流。即使从魏晋到唐末，佛教由初机而到鼎盛，道家也大为流行，而儒学在经学、礼学、政治、民间的习俗、家训、家规、族谱中发挥作用，常常不是通过文字,而是通过口语,其影响仍旧非常大。这一点不要忽视。

儒学的第二期发展从唐末宋初开始。"文化大革命"时期,曾有日本学者岛田虔次在北大发表演讲。他说不要忘了宋明儒学是东亚文明的体现。他讲得很清楚:如果贵国的知识精英对这珍贵的遗产不再研究,把它当做糟粕般弃置不顾,那么我们在京都的学者要加倍努力。假如儒学作为东亚文明的体现,表明儒学在日本、朝鲜、越南都有它独立的发展。

最近我下了一些功夫研究朝鲜的儒学,受到很大的思想冲击,也受到很大的精神鼓舞。如果不了解朝鲜的儒学,我们就没有资格来讨论儒学第二期的发展。因为它的发展是一个非常重要的侧面。如李退溪和李栗谷这些人所做的工作,其气势之波澜壮阔,其资料之丰富,对问题讨论之深刻,都足以令人吃惊。因为中国是讲究心性之学,讲"心"和"理"的区别,像程、朱、陆、王之类。但是在朝鲜的儒学里面,"气"和"理"的辩论有非常深刻的意义,而且在讨论"情"方面有突出的贡献。日本的儒学因为受王阳明学问的影响,与日本武士道精神的合作,又是另外一个侧面,情况非常复杂。所以,儒学文化圈包括的内容绝对要超过中国文化。

如果说儒学要进一步发展,即第三期儒学要进一步发展,那么现在的"文化中国"就需要精神资源,需要让它厚,不能让它薄。价值领域需要多,而不是少。所谓少,就是在"文化中国"的价值领域,绝大多数是政治化和商业化的价值,没有其他价值能发挥它的积极作用。这是值得忧虑和痛惜的。

最后，针对儒学进一步发展的前提，让我提出三个命题：

第一，儒家的理想人格，不管是君子也罢，圣王也罢，甚至也可以用马克思的观点讲充分体现个人自由。儒家的那种充分体现个人潜力的理想，在道德的意义下，就是完成自由的人格、自己的道德自觉。这是儒家的理想人格。先作君子，以后作圣人。从孟子讲，从"善"到"信"、到"美"、到"大"、到"圣"，最后到"神"，永恒地向自我完成发展。这个理想人格包括很多内涵。

这种类型的理想人格，在一个自由民主的社会远远要比在一个传统的权威社会和当代的专制社会更有充分发挥的可能。这是我们必须理解的存在课题。不管我们是从事儒学研究，还是不从事儒学研究而批判儒家传统，我们都得接受这样一个事实：我们所熟悉和亲切的环境，未必是充分体现儒家价值的好环境。王国维曾经提到过类似的课题，也就是可爱而不可信和可信而不可爱的两难困境。在马来西亚和印尼长住的华裔移民到加拿大之后，反而因能体现自己心爱的文化价值而感到心情舒畅。因而有这样一个体会，在自由民主空气下的社会里，更能充分发挥人的道德价值。儒家的这些道德价值，不管是独善其身的君子，还是突出抗议精神，在一个自由民主社会里比较能够充分发挥。在一个传统的权威社会和当代的专制社会都有障碍。这意味着什么呢？这是儒学理想人格发生的理由同它的结构之间不一定有密切的关系。儒家传统的理想是从一个农业社会、从一个有封建背景、专制政体的社会中发生出来的。这是历史上的情景，但它的理想人格作为一种普世性性格在现代民主社会更能体现，而在一个传统或现代的权威社会中比较困难。

第二，儒家不仅作为一个伦理，而且作为一种生命形态和道德倾向，资源也非常丰富。这些丰富的资源不能简单地归结为自由、民主，也不能简单地归结为科学、技术，而应从美学、宗教体验、个人人格发展种种非常丰富的资源出发。但是，为了创新、发展，必须接受启蒙思想所代表的西方文明最杰出的价值观念，即自由、平等、人权、法制这些我们大家都很熟悉的东西。假如儒家的传统不能够与这些价值配合，是因为"三纲"突出了它的权威主义。"三纲"是一种权威主义。必须指出的是，在传统社会中，"三纲"与"五伦"事实上是有冲突的。从结构上讲，"三纲"与"五伦"不能并存。要突出"五伦"，就不能接受"三纲"。"五伦"是双轨，父慈、子孝、兄友、弟恭、朋友要有"信"，甚至夫妇要有"别"，也是在平等互惠的基础上立论的。孟子学说里并没有"三纲"。"三纲"的理念可以溯源于《韩非子》。儒学要进一步发展，要对西方的自由民主所提出的价值作出创见性的回应。这个任务相当艰巨，且需有足够的自觉。

第三，儒家传统代表亚洲伦理。代表亚洲价值，就可以争取到批判西方现代社会的权利与义务。怎样批判西方呢？现代西方有过分的个人主义，批判西方相对主义的出现、虚无主义的出现，批判西方恶性的竞争，甚至批判西方的法律滋彰。但是，假如我们没有把西方启蒙运动以来那些最深刻的价值内化成为我们的资源，成为我们的文化传统，我们不仅没有资格批评，而且我们还要很虔诚地学习。

讲到人权，李光耀先生提出对西方的人权作出批评，在国内引起很大的反响。李说西方人只注重政治权利，不注重经济权利，不注重社会权利,这是不对的。所谓经济权利,每个人要有做工的权利;所谓社会权利,不能有种族歧视。美国在这方面有很多失误,需要改进。这个批评虽然有力,但还没有击中要害。把现代西方价值彻底吸收转化之后的亚洲价值才是批判今天欧美社会的利器。联合国最早时候提出所谓《人权宣言》,其中最基本的假设是一个文明国家对待本国人民的最低要求是什么。这是全世界公认的,不管是儒家社会、伊斯兰社会,还是自由民主社会,这些最基本的价值必须遵从,不能随便用暴力的方式来解决社会上的冲突。即使是国家机器掌握了足够的资源能够做这种事情,也应当禁止。

儒家传统如果要成为对西方文明的批判,则儒家传统的本身需要通过自我反思、转化和创新。大家都知道要发展。我们可以提到张岱年先生最近所提出的"综合创新说"。有人认为"综合创新说"可以取代"儒学复兴""全盘西化",我也认为如此。我们现在讨论儒学的第三期发展,就是"综合创新说"的一个例子。如何创新,有的人可以从儒学方向发展,有的人可以从道家方向发展。我就对陈鼓应先生说过:你从道家发展,我从儒家发展,我们可以齐头并进。价值的创造不是分蛋糕,不会你多了一块,我就少了一块。价值的创造好像短跑比赛,你跑得快,可以促使我跑得更快。因此,儒学的第三期发展不仅是儒学研究者或认同儒学的人的责任,而且也是每一个生活在文化中国的人的共同责任。

(《学术集林》卷四,上海远东出版社,1995年)

徐复观的儒家精神[1]
——以"文化中国"知识分子为例

各位师长,诸位学友:

我感到很荣幸,能在中国大陆第一次纪念业师徐复观先生的学术会议上,和萧萐父教授一起,首先表达我们对以体道、求学和论证三途并进来弘扬儒家精神的现代知识分子见证者——徐复观先生的崇敬和怀念。能在和他的家乡毗邻的国际著名学府武汉大学研讨他的学术思想,意义非常深长。

我在青少年时代(十四五岁时),就首先聆听了徐复观先生的教诲,一晃三十多年。虽然那段时间不能够朝夕与共,但他在道术

---

[1] 这是在"徐复观思想与现代新儒学发展的学术讨论会"上的主题报告,由孙玉健根据录音整理,未经作者审阅。

上的择善固执,在学业上的艰苦功夫和在政治上的抗议精神,随时随地都鼓励我、激发我。他的那一支带有深情的笔,开辟了一个"广阔的磁场",使得我们这些花果飘零的受惠者,能够环绕这个中心而展开各种类型的文化事业。他所接引的学生后进很多,学术界只是一个侧面,在媒体、企业、政治界、宗教界乃至各种不同的民间社团,都有徐先生的子弟。

1977年,我代表美国人文学术团体联合会(American Counsel of Learned Society),敦请徐先生到太平洋的彼岸参加戴震学术研讨会,他就以宋明身心性命之学,批判了戴东原《孟子字义疏证》里面突出情和欲的观点。当然他这个观点可以引起很多争议,但是他批评得非常严厉。他为1982年国际朱熹学术讨论会(他没有机会参加,那时他已经病了,病得很厉害)所撰写的论文,就是以程伊川平实的世界反对两重世界。他讲的平实的世界,即儒家在人伦日常之间体现的"极高明而道中庸,致广大而尽精微",特别是他所谓的礼乐教化。他认为这是一个典范。所以他对儒家的实践理性和沟通理性有非常深刻的体会。这与唐君毅先生、牟宗三先生是很不同的。

徐先生关怀政治,投身社会,究心人文,凸显礼乐教化;特别是到晚年回归孔子,植根于《论语》。他对我有一个很大的教育——以前我们总是好高骛远,我看了《中庸》以后就要研究《易传》,看了《易传》以后就要研究形而上学、道德理性(因为我一直跟着牟宗三先生念书)。徐先生问我:"你的《论语》怎么样?"我说:"《论语》差不多背了一部分。"他后来说:"你大概没有看懂《论语》,或者你根本没有看过《论语》。"这一直对我是一个非常大的震撼。他讲得很对。1980年我生病动手术，有一个月的时间不能够行动，所以我重新看了"四书"。看了《论语》以后，发现徐先生讲得很对，几乎没有一个字、一个段落是我真正了解的。《论语》非常值得重新回味，重新研究。所以对徐先生的回归《论语》这个观点，我有很深刻的感受。

徐先生对形而上学的纯粹的冥思是比较排拒的，不重视形而上学，甚至反对道德形而上学。在这一方面，他甚至很恳切地陈词："研究中国文化，应在功夫、体验、实践方面下手，但不是要抹煞思辨的意义。思辨必须以前三者为前提，然后思辨的作用才可以把体验与实践加以反省、贯通、扩充，否则，思辨只能是空想。"徐先生重视司马迁《史记·自序》（徐先生花了很大的力量读《史记》，特别把《史记》和《汉书》作了很多比较，对日本的泷川资言的《〈史记〉汇注考证》作了非常深入的研究）中体究所谓"春秋"大义而说出来的话："子曰：我欲载之空言，不如见之于行事之深切著明也。""深切著明"一语，他常常挂在口头上。

徐先生有一种很深的契悟。他在诠译文王作《易》"其有忧患乎"时（对于文王演《易》，到底历史上情景怎么样，这不是我们现在所考虑的），苦心从中提出了"忧患意识"，认为"忧患意识"是中华民族的生命取向。中华民族的一个特色就是它的"忧患意识"，这一结论是他在做这一研究时把中国文化同希腊对自然的探索、期求和希伯来对上帝的虔敬这些民族文化取向相比较所得到的。这已是现在海内外儒学研究者的共识。

徐先生有一种很强烈的根源意识。他为自己的墓碑预写了下面几句话："这里埋的，是曾经尝试过政治却万分痛恨政治的一个农村的儿子——徐复观。"徐先生的泥土气息，常在悲愤不平的真情里显露出来。他的根源意识，是乡土，是语言，特别是很多在台湾长大的学生听不懂他那非常浓郁的湖北腔，常常是我听懂了之后还要帮他们做翻译。引用他自己的话说，这是"一个中国人在文化上的反抗"。

《一个中国人在文化上的反抗》是他的一篇很重要的文章。这里我引述其中的一段，可以反映他作为一个知识分子的风骨："由1950年代开始的在文化上的发言，不是想为自己表现什么，维护什么，而只是一个中国人在文化上的反抗。这是指向任何性质的洋教对中国文化的诬蔑、压迫所提出的反抗，也是对中国人的心灵、人格及合理的生存权利被诬蔑、压迫所提出的反抗。没有'中国人'，当然没有中国文化；没有中国文化，实际上也便没有中国人。两者是不能分割的。中国人、中国文化，可以与一切人、一切文化和平共处，互相取益。但中国人、中国文化，决不允许任何洋人洋教来加以诬蔑、压迫。"在这篇文章后面，他很欣赏洪秀全，但是他不赞成洪秀全用基督教来撞击中国传统文化。他同时也提到吴稚晖的"把线装书丢到茅厕里30年"、胡适之的全盘西化的观点，他都不赞成。这也是文化上的一种反抗，因为那时候这些是主流思想。

但是，徐先生所体现的一个中国人在文化上的反抗，不是狭隘的民族主义，也不是封闭的爱国主义，而是一种基于深沉的文化担负、历史使命和学术志业所引发的，既有强烈的群体性（不是一种

个人的情绪),又有批判性的自我意识。用他在《学术与政治之间》序中的一段话说:

> 人格尊严的自觉,是解决中国政治问题的起点,也是解决中国文化问题的起点。一个人,一旦能自觉到其本身所固有的尊严,则对于其同胞,对于其先民,对于由其先民所积累下来的文化,当然也会感到同是一种尊严的存在。站在人类共有的人格尊严的地平线上,中西文化才可以彼此互相正视、互相了解。在互相正视、互相了解中吸收西方文化。这有如一个像样的民族资本家和外国工商业者作经济来往一般,倒真能做点有规模、有计划的以有易无的两利生意。我不认为在买办式的精神状态下,甚至是在乞丐式的精神状态下,能有效地吸收世界文化以发展自己的文化。

徐先生这种大义凛然、不亢不卑的文化取向,在我们提出"文化中国"的今天有非常深刻的现实意义。

现在我就集中谈一谈所谓"文化中国"这个观念以及"文化中国"的知识分子的自识(因为这是最近五六年才谈到的问题),可以作为发展徐先生思想的一个例证。

"文化中国"这个概念的提出,实际上是基于对当前现象的认识、对历史阶段的分析和对未来景象的展望这三种不同的理由。

首先,"文化中国"的提出是针对近年来事实上已经出现的情况。这种情况用我现在的话说,就是中华民族的自觉。这不是一个政体,不是一个党派,而是各个地方的中华民族,或者说广义的华人的一种自觉。从这个角度看,"文化中国"可以有三个希望能够健康互动（有时当然也有所冲突）的意义世界。

　　第一意义世界是由中国大陆、中国台湾、中国港澳地区和新加坡所组成的。第二个意义世界是由散布在全球各地的华人社会所组成的。我们可以说，这些是炎黄子孙积年累月所创造的一个有目共睹的事实。第一个意义世界我们比较熟悉。第二个意义世界差不多也超出三千六百万人。华人在马来西亚占人口的28%；在泰国占人口10%；在印度尼西亚虽然低于2%，但华人的经济力量超出印度尼西亚经济的50%；在菲律宾虽然低于3%，但华人的经济力量也超出菲律宾经济的50%。另外，第三个意义世界是把世界上从事研究、报道、传播与中国有关事务的学人、记者、官员和企业家都包括在内；其中有相当一批人和中国既无血缘关系又无婚姻关系，甚至有些人现在学习中文还非常困难。其意思也就是说，从文化的立场，不是从政治和经济的立场，来了解中华民族所共同组成的一个文化世界，它有全球性，不是一个狭隘的地域观念而已。

　　这个观念的提出，至少反映了中华民族发展史中一个不可忽视的新阶段，也是一种具有群体性和批判性的自我意识在华人世界中的涌现。我举一个例子：犹太人散布世界各地，因为他们有共同的宗教，有共同的关切，常常是沟通的，所以成为一个整体。但是散布在世界各地的华人社会，从16、17世纪开始到最近十几年、二十年前，都是相对独立、被压迫、被排挤、没有任何沟通可能的社群。这个情况最近十几年、二十年有非常大的改变。从这个角度看，就是说，在这种文化中出现了一种新型的知识分子概念和实践，即不是狭隘的学者，只掌握了某种知识（科技知识或人文科学知识）而已,而是普及社会各阶层,关切中华民族前途,关切家国天下大事,并且投身扶植大众的文化人,也就是徐复观先生所谓的读书人或士。这种文化人、读书人、士,我们现在叫知识分子,不仅出自学术界(其实学术界的相当一部分人自觉或不自觉地不愿意扮演这种知识分子的角色),而且也出自工商界、大众传播以及政界、经济界、宗教界。

具有这种特色的知识分子,不仅是中国传统的士,而且是当代西方的所谓 Intellectual。Intellectual 这个概念是在俄国沙皇时代才第一次出现。俄国的 Intellectual 这一批人受了法国大革命的感染,希望俄国现代化,一方面他们反对专制政体,另一方面他们也不认同狭隘的国粹主义。古希腊的哲人、犹太教的先知,乃至中世纪的僧侣,都与现代意义下的 Intellectual 没有太大的瓜葛,没有关系。所以萨特在 1968 年说:如果没有参与感,就不是知识分子。当时他认为的参与感是一定要信奉马克思主义,一定要做共产党。他那时候的观点太激烈。但当时在欧洲,特别在巴黎,比较能够体现知识分子风骨的大半是新左翼,大半是认同马列的,包括现在大家很欣赏的德里达。很多后现代主义思想家,如福柯,都是这传统。

这种中国传统的士和现代西方的知识分子糅合而成的人格形态,在现代"文化中国"闪耀着光辉,并且体现了世界各地华裔的互通生气。中国的全球化,华人视野逐渐扩展,汉字的生命力越来越大,华人的媒体从地方主义或区域主义变成全球化,这些现象都值得我们注意。

从"文化"的角度来对"中国"这个概念进行反思,不仅触及到政治上的分合问题、经济能力的消长问题、社会动力的强弱问题，也导向熊先生、梁先生、徐先生、唐先生、牟先生他们一直考虑的中国文化何处去、如何再铸中华民族的民族魂这些问题。在变幻无穷的国际局势下，有这种关切的人何以自处？很明显，至少有一个起码的条件：不能只从现实功利的层面来设想，必须站在比较宏观的历史文化视野来考虑问题。从这方面考虑，我想用徐先生所谓的"忧患意识"。

我们发现"文化中国"的知识分子应该致力克服两个困境：一个困境是"文化中国"严格意义下的精神资源非常薄弱。我举一个简单的例子：中国大陆、中国台湾和港澳地区、新加坡的华人知识分子所赖以生存的专著、学报、杂志、评论、副刊呈现出没落的现象，要么被商业大潮冲垮了，要么被政治化了。所以，在所谓的"文化中国"没书可读或有书不读这种现象非常普遍。文、史、哲，这些人文学的灵魂，对个体或群体的人进行反思最直接最贴切的学问，一再受到忽视，而且陷入每况愈下的滑坡。正在大学攻读的知识精英，又多半视文化研究为危途甚至为死巷。所以现在国际上华人形象虽然已经有了很大改变，但是基本上是企业家和科学技术人才作代表，而哲学家、神学家、艺术家、思想家、政论家、文学家、戏曲家（电影有些例外，当然这个例外还值得考虑）等于无缘。所谓价值领域稀少，也是"文化中国"所碰到的困境。"政治挂帅"所导致的灾害，不仅在各地泛滥成灾，而且也影响到世界各地华人的素质。如果我们溯源的话（这是徐先生他们所特别关切的问题），精神资源的薄弱和价值领域的稀少，事实上是从五四甚至从甲午战争以来中国知识分子的文化传统不能担负民主建国任务的重要原因。所以我们觉得，开发这个精神资源，拓展它的价值领域，成为"文化中国"的知识分子的当务之急。

五四运动以来，中国知识分子的文化传统，或者是"救亡"压倒了"启蒙"（这是李泽厚讲的，我们不一定接受这个问题的提法），或者启蒙心态本身的限制，也就是启蒙心态不足以承担现代化，特别是民主建国的使命，更不能以高屋建瓴的形式对现代性进行批判，所以现在我们"补课"（这是萧萐父先生常常提到的）。从19世纪以后，中国文化通过对18世纪启蒙思想的发展，已经被认为吸收了很多的先进的文明、先进的价值。但西方很多非常尖锐、非常深刻的东西，它的精神内核，我们完全没有接触到，只是从工具理性来吸收它的浮面现象，所以这"补课"的问题，非常严重。所谓开发精神资源的先决条件，是把古今中西之争的问题处理得比较好。这里有四大问题：如何继承，如何扬弃，如何引进，如何排拒。这也就是冯契先生一直在讨论的问题。彻底转化传统和现代相割裂的两伤，张灏最近做了很多这方面的工作，说明怎样用传统来格义现代，怎样用现代来批判传统。以前总是用现代批判传统，没有用传统资源来格义现代，没有作中西互为体用的创造诠释。最近像张岱年先生提出的"综合创新"，也想突破"体"的问题、四个向度的问题，把它压缩成"面"的问题，甚至压缩成"线"的问题。只有这样，"文化中国"的知识分子才能"继承五四，而超越五四"（庞朴语），在世界各地方能够发挥"创造性转化"（林毓生语）。这些工作我觉得是很艰巨的。

徐先生在定义"传统"(他讲的是一般传统)时,在"传统"的基本性格或构成中,突出了儒家精神的一些特色。他认为考虑任何传统资源,一共要考虑五个方面。

一是民族性。民族性绝对不是狭隘的地域主义和本土主义,也不是狭隘的民族主义和封闭的爱国主义。这种民族性,对于传统文化的内在机制,它的健康的方面和消极的方面,都有全面的造成。举个简单的例子:我们认为用现代科学民主的标准对传统文化进行反思,是很健康的。五四精英所得出的结论,就是传统文化没有办法开出来、转出来或者变出来很多西方的价值,包括科学民主。这是我们传统文化比较缺的。我们有很多其他的价值,有美学的价值、伦理学的价值、人际关系的价值、政治文化的智慧,但是严格意义下的西方科学民主正是薄弱环节。当然有民本思想,有李约瑟所讲的那些科学,但这些不是思想的主流。现在以西方的标准重新格义、批判、评判传统文化,民族性根本不能讨论。结果,民族性或者国民性成为"丑陋的中国人"的代号。真正的民族精华,民族所能够体现的人文价值、人文精神,也就是几代儒者所一直讨论的课题,完全被边缘化。

二是社会性。这个不言而喻。

三是历史性。这一点很值得注意。因为从比较文化学的角度看,有很多有古无今的文化,也有很多有今无古的文化。巴比伦、苏美尔甚至古希腊,都是有古无今,而有今无古的,像美国和苏联。又有古又有今的文化不多,有继承性的更少,印度和中国算是特例。但是,印度的历史很淡,它是一种超越的向往。现在要讲印度历史非常困难，很难找到证据确凿的资料。而中华民族的特色在于，从公元前9世纪（共和元年）编年史就没断，现在至少从考古发掘，可以溯源到新石器时代乃至新石器时代以前。像我的一个在伯克利的同事吉德炜（David N. Keightley），就认为很多重要的儒家思想，早在商代和西周前，其脉络就相当明显。这种沉积性，这种光辉灿烂的发展，是很了不得的。但是，很多受到西方启蒙心态影响的人，用启蒙心态的工具理性，用它狭隘的科学民主，对这么复杂的文化做一些简单的割裂，这是非常可悲的。

四是实践性。这是徐先生特别突出的。传统是与具体的生活连在一起的。常常有些学者，甚至是杰出的学者，说儒家是精英主义，跟普罗大众没有什么关系。这是对中国文化的发展、历史的现象、社会的结构的一种无知。儒家传统之所以能在这个社会上发生作用，不是依靠政权势力下面导引的专制意识形态，而是在人伦日用之间，通过母亲的身教，通过不能看书念书的老百姓的身体力行实现的。对此我们做了很多的研究。譬如说在传统社会，真正能够体现儒家价值的是母亲；而很多母亲基本上没有文字能力，自己不能著书立说。所以，不要把著书立说的能力和文化的精致的理解混为一谈。陆象山说"吾虽一个大字不识，也可堂堂正正做人"，是非常深刻的理解。整个儒家传统跟西方有很大的不同。

很多学者，包括台湾很多杰出的学者，总是用芝加哥学派学者Redfield所讲的"大传统""小传统"来了解中国，没有想到中国文化就是大、小传统或者小、大传统之间的一种复杂的健康互动。尽管其间常常有冲突，但是这种互动是非常明显的。举个简单的例子:世界上其他地方没有出现像《易经》的现象。对于《易经》,最深刻的哲学家也自叹不如,以至孔子要"韦编三绝",但是贩夫走卒在外面摆个地摊就可用《易经》给你算命。可以说,这是一部大传统、小传统都能"用"、各取所需而且意蕴无穷之书。

五是秩序性。传统是一种调节个人和群体共同生活的秩序,这在儒家思想里面很明显。儒家讲个人和群体、人类和社会乃至人性和天道怎样来协调。

上述五个方面,正是定义当代知识分子不可或缺的五个侧面。当代的知识分子,不仅是中国的知识分子,而且世界任何地方的知识分子,要对人类的文化传统进行理解,就要有民族性、社会性、历史性、实践性和秩序性。所以,我认为徐先生的思想在现代新儒学发展的文化视野中,最有光辉的价值之一,就是为具有儒家特色的知识分子开辟了深厚的意义空间和广阔的公众领域。

余英时先生在与我辩论时说:儒家是"游魂"。为什么是"游魂"呢?因为儒家是农业社会的产物,现在农业社会已经变为工业社会了;儒家是家族制度的产物,现在家族制度已经破坏了,从大家族变成小家族了;儒家是附属在专制政权上、为专制政权服务的。我们了解到,在汉代,叔孙通之儒、公孙弘之儒和董仲舒之儒有绝大的不同。他们有些是曲学阿世,那是反对儒家传统的;有些是想以道德理想、文化价值来转化政治,这不能混为一谈。否则,就把"圣王"和"王圣"混为一谈,那是很糟糕的。

农业社会改变了,专制政体解体了,家族制度变化了,但很多人从人类学、社会学方面发现了儒家传统在"文化中国"各地还有很大的影响力。这种影响力在什么地方呢？就在于西方学者所谓的"心灵的积习"。儒家传统在"心灵的积习"上面还有很大的影响力。但是，从现象描述上看，它有健康的一面，又有非常不健康的一面。专制政体破坏了，但是权威主义在各种不同人心里面还会发挥消极的作用；大家族慢慢地变为小家族了，但是家族那种裙带关系仍然影响很大；农业社会破产了，但是农民的意识——消极的、保守的意识还是很厉害。这只是一个侧面，它还有健康的因素。即使把消极的因素和健康的因素都考虑在内，我们对儒家传统能否在现代进一步发展，仍只是了解得相当片面。因为儒家所体现的知识分子的精神，正好是面向21世纪，特别是信息社会，有非常大的生命力和说服力。

儒家传统不仅出自学术界，而且可以存在于媒体，存在于政治，存在于入世的宗教，存在于民间社会。因此，在一个已经充分工业现代化、完全没有农业基础、几乎没有农业耕地可找的弹丸之地——新加坡，儒家理论却有很积极的意义。这种积极意义，不完全是李光耀先生的所谓权威主义。在民间也有很多重要的精神力量。一个社会有充分的民主，也不排斥儒家传统。如日本是充分的民主，儒家伦理在日本还起很大的作用。现在韩国也是充分的民主，儒学价值在韩国还有很大的影响力。所以从发生学讲，儒家思想是从农业社会、家族制度、专制政权这些地方出来的，但是不能因此说儒家思想只是发生学上的，它的价值永存。正如对于基督教，我们不能因为它是在早期游牧民族里出现的，就认为它只有在那些牧人中间才能起作用，在现代企业中间不能起作用。因此，徐先生他们的学术确实是为具有儒学特色的现代的知识分子开拓了深厚的意义空间和广阔的公众领域。

面对现在"文化中国"的学术界,我们如果进行一种认识、了解、发掘的诠释工作,进行一种文化的反思,由这种文化的反思希望能够孕育出一些洞识,并且开展它们的价值领域,我想应该以文化多元主义的背景来了解儒家精神。这就是说,儒家精神要进一步发展,不仅应该充分体现儒家传统内部的一些精神资源,而且应该从其他合理的现代思潮中吸取资源,来丰富儒家传统的、内在的精神,同时消解它的很多不健康的、完全不符合现代社会的负面的东西,如"三纲"。从这个角度讲,如果说"文化中国"包括主要不用中文来传递信息的、由非华裔人士所组成的意义世界,那么儒家传统不仅在儒教文化圈——在日本、韩国、越南能够有进一步发展的可能,而且在非儒教的文化圈,包括在北美,也有进一步发展的可能。

环顾"文化中国",徐先生所谓的士、君子、读书人、关切家国天下大事的社会参与者,这种既有历史意义又有现实价值的人格形态,即使在政治压力和商业大潮的冲击之下,不仅在学术界,而且在媒体、企业、政府、宗教界和民间社会都还有"一阳来复"的生机。1992年在新加坡召开的世界华商大会,有从32个国家、70多个地区来的800位企业家,讨论文化认同的问题。从这个意义上讲,学术界的动力有的看来已经没有办法与企业界的动力相比。现在即使在国内,也常常靠企业来扶持很多文化工作。我们看到国内一些突出的报刊、杂志都是企业家在培植。搞大众传播的媒体,当然可以出一些具有儒家特色的知识分子。甚至我认为,现在台湾很多入世的宗教团体，譬如说佛光山，也是如此。我到佛光山去听他们讲道，他们所讲的基本上都是儒家伦理，教育人们不是从现在开始修身养性，将来和这个世界完全割裂，进入彼岸，而是教育人们要有爱心，不仅要利己，而且要利人；不仅要己所不欲勿施于人，不仅要把自己的事业搞好，而且要帮助人家、发展人家的事业；不仅要为你自己的前途着想，也要为中华民族的前途着想。这都是他们的信息。徐先生的思想，从这个角度看，在今天还有坚韧的生命力、雄辩的说服力和光辉的表现力。

（《徐复观与中国文化》，湖北人民出版社，1997年）

大陆知识分子的儒学研究[1]

今天很高兴能到海基会,与各位谈一谈有关中国大陆知识分子在儒学研究上的发展过程。

我个人是从事中国文化研究的。在十多年前,我提出"文化中国"的观点。此一观点在当时引起了一些反响,也引起一些争议;尤其是在90年代后的北美地区,以及中国港台地区,都会有相当热烈的讨论。1987年,大陆三联出版社的负责人,包括董秀玉、沈昌文等人,联合了北美、香港、台湾、大陆的学者,想出版一本针对全世界华人社会,以讨论文化与知识分子问题为主要内容的刊物。当时大家很自然地形成共识,接受了我的建议,把这份刊物定名为《文化中国》。不过这个想法,北京接受了,香港也接受了,但台北还没有了解清楚,所以不能接受,最后无法落实。

---

[1] 本文由王思远记录。

提出"文化中国"的概念

1988年,我有机会回台湾,在台湾大学的历史系和哲学系开课,我讲的题目是"现代精神与儒家传统"。我开课的第一天恰巧发生5·20事件。这是一场很重要的社会运动,是自从2·28惨案以来,最严重的流血事件,故令我记忆深刻。我的课程只有13讲,授课内容经学生整理成文字后,目前已由联经公司出版。

当时参与《文化中国》刊物筹划工作的学者,大家都有一个共同的宏观视野,即将来哪一个党派、哪一个政体会如何发展我们不能预计,但散布在世界各地的华人则已觉醒了。这一觉醒必然是20世纪文化中国最值得重视的现象。如何了解这一觉醒的现象呢?第一个大家最容易发现的角度就是经济。除了中国港台地区、新加坡的杰出经济表现以外,其他各地方的华人,有人说有3600万人,有人说是5000多万,无论如何,其经济实力是不容忽视的;再加上近年来大陆快速的经济成长,若以华人这一范围来说,其所涵盖的经济力量是相当庞大的。

华人的经济力量兴起了,这自然也伴随着政治与军事力量的提高。因此,目前美国与西欧便流行起"中国威胁论"的看法。"中国威胁论"在西方是一个根深蒂固的大问题。从汤因比开始,即使当时的中国是处在一个极为贫弱的状态下,毫无竞争力可言,他都已经提出——如果中国兴起了,这个世界的秩序便要改变的看法,甚至担忧基督教文明的前途。更早的拿破仑也说,中国是睡狮,若他苏醒将惊动天下。而到目前为止,我们可以说,中华民族在经济力量上已经兴起了。可是提倡"大中华经济圈"不合时宜,也不明智。

不过,当时我们对这一现象的关注点,是希望知道它背后透露出来的文化讯息是什么,它是否跟西方帝国主义兴起的讯息一样,代表社会达尔文主义弱肉强食的竞争原则?是否从前白种人压榨其他民族,现在华人强大了,便取代白种人压榨他人的地位?显然,我们也才自当期望它的背后还有更深刻的文化讯息。因此,当时我便提出"文化中国"的看法。

我当时把"文化中国"作了深一层的定义,将它分成三个意义世界。第一个是中国台湾、港澳、大陆及新加坡这几个主要由汉人组成,同时也包括五六千万少数民族的地区。第二个是散布世界各地的华人社会,例如占马来西亚人口28%的华人、占泰国人口10%的华人、占印尼人口2%—3%的华人,以及其他地区的华人。第三个则是比较引起争议的,即一批跟中国既无婚姻又无血缘关系,甚至不会讲中文的外籍人士,他们透过外交、政治、经贸或学术研究而与中国结下了不解之缘。这些人存在于各国的政府、媒体、企业、学校或研究机构之中。

我为何把这批外籍人士也包括在"文化中国"之内呢?因为我认为,文化不是与生俱来的,它在某一个层次上可以透过反省、自觉争取而来。一个人花了很多的时间去研究某种文化,他虽不属于这种族群,但他可以取得这个文化的发言权。最明显的例子,目前研究中国科学史最全面的是英国人李约瑟;研究古代汉语相当权威的,有瑞典人高本汉;研究美国民主政治最好的,是法国人托克维尔;研究美国黑白种族之争最负盛名的,是瑞典人莫尔道。这些因投入心血而争取到其他国家文化发言权的例子非常多,不胜枚举。

总而言之,"文化中国"这一概念的提出,已经引起美国、中国大陆、港台地区等地文化学术界广泛的讨论,无论各方的意见如何,我认为这个层面的思考是很有意义的。

"文革"后的知识动力令人吃惊

我是在昆明出生的,4岁到9岁在上海,从小学5年级到大学毕业在台湾,1962年到美国。而我第一次去中国大陆是1978年,时间是一个月。那次给我一个感觉:若我不能了解大陆,我个人的儒学研究必然流于片面,因为大陆毕竟是儒学发展的母体。于是在1980年通过中美学术交流委员会,我到北京师范大学研读了整整一年。在这一年中,我所接触到的学生,恰巧是"文革"结束后,1977、1978年间考进大学的精英分子。因为"文革"的关系,他们考进来的年龄从二十几岁到四十几岁都有。如今,这批人才在世界各地都发挥了一定的作用。我认为他们是精英中的精英。师范大学给了我一间个人的办公室,常常有学生或单独,或三五人的到我办公室与我长谈。这期间,我注意到一件很特别的事,即这些经历过"文革"又刚考上大学的年轻人,在不到一年的时间中,串联了全国各地18所大专院校,联合创办了一本季刊,由各校轮流负责编辑。这本杂志的言论尺度极宽,而文章的水准也很高,可惜第一期出刊后就被禁掉了,因为它的内容太尖锐、太敏感。虽然这一杂志被禁,但其他类似的杂志仍如雨后春笋般一个接着一个冒出来。这令我感受到，这股知识的动力非常强大，虽然经历十年"文革"，但他们并没有放弃独立思想的权利和义务，也没有完全受教条式的意识形态所束缚。当时这种思想活跃的现象令我十分惊讶。

那时，我很想探讨两个问题：一是严格定义下的，具说服力、生命力的儒家传统，在大陆是否有发展的可能；二是大陆有没有相对于政府而独立，且具有批判性的自我意识的知识分子群体。

我还想再举一个例子说明"文革"后大陆知识分子思想活跃的程度。1978年，我在北京历史学会所主办的会议中发表一份报告，主题是《郑和下西洋的历史意义》。我借此把韦伯的观念介绍给大陆学者。为何要谈韦伯？因为从马克思的观念来看，上层建筑是受经济基础制约的，但韦伯的观念认为，意识形态、价值取向，乃至社会群体的基本信念，可以影响整个社会经济的运作，这即是《新教伦理与资本主义精神》的论述。我当时想把这种修正马克思主义但不完全反马克思主义的思想介绍给大陆，结果来听我报告的同学反应非常热烈。演讲结束后，仍有三十几位同学到何兹全教授的办公室席地而坐，继续与我谈了好一阵子。虽然当时"文革"才结束不久，但他们所提出的问题却非常尖锐，思维非常活跃。这证明在"文革"期间，他们也想了很多问题。

学术风气渐趋独立自由

1985年，北京大学邀请我去开课。我原本想拒绝，但他们说这门课我一定感兴趣，他们希望我去教"儒家哲学"。我回信说，我讲授的立场是"同情的了解"。他们回应说,"不必过虑意识形态的问题",于是我去了。本来这门课只对研究生开放,但后来大学生要求,便也不设限了,到最后有一二百名学生来听课。每一次上课后,学生都会写条子提问题。从问题中我发现,北京的学风是相当自由开放的。从某个角度看,我们会觉得大陆很闭塞,与外界接触不多,但从另外一个角度看则不然。例如北京有很多东欧、苏联、朝鲜的学者,也有来自日本、美国学习文史哲的学生。像北大,即有400至600名外国学生。所以在北大,一方面显得很闭塞,另一方面又显得很开放,来自世界各地的观点都有。当时有一个苏联学生鲁宾,他父亲是苏联研究美国的第一号专家,对中国儒家传统很感兴趣,跑来找我,希望我能带他去见梁漱溟先生。最后,这个年轻人便以梁漱溟先生研究为题,写了硕士论文。梁漱溟告诉我,1923年他在北大教过儒家哲学,之后便没有人开过这门课,一直到1985年才由我重开这门课。

在这段期间,我也常利用机会到其他院校作学术交流,例如南开、清华、人民、复旦、华东师范、中山大学,也到过昆明、重庆、武汉等地进行学术交流。从这些交流当中,我感受到一股强大的知识分子动力。因此当时我便认为,儒学不但可以在大陆发展,而且会发展得非常快;同时我也认为,独立的知识分子也有很多,这便解答了我的两个问题。许多政治性的工作,教授是可以拒绝参与的,真的不能拒绝参与,也可以表现得消极。这其中的分寸是很清楚的。之后,我经过香港,想把这种情况告诉牟宗三和徐复观几位老师,但他们根本不相信,反说我被热情蒙蔽了。在他们的观念中,大陆全是官方，不存在非官方，所以我无法进一步与他们深谈这次的经验。

反传统的思想浪潮再起

在 1989 年 1 至 5 月，我接到从大陆各地寄来的好几封有关文化讨论的学术会议邀请函，主题全围绕在五四、现代化之类问题。我都没接受，因为当时我觉得学术问题已不能谈了，政治的气氛笼罩一切。

关于这一波的反传统与西化思潮，我可以再举几个例子。1986 年年底，我在上海参加王元化主持的一个会议，会中有学者不很赞同我的意见，并说"最好杜教授 50 年以后再来"。因为 50 年后等我们把眼前复杂而迫切的现实问题解决了，再来思考儒家的思想，而现在是没时间搞这个了。还有学者主张，我们目前应在"功能坐标系统"下讨论问题。换句话说，即是要看各种论点是为社会哪些势力服务的。传统文化被反得更厉害、更激烈。由此可见，当时西方论述的力量是十分强劲的。

另外，我又曾与有的学者谈过。我认为他的心态是一切造成眼前熟悉事物的东西都必须抛弃，像传统文化这些都是；而他认为能救自己、救国家的东西，却都是完全陌生的，像西方文化、现代思潮等等。因此我建议他去新加坡看看。1988 年他去后觉得十分不自在，因为那种环境对他太生疏了，他真正能适应的环境还是北京。对他来说，这实在是一个矛盾。

大陆推动新儒家研究计划

1989年以后，我有好几年未涉足北京，也没有参加1989年10月在大陆举行的一场国际学术会议，即纪念孔子诞生2540周年的会议，不过这次会议大陆官方却很重视，江泽民主席亲自参加并发表演说。

一直到1994年，我才再度去大陆，参加邹县的孟子学术研讨会。那时大陆有知识分子想成立世界性的儒学联合会，简称"儒联"，希望我参加，我便加入了。"儒联"这个组织很有趣，背后推动者是谷牧。谷牧是学经济的，负责大陆经济特区的发展，可是因为他是山东人，所以大力支持"儒联"。除了谷牧以外，大陆目前大力支持儒学的官方人士还有李岚清。李岚清在中央政府里是负责教育的，他最近要求召集一群学者重新编注《论语》。有人反映儒学中有精华也有糟粕，李岚清说糟粕也要研究。我认为这个态度是对的，因为以前的标准太狭隘，把许多精华都刻画为糟粕。我想他们接下来会把《论语》和"四书"重新介绍进小学、中学与大学的课程中。

大陆是一个很容易把问题政治化的地方，而幸好目前支持儒学的政治人物，都是心境比较开阔，且对改革有较多的心血投入，这是很难得的。

1987年时，南开大学的方克立获得教委的支援，推动了一项针对当代新儒家的五年研究计划，结果被批准了。这项计划选了10位学者，分1949年前与1949年以后两个时段，作重点研究。重点研究五四时期的学者是张君劢、贺麟、冯友兰、梁漱溟、熊十力；1949

年以后的学者是方东美、钱穆、唐君毅、牟宗三、徐复观，共10人。他们每人编一学案、一论文集、一以马列主义为观点的评论集，10人共编30本书。研究人员有47名，分别属于18个大学，而各项资料亦由各大学负责收藏。例如四川大学集中唐君毅的资料、武汉大学集中熊十力的资料、山东大学集中牟宗三的资料等。当初此项研究计划是允许研究人员自由发表看法的，即"不定调"，结果出现一种以前未曾想到的现象——研究人员居然真心地认同他们研究的人物。例如罗义俊便很欣赏钱穆，成了钱穆专家，并且宣扬钱穆的观点；颜炳罡大力推崇牟宗三；郭齐勇则心仪熊十力的思想。这些人在计划外发表了许多论文，阐述自己的观点，结果五年之中，有关新儒家的书，出版了好几十本。

重新发掘传统资源

1989年后，大陆年轻一代的知识分子对儒家的东西开始念出味道，比较能同情了解，他们称此为"重新发掘传统资源"。这在早几年前是不可想象的。另外，90年代以后，很多学术界的人下海从商，不过真正优秀的学者还是紧守学术岗位。有趣的是，有些下海成功的人，反而回头资助学术界，办了一些很有活力的文化刊物。例如北京的《东方》《中国文化》《战略与管理》，上海的《学术集林》；而香港的企业家也在广州支持了《传统与现代》杂志。整个中国大陆大约有10份这种类型且水准很高的文化刊物。反过来看台湾，1988年后，社会力量解放了，但文化研究却受到损伤，所有之前有影响力的文化杂志,如《人间》《文星》《南方》《岛屿边缘》等等都停刊,《当代》也有维持不下去的困难。现在台湾文化杂志是一个也没有。这是很严重的问题,因此我最近一直努力想让暂停的《当代》复刊。

大陆现在的文化研究队伍很庞大,将来还会继续成立一些高水准的研究中心,只不过他们因经费缺乏,与国际间的联系不够,所以在国际视野上无法与台湾的学者相比。但我想这是时间的问题,再过五年,儒学研究的重心就要归大陆所有了。过去台湾吸收很多华侨和外籍学生,表现的气魄很大,但现在在数量上已减少许多。过去,对外籍汉语人才的培养,台北是北京的三倍,现在恰好相反。再往下发展,台北可能只占10%。

(台北:《交流》第 29 期,1996 年 9 月)

宋明儒学的中心课题

宋明儒学，如果根据日本岛田虔次先生的提法，可以说是东亚文明的体现。也就是说，宋明儒学的兴起，如果从中国的儒学的发展来看，是儒学第二期的发展。第一期是先秦两汉儒学发展。经过了魏晋玄学、隋唐佛教以后，在思想上，大家一般的提法是儒学衰亡、没落了。到了唐末宋初，儒学又重新复兴了，就进入了儒学的第二期发展。而这第二期的发展有一个特色，就是儒学作为中国文化思想中的一个主流思想逐渐地传播到朝鲜、日本和越南。在 13 世纪的中国，14、15 世纪的朝鲜，16、17 世纪的越南，17 世纪的日本，儒学逐渐变成东亚文明的一个主要方面，不仅是中国文化的一部分，也是朝鲜文化、日本文化、越南文化的一部分。甚至可说，在鸦片战争以前，儒学主导东亚这几个国家的政治、文化、教育、社会文明价值各方面。

我认为，在中国文化的发展过程中，宋明儒学是一种特殊的、有强烈的继承性、延续性又有创造性的哲学思想，它是一个很特殊的思想形态。宋明儒学可以说是先秦儒学经过了创造性转化而发展出来的一套既是崭新的又有强烈的继承性的一种思想。从人类文明史的比较研究来看，这是一个很特殊的现象。今天我想把这个儒学发展的特殊阶段的中心课题，即想要解决的中心哲学问题是什么提出来。

儒学是内容非常丰富、思想层次很多、接触的问题非常大而繁杂的一个思想体系。它和中国社会的经济、政治、文化各个侧面都有千丝万缕的牵连。简单地说，在儒学的传统里，至少有三个既有联系又有分殊的大问题，也就是我曾形诸文字的道、学、政这三个问题。

儒学可以说是一种哲学的人学。从孔子、孟子所接触的问题来理解，它基本上是对人的存在的反思，一种比较全面而深入的反思。儒学在中国先秦出现，它基本上是对人做了一个比较全面比较深入的反思。因此，从西周到东周，人文思想特别突出。到了孔子时代，《论语》完全可以从哲学的人学这个立场来理解，基本上是对"为己之学"这个课题提出了一些具有崭新创意的看法。所谓"为己之学"，在《论语》里为己和为人是分开来说的。一般的理解，认为儒学是入世的，是要在社会上发生作用的，因此和政治有很密切的关系，这和基督教、回教、佛教把凡俗世界和神圣世界截然二分的方式有很大的不同。在《论语》里提出"为己之学"，也就是"古之学者为己，今之学者为人"。这意思就是说，学术的基本问题是如何做人的问题，而做人的问题应该从个人、从自知之明这个方面为起点。所谓"为己之学",就是说求学是为了自己。但这个自己的观点不是西方所谓的个人主义的自己。这个"己"在《论语》里是"己欲立而立人,己欲达而达人"。这个己(所谓"反躬修己"的"己")有强烈的社会性,不是一个个人主义的、孤立绝缘的、像现代特别是早期的萨特所提出来的个人主义的、存在主义的这种类型的己,而是有社会性的己。这种为己之学的己,是要自己做工夫,所以才有"吾日三省吾身"的提法。

儒家的"道",就是一条行走的路——完成自己人格一定要行走的路。一个人要完成自己的人格,定要从"己"下手,但这个己不是一个孤立绝缘的系统,它和印度哲学要寻找真我的那一种经过禁欲主义、经过自己的克制来寻找真我的提法不同。

发展自己的人格不仅要经过社会实践,还要经过自己主动的、自觉的奋斗。所以,儒学的基本观点"学",是觉的意思。《说文解字》上说:"学,觉也。"因此,个人人格的发展是一个逐渐扩展的过程。但必须强调,这个过程也是个逐渐深化的过程。这个逐渐深化的过程,不是自己在书斋里冥思玄想。冥思玄想是希腊哲学的特色。希腊哲学里有些哲学家以冥想为志业,完全用他的理智来思考问题。从具体到抽象到共象,西方的思想从个人内部发掘,即使和天、和上帝交流,也必须突出独立自主的个人。上帝为什么创造万物,有没有重要的计划、蓝本,都不是被创造者——像我们这些人可以知道的,西方有相当程度的怀疑主义,有相当的不可知这样一种特殊的思想模式。但在中国,儒家的这个传统是从个人逐渐地深化。这个过程是一个自我超越的过程。这在辩证法上讲是同样的一个过程,越深入也就越超越。对自己越了解,和其他人从比较深入的角度沟通的可能性就更大;和外面的沟通又可以进一步对自己进行更深化的认识。这两方面互通,所以陆象山说孟子的学说是十字打开,有一定的道理。越深入就越超越,越内在就越能够对外扩展。

儒家有政治的理想,要参政,所以它又有一套政治的学说。但它是以道德实践和学术研究为基础的政治参与,所以有"学而优则仕"的观点。政治应该是道德、文化的集中表现,而不只是经济的集中表现。这是儒家的理想主义,是把政治道德化。可实际上,在中国的政治文化里,常常是把儒家的这些道德理想政治化,变成了传统中国专制政体控制人民的意识形态,这就是政治化的儒家。它和以道德转化政治的儒家是绝对不同的儒家。在汉代,董仲舒所代表的儒家和公羊弘所代表的儒家就有很大的不同。公羊弘的"曲学阿世"绝非董仲舒"正其谊不谋其利,明其道不计其功"的精神。讲得露骨一点,有些是大儒、真儒,有些是腐儒、陋儒、小儒。这中间的关系非常复杂,但很值得重视。

儒家的理想是以道德实践通过文化学术影响政治,而实际上政治势力利用儒家成为专制政体意识形态控制的一种机制。这中间有斗争,有长期而激烈的斗争。

以道德理想转化政治这种儒家的学说和信仰,在传统中国,从春秋战国以后一直在发展,是一个很重要的潜流,可以说是细水长流。而在专制政体意识形态控制下所出现的政治化的儒家,是中国政治文化的主流,影响特别大,绝大多数读书人都被这个潮流所裹挟。讲得更具体一点,通过科举制度进入官僚阶层,变成所谓专制社会的领导阶层，这是很明显的政治化儒家的利禄之途。但并不是表示所有儒者都变成了政治化的"动物"。真正的儒者，基本上是对这种类型的政治文化进行批判的，甚至要决裂。这种批判决裂的抗议精神，受到士——知识分子的尊重。

知识分子在政治上即使不得意，在文化学术上仍有崇高的地位，而且还在社会上起着很大的影响。这是中国历史中一个值得大书特书的文化现象。因此，可以说从道德理想参入并转化政治的儒家，塑造了中国古往今来的知识分子的特殊性格。这种中国知识分子的特殊性格，在早期就是曾子所谓"士不可不弘毅，任重而道远"。要体现人格尊严和人的价值，这个担子是沉重的，道路是遥远的。这种精神和孟子的"富贵不能淫，贫贱不能移，威武不能屈"的大丈夫精神和范仲淹"先天下之忧而忧，后天下之乐而乐"的自我期许，以及东林党人的"家事国事天下事，事事关心"和顾炎武的"天下兴亡，匹夫有责"的观点是一脉相承的。关公的春秋大义和岳飞及文天祥的民族气节，也是这种精神，在民间社会有很大的影响，学术意义也极为深刻。只有在中国文化这个充分体现人禽之辨、义利之辨和王霸之辨的传统里，才可以写一部从古到今的知识分子史。印度的文化、希腊的文化、犹太的文化都没有同类的传统。

知识分子一定要在学术方面、知识领域取得一定的成就，同时要关心社会、关心政治、关心天下大事。知识分子是可以进入政权的，在政权里可以做很大的官，但知识分子参与政权是从学术、道德、文化各方面考虑的结果。参与政权就是要转化政权。这种知识分子的风骨和儒家学说有血肉相连的紧密关系。儒学本身有一个特殊的形态，就是从"五经"这个传统逐渐转化到集中讨论"四书"。从"五经"到"四书"的发展，可以说是对经学传统采取了批判的态度。这种批判有两种倾向，一种是说五经不重要，把五经的无上权威扬弃掉；另外一种是经过批判以后再加以继承。批判地继承和批判地扬弃是两种不同的态度。

《春秋》这本书在宋初影响非常大，像胡瑗、孙复、石介这些重要的思想家都讲究《春秋》大义。因为在宋朝，汉族受到辽、金、元的威胁，所以出现了强烈的民族意识，这也和《春秋》大义所谓的夷夏之辨有关系。朱子对经学的传统作了一种批判，以批判地扬弃和批判地继承的不同的态度出现，取儒家经典中极少的一部分加以发扬。这极少一部分后来就成为"四书"。"四书"的篇幅小，很容易背诵，要背诵五经则非常困难。这也可以说是经过节选凸显核心问题以掌握儒家传统的诠释策略。

为什么会出现这样一种思想形态呢？这与佛教文化在中国产生了极大的影响有密切的关系。宋明儒学的兴起，是儒家的思想传统对佛教在中国文化的根深蒂固的影响下作出一种创建性的回应。

另外，儒家的传统，有道、学、政的问题。有的是从道德理想、发展学术文化来影响政治，有的是把学术政治化，影响整个儒家的伦理道德，提出三纲五常作为控制人民的意识形态。到了北宋，专制政体已逐渐形成、强化，科举制度趋于完备。宋明儒学，特别是道学家周敦颐、张载、二程、朱熹、陆象山，到后来的王阳明，从某种程度上说，都对政治化的儒家，特别是科举制度在士人心态中泛滥成灾作出批判，进行全面的反思。科举制度确是一切有志行道想入仕途的青年才俊必须经过的道路,但这个制度又是斲伤性灵、消减创造性智慧的一个极其复杂的社会机制。当时所有重要的思想家,都对科举制度采取批判的态度,批判者把科举的时文称之为"虚文"。从程颐的眼光来看,他特别注重"实学"。实学的意思是体之于身心性命的学问,用现在的话讲是确实存在感受的学问,是为己之学,反躬修己之学,受用之学。而参加科举考试,只是研习无血无肉的虚文而已。所以,宋明儒学一方面是对佛教传统在中国根深蒂固以后作的一种创建性的回应,一方面是对科举制度所作的一种批判。

宋明儒学又和现实的政治文化有一些内在的冲突。文化精英与政治势力有交叉。经过科举考试而进入政权的知识分子就是儒官,但杰出儒者的影响是在文化而不是在政治。权势非常大的人不一定是知识分子,而在知识文化界影响极大的人也未必投身政权。对政权势力,他们有强烈的异化感,觉得政权势力和他们所要发扬的道德理想有距离,乃至有不可逾越的鸿沟。但另一方面,他们又同现时的政权势力有不可消解的关联,因为除了道和学以外,儒家必然是入世的,要发生影响。所以,是在这个政治环境之中又不属于这个政治环境、既有联系又有分歧的生命取向(所谓出和处的存在选择)。这中间有很多很复杂的因素。第二期儒学的勃兴,基本上可以从这几个角度来掌握。除了这几个角度以外,它的经济背景、它的阶级性这一类问题也可以作进一步的分析。这些侧面都顾及的话,那么,对宋明儒学发展的特殊形态也可以作一个比较周全的掌握。

英国思想家伯林认为有两种类型的思想家,一种是狐狸型,另一种是刺猬型。狐狸型的思想家比较活跃，是跳跃型的，从一个问题跳到另一个问题。美国现在有很多年轻思想家，特别表现狐狸精神。刺猬型的思想家只抓住一个问题，坚守原则，把各类问题都统合在一起，不形成整体思维他是不肯罢休的。刺猬思想家较深入，狐狸型的思想家较广阔，但最有创意的思想家多半是两者复杂而巧妙的结合。

朱熹就既是"狐狸"又是"刺猬"，是从狐狸的精神开始，后来既体现狐狸又体现刺猬的精神。因为朱熹的接触面很广，从小就对道家、道教、佛教和民间宗教的思想有浓厚的兴趣。一出门什么东西都要问，都有兴趣。拜李侗为师以后，就集中几个重要的哲学问题进行钻研。这些问题突破了以后，他又海阔天空，各种思想都摄取。

朱熹开始进行深刻哲学反思的"中和"是什么问题呢？就是人在世界上每天所碰到的都是瞬息即变的环境，在宇宙大化流行中，永远是在变易。而这种变易是一种辩证的变易，是一种发展的过程。《中庸》里提到"未发谓之中，发而皆中节谓之和"。这个"中"是天下的"大体"，"和"是天下的"达道"。这个"大体"要从人的修养经验方面掌握，在瞬息即变的、不稳定性极大的环境里如何能找到一个安身立命的基点。怎样去认识它、了解它，这就是"中和"的问题。

"中"在《中庸》里是个重大的课题。对这个课题，朱熹经过了长期的苦思。他早期的思路比较接近程颢以及后来的陆象山和王阳明的思路。经过自己苦参和深层反思，特别是受了程伊川思想的激励，朱熹发展出一套经验的看法，和程的思路有歧异。对程颢所提出的两个人学的中心课题，一个是"与天地万物为一体"。朱熹内蕴甚高，但如何具体下手进行道德实践则困难重重。另外，程颢特别强调"觉"，朱熹怀疑可能跟佛教的观点比较接近。

朱熹到四十多岁提出他自己的"仁说"。我认为，这种对仁的解释突出了强烈的理性主义的色彩，把仁定义为"心之德，爱之理"。基本上要有这样的涵养：在从事道德实践的过程中，一定要强调知识性，原因在于如果没有知识，道德实践一定会偏差。进行知识的探讨，当然是为道德实践服务的。在探讨时要网罗天下各种知识。所以有学者认为，朱熹的思想有科学精神，但他基本上不只是为了探求科学真理。他当时受到沈括思想的影响，所接触的学问类别、途径非常多，各种不同的思想他都研究，接触过道家，佛家（特别是禅宗、华严宗），对各种经书都有兴趣，后来不得意时又研究《楚辞》，对历史投入更深。在思想上接受了二程（特别是程颐）的取径，强调"涵养须用敬，进学在致知"；一方面身体力修，一方面作哲学探索。这方面他受到湖湘学者如张南轩的鼓舞，同时也受到浙江学者像吕祖谦的支援。但他与陆象山所代表的江西学者，有很大的矛盾冲突，所以才有1175年的鹅湖之会。

鹅湖之会事实上是不欢而散，思想上没办法统一。照现在一般的理解，陆象山宗尊德性，这是《中庸》的观点；朱熹则强调道问学。一个是强烈的道德主义，一个是强烈的知识主义。朱熹基本上认为，道德实践的问题和知识的探求有不可分割的联系，而且应该由知而行。知识的探索应该是一种经验知识的探索，各种不同的知识都要掌握，所以朱熹有他的科学知识，还有他的宇宙论，有很多非常重要的有价值的经验科学的观察。相形之下，他对道德实践的主动性和主体性没有坚实信心。在朱熹看来，对《孟子》《中庸》到后来周敦颐、张载、程颢都深契不疑的道德主体性，即立志、识其大体，就可以掌握自我超生，即张载说的变化气质这个观点，跟禅宗的"顿悟"的观点太接近，不能成为循序渐进的道德实践的准则。所以陆象山批评他的观点和孟子有差别。

陆象山认为，自己的学问就是从孟子而来，所谓"因读《孟子》而得之"，对孟子的精神掌握得非常真切笃实。朱熹讲的那一套，虽然有一定的价值，但和孟学有基本冲突。后来有人批评陆象山，说他除了"先立乎其大"这句话以外，没有什么内容可说。陆象山的回答很有代表性，他说除了这句话，还有什么更重要的内容可说呢？朱熹的传统在陆象山看来，虽然像穿山甲般钻得很辛苦，但并不深刻，没有达到掘井及泉的境地，因此难逃狐狸的悲哀：接触的问题非常之多，但相当"支离"，真正的孟学精神没有体现出来。从朱熹的立场看陆象山就是一句话，骨子里实是禅学，和他早期所受的禅学的影响如出一辙，因此很难欣赏陆象山的论学风格。朱、陆虽是同时代的道友，而且有面对面的沟通机缘，共同为光大儒门而奋斗，但他们之间并没有共同的哲学语言。

朱熹所代表的理学和陆象山所代表的心学，一个较注意学术传统，道问学；一个较注重尊德性。不过，值得注意的是，朱熹所关注的是心上工夫。在历史上影响巨大的是朱学而非陆学。南宋以后，朱学传到北方。北学本有自己的思想传统。因为中国经过了100

年的分裂，北宋之学传到南宋，在朱熹有很大的发展。南宋儒学经过了朱熹的集大成的转化，这一套所谓的身心性命之学后来传到了北方，引起了很大的思想震动。

北学好像受到苏氏父子的文学，乃至唐代经学的影响，早期的思想家有刘因和许衡。许衡在元代做官，忽必烈一招就去，而且做了很大的官。有人批评他为什么一招就去，他说"不如此也，则道不行"。所以"元代政治的儒家化"——这是一本英文专著的书名——许衡的贡献非常大。明初的薛瑄心仪许衡，在《读书录》里对他推崇备至。刘因则绝对不做官，据说忽必烈招了三次不去。有人说你这样太傲慢了。他说"不如此则道不尊"。这两个人的思想表示儒学的两种不同的风骨：一种像伊尹，完全投入政治，但做官绝对不放弃自己的道德原则，在西方叫"在制度里转化制度"，也就是后来颜元所谓转世而不为世转；还有一种是尽量跟政权势力划清界限，表示学术尊严。这两种方式在儒学传统里都有，可以说各显精彩。

经过长期发展，元代尊孔达到了高峰，科举制度以"四书"作标准也从元代开始，政治化的儒家大展宏图。这政治化的儒家，在当时的体现就是朱学。虽然吴澄这样的儒者想要会同朱、陆，但元代基本上还是以朱学为主调的传统。从南宋到明代中叶，朱学的传统独领风骚，而且朱学传到朝鲜，影响了朝鲜的文武两班的贵族文化及突出抗议精神的士林学风。

前面已提到，朱学传统中也有深厚的心学，当然也有特别突出个人道德实践的学说。如朱子的大弟子真德秀编了一本书，即以《心经》命名。这本书后来在中国失传，可是在朝鲜发生了非常大的作用,强调了十六字传心诀("人心惟危,道心惟微,惟精惟一,允执厥中")。

可是到了明代中期,思想上有些转向,从吴与弼到陈白沙开始逐渐突出了和象山心学相契的观点,为王阳明思想创造了条件。

王学能在明代中叶出现,是中国思想史的大事。从王阳明自己思想发展的脉络来看,阳明心学是针对朱子学说所作的一种创造性的回应。朱熹的观点是基于虽只格一物(充分地了解一件事情)即可了解天理。这种观点是绝大多数儒家学者都接受的基本信念,因为"性即理也"是宋明儒的共识。不仅人性是理,物性也是理,只要彻底了解一件事物,就可了解天理。所以王阳明立志要格物致知。他那时要想破译的问题,就是如何把朱熹的格物致知思想付诸实施,变成他自己的身心性命之学。结果"格"了七天七夜,病倒了。

用现代心理哲学的眼光来看,王阳明接触的问题是他自己自我认同的问题。"格"亭前竹事实上是格他自己心内之理的问题,怎样找到一条自我的道德实践的路子,而且和朱熹的学说吻合无间。朱熹的理学中所提示的是这样一条路:就是今天格一物,明天格一物,格到一定数量,花下大量的时间,用了相当的工夫,就能豁然贯通。王阳明好像采取一条捷径,集中精力今天格此物,明天仍格此物,就只格这一物,坚持下去,是否也可达到豁然贯通的境地。如果任何东西的理都是天理的显现,那肯定有这样的可能性。有这个可能性并不表示有必然性或现实性。朱熹可以这样回答:要格就多格一些,才能综合了解"理一分殊"。要从分殊来掌握理一。他可以这样批评阳明:在方法上就出了问题。虽然从理上说,彻底掌握一物,就可掌握一理。在实践上这种执著既不必要又不现实。

阳明因"格"亭前之竹不得要领,导致他在三十五六岁时提出"知行合一"的观点。这个观点的提出,在哲学思想上是一个重要的里程碑。这个观点的提出,使他回到陆象山,也可以说回到程颢、张载和周敦颐。就是说道德实践要构建于个人的立志上面,就是儒家倡导的"匹夫不可夺志"。这个志向才是使人的气质能够变化的根本理由。这个意义上的立志,不能从获得某种职业、得到某种社会上的认可、取得某种政治权势或经济利益上来理解。程颐在17岁时就问过这样的问题:颜子所学何所乐?这里所说的乐趣,是完成他自己的人格,在最坏的条件下还能奋勉精进的自得之趣。

所谓立志是什么意思?是知吗?是行吗?从王学的立场讲,开始、起点要掌握,所以才有"差之毫厘,失之千里"的警语。这个观点不是一个主观主义的提法,而是一种主体精神。主体精神和主观主义是完全冲突的。主观主义是一种认知的偏差。我们认识心中藏有很多成见积习,这些成见积习蒙蔽了我们对客观事物的理解。从认识论讲,主观肯定是一种缺陷。如果用儒家的话讲,就是私欲,也就是荀子所谓应该解而没有解的"蔽"。

主体性是要构建我们自己作为道德存在的基础,因此儒学的立志必须从突破主观主义入手。不破除主观主义,就不能建立主体性,甚至有认贼作子的危险。主体性和客观性反而有内在的联系。主体性和主观主义有绝对不能相容的冲突,是主体就不是主观主义。这中间涵蕴着自我超升的功夫。这种功夫一方面是道德实践的功夫,一方面是认知的功夫。从认知的功夫说,就是要破主观主义的限制。狭隘的个人主义是一种以个人为中心的偏执,而以个人为中心的偏执,正是助长主观主义的潜势。

另外应当注意,在理论和实践的层次,各色各样的主观主义都应该突破。孔子能绝去四蔽,意必固我,正是指这方面的功夫。从儒学的立场上看,这就是私和公的关系,要去私欲才能发展天理。

所以,阳明提出知行合一的论点以后,就进一步发扬"存天理,去人欲"的教言。"存天理,去人欲"不只是修身养性,也和社会实践联系在一起。不从事社会实践,就不能真去人欲,真存天理。所以,阳明晚年特别关注"事上磨练"的工夫。阳明本身即是一个在事功上面有所建树的人物,一定要从具体的事物上磨练身心,不能只冥思空想。

严格地说,阳明不单提"良知",他所提的是"致良知"。"致"字关系甚大。"致良知"的提出,可说是从周敦颐,张载到程颢,对个人人格修养、立志的学说达到了一个高峰,才能涌现的证道语。这个证道语对后来的儒学发展影响极为巨大。不过,应当指出,阳明的"致良知"之教虽然是宋明心学的高峰,但并不表示它就是宋明儒学的全部内容,因为朱熹和程颐所代表的注重道问学的思路,在中国一直传了下来,在朝鲜更有光辉灿烂的发展。

现在简单地作一个结论,集中在刘宗周的问题。刘宗周从中国学术的传统来看,是王学以后的大思想家,所以牟宗三先生称他为宋明儒学的殿军。一般思想史论中,对刘宗周多半是从爱国思想的角度来肯定、来论述的,但刘宗周精致的学术贡献是他的《人谱》。《人谱》是作为哲学人类学的宋明儒学中一部极高明而道中庸的智慧结晶。朱熹的问题、象山的问题、阳明的问题、王门后学的问题，刘宗周都接触到了。通过由性通天的途径，刘宗周强调了"诚意"和"慎独"在道德实践中的作用。有很多人认为，慎独的观点基本上是讲"内圣"，也就是人格尊严如何建立的课题。这正是刘宗周《人谱》里的核心思想。但是他的讲法极为曲折，可能是因为受到当时各种思想（包括基督教）的挑战，他处心积虑地要为儒家人之所以为人的道德理想主义作一个最平实稳固的回应，于是从改过下手。

刘宗周的改过思想和孟子特别强调的性善思想是一个有机整体的两面。每一个人从性善的眼光都是圣人，所以王学后来有"满街人都是圣人"的狂言。任何一个人都有从事道德实践的基础，只要立志就可以。这是一个本体论的陈述。但从实践论、存在论的立场看，任何一个人不管他的道德水平、知识水平达到怎样的高峰，他永远不可能成为一个圣人。所以孔子也不是圣人。他说："若圣与仁，则吾岂敢"，绝非谦辞而已。从具体的道德实践过程来看，任何人都要改过。孔子享寿72，如果活到80岁，老先生还要奋斗七八年，不奋斗七八年就不是真仲尼。这种精神，在人格的方面永远达不到，或根本在自我内在的生命里，有无穷无尽的源头活水。这两个提法一个是本体论的论断，一个是存在论的陈述，怎样综合起来，在刘宗周的人学里有充分的体现。所以我想，刘宗周是阳明以后戴震之前最深刻而有创意的思想家。当然，明末三大儒学中的黄宗羲和顾炎武影响都比刘宗周大，但哲学的深度和原创力也许不如刘宗周。

宋明儒学，从周敦颐到刘宗周，其中有很多非常曲折的问题。怎样分析？有的人说可以分理学（程颐、朱熹）、心学（陆、王）和气学(张载、王夫之),冯友兰先生有这样的看法。有的学者说可分三系:第一个是程朱;另外是从周敦颐到张载、从张载到胡五峰、再从胡五峰到刘宗周的思想传统;然后陆、王是一个传统。陆、王和周敦颐到刘宗周的传统有相契合之处,和程、朱的传统冲突甚大。这是牟宗三的观点。还有其他的提法。

朱熹的学说在中国,特别到了明代以后,经过王阳明思想的挑战逐渐没落。但朱子学说传到朝鲜,朝鲜学术便是环绕朱熹学说的进一步发展。所以,朝鲜的大思想家李退溪(与阳明几乎同时代)熟知陈白沙和王阳明对朱熹的批判之后,他却创造转化地继承了朱熹的思想,而且认为朱熹学问的核心价值并不因为阳明的批判丧失了说服力。所以,中国明代的学说没有把朱学继承下来,朝鲜的李朝却把正宗朱学继承下来了。这个朱学又传到日本,在山崎暗斋的思想中和神道进行互补。

从整个东亚文明来看,儒家的第二期发展错综复杂。怎样去认识它,进一步去讨论它,有很多的工作要做。我这个简单而粗略的报告只不过是开端而已。

(成都:《天府新论》,1996 年第 2 期)

儒家人文关怀与大学教育理念[1]
——在岳麓书院创建1020周年纪念会上的演讲

人文关怀应该是人文学所处理的课题。在国外,特别是在美国,人文学是和社会科学、自然科学鼎足而三的一种学术领域。人文学是人类包括个人和群体进行自我理解、自我反思、自我认识最直接、最贴切的学问,一般包括语言、文学、历史、哲学、宗教学和文化人类学。广义地说,一切学问包括自然科学和社会科学,都和人的自我理解、自我反思、自我认识有密切的关系。我们研究自然和分析社会所获得的知识,本来就和人类的自我认识是不可分割的。站在儒家的立场,所有关于个人、社会群体、自然和天道的学问,都是人类进行自我理解所不可或缺的研究课题。不过,人文学如中国传统所谓的文史哲,也就是所有的传统书院所集中要讨论的

---

1 本文经吴凡明整理。

人文学课题，和人类自我理解的关系的确比社会科学、自然科学更直接、更贴切。

语言学是人类传达理念感情的工具，同时也是人类自我认识不可或缺的一种学问。假如我们把语言学只是当作一种像数学一样很精致的科学研究，那种类型的科学研究不一定属于人文学研究的范围。但是，把语言当作人文环境的现象和课题来研究，这个是属于人文学的。人类的至情至性的流露所表现的文学，如果只作语言文字的分析，完全把它作科学性的研究，而不接触到人的至情至性的流露，那也不是属于完全人文学研究所讨论的人生的价值、人的反思和宗教学所讨论的终极关怀。这虽然不一定能一窥人文学，或者文史哲的全貌，但足以显示这种类型的学问。因为它必须要跨越主客的对立或者内外分隔。举一个很简单的例子。有些科学家，从事于生物学的研究，不必认同细菌；物理学的研究，不必认同分子、离子。但是，一个人从事莎士比亚文学的研究、中国哲学的研究、中国历史的研究，对于他所研究的对象没有一个亲切的认同感，就很难能够有体知，很难进入这个领域。因为这个原因，所以，人文学的一个特征，就是研究的主体与观察的对象这个界域常常是要渗透，常常是要超越。所以这种类型的学问应该能够突破现代学术的严格职业分工，成为人类社群所共同关切的学问。

任何一个公民、任何一个现代的社会成员，应该对他自己的社会、自己的政治、自己的文化现象后面所根据的基本的理念、基本的价值有所理解。这和他作为一个人，和他在社会上的自我理解、自我实现是有密切关系的。所以，文史哲便构成了人文学的核心课题。在传统书院,当然包括岳麓书院所讲的这些学问,正是人文学的核心学问。而这套学问在现代被边缘化了,被忽视了。很多我们碰到的重大课题,如道德的失落、意义的失落、人的自我方向的失落,均和人文学不能够张扬有密切的关系。显然,这种人文关怀,即人文学所体现的人文关怀,应该是现代知识分子自我定义的本质特色。我们在此,大家都很清楚地意识到儒家传统对于文史哲这个范围,就是在培养人的人文关怀,在理论上说,应该成为文化中国的社会资本、文化能力和社会价值。

所谓社会资本和经济资本有很大的不同。社会资本的积累往往是通过论谈、辩难,通过哈贝马斯所谓的沟通理性而构建的文化能力;也是通过长期的教育,特别是人文学的教育,不仅是学院的教育,也是社会的教育、家庭的教育、民间的教育。精神的价值之所以能够实现也是通过细水长流的长期积累。在理论上说,儒家的传统应该为人文学提供很多的人文资源,但实际上情形并非如此乐观。传统文化的资源非常薄弱。我们现在所拥有的文化传统,跟传统文化基本上是割裂的。而这个鸿沟非常大。

在我们拥有的文化传统之中,西方启蒙心态所占据的地位是非常高的。举个简单的例子。我们不管在北京、台北、新加坡、香港和文化中国的其他地方做个简单的调查,把自由、人权、民主、法制的价值和忠孝仁爱节义的价值作两表,来对中学生、大学生进行调查,自由、人权、民主、法制一定是价值,而且是正面的价值;但是,忠孝仁爱节义有些人认为是价值,有些人认为是非价值,争议性非常大。

这是一个事实。除了西方启蒙心态在中国知识界占据很高地位外,反传统的心态非常强。再加上造反有理的传统(当然这已逐渐消除了,但剩余的势力还一直存在),以及用功能主义、物质主义、现实主义来了解我们的世界、我们的情况,因此,儒家人文思想所体现的价值,也就是各种不同的书院经过好几千年一直在发扬的文化,在我们的文化心理的结构中所占的地位不很高,资源比较薄弱。在理论上说,儒家的教育理念可以为现代乃至后现代知识分子,包括中国的知识分子、西方的知识分子,提供丰富的社会资源、文化能力和精神价值。而实际上要使得这个理念成为事实,工作非常艰巨,而且道路非常坎坷漫长。一种可能就是面对现在大学教育的四大目标,我们需要经过一个复杂的自我调节,来面对不仅是现代西方,也是现代社会的挑战。

大学教育有四个理念。第一,应该能够为社会服务;第二,应该能够进行文化传承;第三,应该能够达到自我实现的目的;第四,一定要维持批判的精神。

从第四点来看,儒家传统如果要进一步的发展,不管我们如何一厢情愿,我们的理想、我们的期待如何,我们不能够放弃批判的精神。对儒家传统作严厉的批判,实际上是发展儒学不可或缺的必要条件。举一个很简单的例子。儒家的传统实际上有三个复杂的侧面:第一,它是中华民族,特别是中华民族的知识分子所共同拥有的精神资源,但是同时它也是在中国社会,特别经过几千年的社会发展,和现实政治、社会各种复杂层面下纠缠不清的中国政治化、制度化而建立的意识形态。这两股力量也是有冲突的。举个例子。三纲和五常是有冲突的。"父为子纲、君为臣纲、夫为妻纲"是绝对反现代的、反人道的。突出父权就是强烈的等级制度,不健康的宗法制度;突出君权,就是强烈的权威主义、专制主义;突出夫权,就是男性中心主义。任何一个有现代意识的人都不能接受这个观点。五伦:父子有亲、君臣有义、朋友有信、夫妇有别、长幼有序是双轨的,是人道的。因此,在人道的角度讲,五伦所代表的双轨的人文精神,和三纲所突出的强制性的、有压迫性的意识形态是有冲突的。儒家如果放弃了批判的能力,把三纲认为是五伦,把政治化的儒家认为是真正的儒家精神,将来再要发展有很大的困难。

另外,我们必须认识到儒家传统要在中国社会重新生根,要通过一个一阳来复的复杂过程。儒家传统是受到中国极杰出的一批精英全面而深刻的反省和批判而还有生命力的一个传统。但是,现在的生命力是非常薄弱了,要发展非常艰巨。我甚至可以认为,五四时期杰出的精英对于儒学阴暗面的批判还不够。因为当时把吃人的礼教当作包袱一丢了事。但是,这些不健康的积习,也就是鲁迅所说的"中国国民性中的阴暗面"、胡适所说的"中国人的软弱"等各个不同的因素,不仅几十年来在中华大地没有彻底清除,而且变本加厉。

很明显,对于传统,所谓封建社会所带来的遗毒的批评和全面扬弃还不够,这个工作必须要做。不做的话,塑造中华民族知识分子最好的精神价值就不能实现。另外,还不要忘记儒家传统的第三个侧面是中华民族心灵的积习。不管你是知识精英或在社会的任何一个阶层服务,包括工农兵,都受到儒家传统的影响。而知识分子,尤其现代关切儒家命运的知识分子，应该突出儒家身体力行，突出儒家传统精神中光辉灿烂的一面，而尽量地转化、扬弃在社会上起着非常坏的消极作用，并和儒家传统有密切关系的积习（当然，这不能一蹴而就）。所以应该有个反馈系统。

另外，儒家传统如果要成为我们今天教育大学生、中学生自我实现、有极大创造性的这种教育制度，就应把科举制度在社会上造成的困境逐渐消除、超越。整个东亚社会，不仅是中国、新加坡，包括韩国、日本，考试制度所造成的正面负面的意义还是我们今天每天都碰到的事。这个是有志于儒家成为第一流的知识精英能够自我实现、能够充分发挥创造性必须要做的事。儒家传统毫无疑问是中国文化的传承，但这个文化传承如何能够在中华大地发扬光大，它需要经过一个创造的转化。如果我们想在社会上使儒学发挥它的现实功能，必须在对儒学长期宣扬、理解的过程中，了解它的阴暗面，我觉得这正是儒学更加健康、更加有内在生命力的主要条件。假如是真理、是价值，就不怕被批判，不怕在公众领域中进行辩难，进行讨论。假使我们是防御的心理，我们很难达到预期的效果。

儒家的人文关怀所接触的四个侧面（个人、社会、自然和天道）所体现的是人与族群的关系、人类和自然的关系、人性和天道的关系。以和为贵，就是希望人和社会在各种冲突抗争的复杂环境之中能够达到和谐，能使人性和天道达到天人合一的价值。所以，我自己一直感觉到从文化中国这个角度来看，我们要通过文明对话来丰富儒家的精神资源。

毫无疑问，西方启蒙心态所代表的价值，已经在我们每个人的内心起着非常大的作用。我们不能把儒家传统和西方最杰出的价值对立起来。身为儒家的信徒，我们不可能反人权、反自由、反法制、反个人尊严。我们应该通过对儒家的理解，使得人权的价值和责任伦理配套，使得法制和礼仪配套，使得个人尊严和社会秩序配套，使得西方各种不同的价值当它们出现形形色色负面作用以后，从内部全面来转化它们。我们不能走上一条非此即彼的二分的道路。正因为如此，儒家传统应该可以从伊斯兰教，从印度传统吸收到新的资源。表面上这个观点好像和要努力从内部来宣扬儒学的价值观点有冲突，其实没有冲突。为什么没有冲突？就是我们的认同感越强，我们越有信心充分发挥儒家的价值，我们就越希望它是一个动态发展的学术传统，而不是一个静态封闭的学术传统。

我认为面向将来，人类所碰到的重大课题，不管从环保的角度、从女权主义的角度、从社群伦理的角度，或是从多元宗教的角度，都碰到了一个全球伦理的问题，就是哪一种伦理可以帮助人类和平共存进入21世纪、进入22世纪？

这种全球伦理的出现，绝对不是一家一派可以独断、可以控制的，一定要通过对话。我们相信儒家面对人类现代所碰到的生态环境和在各方面的危机而必须实现全球伦理这样大的课题，儒家传统有非常丰富的资源，为实现全球的伦理，特别是"己所不欲，勿施于人""己欲立而立人"这样基本的原则可以提供条件。可是，我们的信心并不是建立在把其他的文明、其他的传统、外在的各方面当作是我们批判的对象。我们正是要以儒家的恻隐之情，以不卑不亢的态度，对世界各种不同的重大问题，包括现代西方文明所碰到的困境,当作是我们自己的困境。

对中华民族的觉醒,我们希望有个深刻的文化信心。中华民族的觉醒绝对不走以前的霸权主义、狭隘的民族主义,那条不健康的以其人之道还治其人之身的路,而应该为人类的前途,包括我们民族的前途、个人的前途、家庭的前途,创造一个更美好的未来。

(《文明的冲突与对话》,湖南大学出版社,2001年)

从"文化中国"的精神资源看儒学发展的困境[1]

《文化中国：以边缘为中心》一文是在1989年下半年开始撰写的，现在可以说已经过时了。这篇论文最近才翻译成中文。不论命意或遣词都还有许多不周到的地方。为了这个研讨会，我当作未竟稿，赠发给各位，请各位严厉指教。

1991年2月我从哈佛请假到夏威夷东西中心的文化和传播研究所主持了研究"文化中国"的项目。我们在夏威夷举行了第一次用中文进行的有关"文化中国"的学术讨论会，集中探索历史和社会层面的课题，从历史的回顾到社会现实。当年5月在东西中心和普林斯顿的中国学社共同举办了以知识分子的角色定位为主题

---

[1] 本文是根据1994年11月24日在杭州举行的集中讨论"文化中国"的学术会议"中国文化：20世纪的回顾与21世纪的展望"上的发言录音整理而成。节本发表于1995年《现代与传统》。

的"文化中国"学术研究会。1992年5月4日又在普林斯顿中国学会继续讨论"文化中国",特别集中"公民社会""市民社会"或"民间社会"的课题。同年11月在洛杉矶举行过一个以"20世纪末的华人"为议题的由加州一带华裔学人组织的学术会议。"文化中国"也是其中议题之一。由哈佛大学华裔学人组成的"康桥新语",在12月又主办了一个类似的学术讨论会。1993年在普林斯顿的中国学社讨论了"文化中国:自由与民主的关系"。同年秋季又由东西中心资助在康桥举行了以"文化中国:沟通与传播"为议题的国际学术讨论会。在座的好几位先生参加了那次会议。值得特别提出的是1993年在香港举办的一次学术讨论会上,台湾的陈其南先生和香港大学的王赓武校长作了主题发言,对"文化中国"从各种不同的学科角度进行了批判的理解。在座的李亦园先生(台湾"中央研究院"民族所)在那时发表了一篇很重要的、我想也很有启发的论文,就是提出"文化中国"的概念要和小传统(其实小传统作为有广泛影响的民间信仰应算大传统)即大多数中国人所根据的价值取向要有联系,要对小传统有所认识。

上面所提到的那些讨论,除了美国人文社会科学院讨论的学术季刊以外,全部都是中文发表的,已有好几本论文集问世。在英语世界,目前研究当代中国很有影响的《中国季刊》(*China Quarterly*)去年就发表了一期以 Greater China 为主题的专号。其间,华盛顿智囊团的哈定(H. Hardin)和伯克莱加州大学社会学系的高棣民(T. Gold)的论文都对"文化中国"的论说作出了反应。

今天要讨论的主要议题是——20世纪的回顾与21世纪的展

望。让我先勾勒一下我对此议题的背景是根据什么思路来了解的。

我想可以提这样的问题,即如果从全球的背景来理解"文化中国",我们所面临的究竟是什么课题?从比较哲学或思想史的角度,我认为我们的课题应是"超越启蒙心态的可能"的问题。英文所谓: Beyond the Enlightenment Mentality, 也就是能超越启蒙心态。这个和 20 世纪后期在世界各地,特别是高度工业文明发展的国家中所出现的两个思潮——表面上看起来是互相冲突、互相抗衡而实际上却同时并存而且各自的说服力和生命力都非常大的两种思潮有关。这两种思潮是我们必须进一步了解的。

一种思潮是大家都非常熟悉的"地球村"的出现,即所谓的全球化。最近李慎之先生在《东方》对这个问题作了比较全面的讨论。我记得 1962 年到美国学习时,美国当时著名的社会学家帕森斯 (T. Parsons) 就很明确地提出这一问题。50 年代,美国开始以 modernization, 就是现代化取代西化,因此出现了何谓"现代性"的课题。帕森斯当时很具体地提出现代性有三种不可分割的侧面:市场经济、民主政治和个人主义。中间当然提到科学和技术的重要性。可是经过了这二三十年的发展,现代性虽然仍旧可以从这三个侧面来理解,但也出现了一些更深刻的问题。其中的两个问题,即现代性中的传统问题和现代化能不能有多元文化倾向的问题对我最有启发。譬如北大的罗荣渠教授所主编的《从西化到现代化》收了不少五四以后特别是三四十年代在中国具体讨论现代化与西化的一批论文。可见,中国在知识界严肃讨论传统和现代的课题比美国学术界提早了有 30 年之久!那时讨论的水平已经非常高了,很多学者提出的论点,对我们今天来讲还有很大、很重要的引导作用。

现代化所预设的一个基本论点就是全球化、普及化的过程。可是同时,特别是最近10年或15年,有另外一种思潮,我们可以说是本土化的思潮。以前我们以为这只是寻根意愿的强化而已。从西方现代化的理论来看,这种由强烈的寻根意识所掀起的文化多样性是发展中国家的特色,而西方所代表的现代工业文明可以把这种特色消除而逐渐达到同化(homogenization)的境地。地球村的出现,是一种整合的、融化的过程。这种乐观的设想目前已没什么说服力。

具体地说,所谓寻根究竟所指为何?我想至少有下面几个值得讨论的课题:族群意识(ethnicity)、性别、语言、祖国、阶级和宗教。这些塑造现代文明的各种不同的根源的力量,在面向21世纪的今天,不仅没有削弱,而且在高度工业文明的社会也日益加强,跟原来的现代化理论所预设的正好相反。以前认为这个根源性的要求只是在发展中国家才强有力,现在一些崭新的特殊现象很明确地显示,在高度发展的后工业社会,根源意识愈来愈强化了。比如说族群意识,好像比大公无私、为全国利益设想的观点在美国社会更有影响力,而且这是美国现实政治(也就是地方主义势力的抬头)必须面临的一大课题。加拿大魁北克地区法语和英语的冲突,是对国家认同的大挑战,有可能分裂数十年来通过各种协调而取得的整合。在比利时有弗莱芒文和法文之争。比利时闻名全球的卢汶大学,以前全是用法语教学,可是最近由于弗莱芒语的抗衡,这个大学已经分裂为两个大学。这两个大学完全用不同的语言,将来重新整合的可能性极小。祖国的观点不仅适用于巴勒斯坦,甚至美国的夏威夷人也有争取主权(sovereignty)的问题。至于阶级所表现的贫富不均的情况,大家都很了解。以前有所谓的东西问题,现在还要加上南北问题。东西问题原指已发展和发展中的大趋势。譬如北美和西欧是发展的,亚太则在发展中;南北则包括法国和德国从南欧引进劳工之类问题。

使得西方学术界感觉到最困惑的是宗教,特别是原教旨主义的兴起。原教旨主义的兴起,在基督教、回教和犹太教社会特别突出。以前美国的比较宗教学家所担忧的是宗教与宗教之间的冲突:基督教与回教或回教与印度教之间的冲突。最近看到的是宗教内部的冲突:正统主义的犹太教和改良主义的犹太教、原教旨主义的基督教和自由主义的基督教的冲突。

全球意识和本土化表面看来是冲突矛盾的,但它们又同时是并存的,而且这一现象一直会延展到21世纪。从这个角度来检视启蒙心态,是一个值得深思的重大课题。所谓启蒙心态,当然指的是由现代西方所体现的、突出的价值系统。这些价值多多少少已经普世化,如理性、自由、人权、平等、法制等。毫无疑问,如果我们作调查研究,北京、香港、台北、东京、汉城甚至新德里的知识分子对这些价值都有强烈的认同感。而很多传统的价值,比如中国传统的儒家伦理价值像仁、义、礼、智、信和这些西方的价值相比,在亚洲知识分子心目中生命力和说服力都不够。很明显,启蒙心态所代表的理性、自由、民主、平等、法制已经进入中国、东亚以及亚太各国。

不过,应当指出,和启蒙心态同时并进、而且也许更能代表西方现代精神的是浮士德精神。浮士德,一个为了获得知识和权力甘愿向魔鬼出卖自己灵魂的人,有时和希腊神话中的普罗米修斯(Prometheus)相提并论,都体现了抗议和背叛的人类中心主义。现代西方以动力横决天下的精神,就像是一个没有被控制的普罗米修斯。这个浮士德精神不仅要对自然、对神、对各种环境作进一步的理解和认识,同时象征一种征服和控制的冲动。其实,培根的"知识就是力量"和传统希腊哲学所强调的"知识是智慧"的提法大不相同,而且有强烈的侵略意味。由这种人类中心主义所引发的社会达尔文主义、资本主义、殖民主义和后殖民主义,都是现代西方文明的体现,拥有很大的杀伤力,含着一种侵略的势能:对人自身的侵略和对自然的侵略,都显示人的傲慢,完全舍弃了超越人类之上的精神价值。因此,我们今天所碰到的对人的生存条件造成严峻威胁的困境,就是人作为一个由百万年演化而成的物种还能不能继续生存在这个宇宙大化之中的课题。

我们发现和这个重大课题有密切关系而且还很值得我们深思的课题,就是启蒙心态。它的中心价值本来是以人为内核的,既反上帝又反自然的人文主义。但是这种启蒙心态(包括浮士德精神)所规定的现代西方文明为人类带来了困境,使得人类面临了自我毁灭的危机。在这样一个复杂的前提之下,西方学者提出了这样一个极有意义的课题(我参加好几次这类的论说)。

什么课题呢?就是想象中的全球社群有哪些精神资源可以帮助我们对现代人类所碰到的生存困境进行一种比较全面而深入的反思?一般来说,有四种不同的资源应该可以调动,可以利用。

第一种资源是西方文明本身的资源：犹太教、希腊哲学、基督教、罗马法律政治。西方的现代精神之所以兴起并源远流长，和犹太教、基督教、希腊及罗马都有错综复杂的关系。但这些西方的大传统和当代西方所代表的浮士德精神的侵略、自我毁灭的力量又有很大冲突。所以有从亚里士多德的伦理学对当代西方的精神困境进行反思的。比如麦金太尔（A. MacIntyre）就从亚里士多德的哲学和托马斯·阿奎那的神学基督教的立场反省现代西方启蒙心态，泰勒（C. Taylor）则是从黑格尔及天主教的背景来检视。

第二种资源是非西方的但同属于轴心文明的精神文明。这中间包括南亚的兴都教、耆那教和佛教、中国的儒家和道家，也应包括伊斯兰教。这方面大家较熟悉。

第三种资源我们一般不太注意，即是所谓原住民的精神传统，也就是李亦园先生所谓的小传统。世界各地的地域性极强的传统，包括日本的神道、印第安人的生活方式、太平洋地区如夏威夷的岛屿文化以及爱斯基摩人的心灵世界等。因为这些原住民讨论的问题不仅有很高深的哲学智慧，而且有实践意义可以为人类提供深层的长久生存之道。这也是资源，可以充分发挥。

第四方面，就是现代文明发展到今天，因为现代文明内部所出现的大矛盾，比如自由和民主的矛盾、人和自然不能和谐的矛盾、人和天抗争的矛盾而出现的一些体现人类自我反思的潮流。比如说女权主义（feminism）和环保伦理（environmental ethics）。所谓环保，不是科学主义意义下的环保，而是具有深度精神意义的环保。英文是"deep ecology"（深度生态学），也就是人类态度的改变和人类对自然关系的重新调整、重新配合。

虽然现在的世界是世俗性的世界，但宗教的问题却非常突出。人和人的关系、个人和社会的关系、人类和自然的关系、人心和天道的关系，这些命题如今都又重新浮现，在深度环保思想中获得新的意义。

在这个大的背景下，我们值得再进一步讨论现代西方学者所谓的东亚社会兴起的文化意义。东亚社会兴起是毫无疑问的。所谓东亚，包括工业东亚——日本和"四小龙"，也包括中国、朝鲜和越南。曾有一度时期，在日本快速发展的时期，不少学者认为日本的发展是一个特殊情况，所谓"日本例外论"（Japanese exceptionalism）。可是当时美国驻日本大使赖肖尔（E. Reischauer），也是一位杰出的汉学家，在1974年美国的《外交季刊》（*Foreign Affairs*）上发表了一篇论文叫 The Sinic World in Perspective，就是从中国文化圈来透视日本兴起的文化背景。一个美国未来学者赫门·康（Herman Kahn）在1976年讨论日本兴起时也提出，要了解日本不能只从经济发展来观察。

1980年，哈佛大学教授，也曾是《中国季刊》的主编，当时是英国国会议员的马若然（R. MacFarquhar）在《经济学人》发表了一篇震撼力很大的文章，篇名是《后期儒家的挑战》（Post-Confucian Challenge）。他认为苏联对西欧对美国的挑战是军事的，中东对西方的挑战是经济的（因为石油的问题），但东亚对西方的挑战则是全面的，也就是生命形态的（form of life）。从这个角度观察，学术界注意力就逐渐转向，把日本的特殊性摆在工业东亚的文化背景中,从工业东亚进一步了解东亚社会。那时,不少学者提出一个反证。他们认为想用儒家伦理说明工业东亚的兴起是很有片面性的。这个反证是中国大陆。

现在的情况有些改变。中国大陆不仅不是这一议题的反证,而且有成为明显例证的趋势。我想,在历史上也曾深受儒家文化熏陶的两个地区,就是越南和朝鲜。面向21世纪它们发展的前景如何,也很值得注意。另外,值得注意的课题就是东南亚。所谓东南亚,包括泰国、马来西亚、印度尼西亚和菲律宾。在泰国有10%的华裔,马来西亚有28%以上的华裔,印尼约2%,菲律宾约3%。但这些华裔在当地的社会所拥有的经济实力却很大。这就是目前讨论全球贸易、国际关系和地缘政治都很重视的华人经济动力。所谓三千六百万海外华人,这些海外华人和工业东亚配套,逐渐在大陆沿海一带形成了各种不同的经济关系。这些自然经济区包括香港和华南地区以及台湾和福建、韩国和山东、日本和上海及沿海各地种种不同的自然经济区的形成。

以上述的情况作背景,"文化中国"这个议题事实上要分三个意义世界。"文化中国"最早提出来可能是1987年,三联书店的董秀玉女士和中国大陆、中国台湾和香港地区的学者都希望同时在北京、香港和台北出版一个知识性比较强、文化意义深刻的刊物,大家经过协商获得共同的理解,一致赞成这个刊物就以"文化中国"命名。后来因为各种原因,这个刊物没有出版。后来开办《二十一世纪》之前,延揽了以前拟办《文化中国》的学人为编委、顾问,并且还提议用"文化中国"作为刊名。其实,傅伟勋为了避免台湾政界的干扰而促进两岸的沟通,不仅采用了《文化中国》的构想,而且把论文集命名为《文化中国和中国文化》,对这个课题发挥了很多观点。在 80 年代后期,文化中国的论说便在海外华人社会中展开了。

90 年代初期,我用英文写了 Cultural China(《文化中国》)一书,集思广益,提出三个意义世界的观点。在这三个意义世界中,第一个意义世界是中国港澳台、大陆地区和新加坡。这个观点曾引起一些争议,部分学者譬如余英时先生,认为我所说的第一意义世界只包括中国大陆,第二意义世界才是中国港台地区和新加坡,好像过分强调中国大陆为文化核心。这不是我的意思。我的第一意义世界只包括所有的主要由汉族组成的社会。这不是一个政治权力的考虑,也不是经济发展的构想,而是一个文化互动的观点,当然不是狭隘的族群意义下的文化,因此组成中华民族的各种少数民族(蒙回藏壮苗等等)都包括在内。第二个意义世界,包括散布在世界各地的华人社会。我说的散布在世界各地的华人社会,它所突出的价值取向是小传统或应说民间传统。其实从其影响的层面来看,这点显而易见。

我的提法中争议性较大的是第三个意义世界。第三个意义世界的成员很难确定(比例非常小但人数却增加得很快),和中国既无血缘又无婚姻关系但对"文化中国"这个概念和中国(特别是第一意义世界的中国)有非常深刻的、千丝万缕的联系。他们可以是汉学家,从事中国研究;可以是在媒体(报刊、杂志、电台、电视)工作,在企业、政府工作的外籍人士(日本、美国、欧洲、苏联、非洲各个不同地区而关切中国文化的国际人士)。

为什么提出第三意义世界呢？因为文化是必须通过主动自觉的努力才能争取到的。举一个简单的例子。假如一个在北京长大的十七八岁的年轻人决定要研究法国文化，开始学习法语，而且学习法语、研究法国文化成为他的终身志业。他逐渐把法文学好，可以用法语和法国学者交谈，可以用法语或其他语言发表关于法国文化的观点，而且逐渐成为法国文化某一课题如法国大革命的专家。这个北京的年轻人，在我的理解就争取到了对法国文化的发言权。这种例子非常多。我在美国服务了30年，有很多美国的年轻人，花很多时间从事古代汉语的研究，拿到博士学位后找不到工作，还乐此不疲。特别值得一提的是在西方社会，比如美国，从事中国文化研究的学者是美国社会精英的精英。也就是说，这些学者可以从事医学、企管、法律、物理学或英国文化的研究，但他们选择中国文化，是主动自觉地选择。不一定是热爱中国，可能是因为好奇，可能是好强，要接受一种崭新的思想挑战、人生的挑战。但他们终身奉献，掌握了研究中国的许多特殊的技能，他们对中国文化当然有贡献。我们不必提李约瑟（英国）对中国科学技术和文明史的研究，或者高本汉（瑞典）对中国古代汉语的研究，其他的例子非常之多。所以第三个意义世界必须包括在内。

值得注意的是，这个"文化中国"的课题和全球化、本土化有非常紧密的联系。文化中国的第一意义世界因为政治的原因和其他各方面的因素，中间有很多不能在短时期整合的情况，甚至因为过分本土化而造成一种对整合有极大障碍的潮流，这都是值得注意的严肃课题。因此我提出包括中国大陆、中国港台地区、新加坡的第一意义世界，不是一厢情愿地认为这个第一意义世界已经成为一个经过整合的生命共同体，当然没有那么单纯简单，其中有很复杂的冲突和矛盾。可是我们很明显看出来，在最近的十几二十年，第一意义世界，特别从"大中华经济圈"这个宏观视野来看，已有错综复杂的经济联系。通过经济的联系创造了很多学术交流、思想沟通、信息互换的中介。近年来，台湾和大陆的互动特别明显。我以前即预测，新加坡在其中可以扮演一个"诚实经纪人"（honest broker）的角色，这是个非常有趣而且值得深思的课题。

散布在世界各地的华人社会，所谓第二个意义世界，从严格意义上讲，只是一个我们现在想象的、甚至一厢情愿希望涌现的社群。它和散布世界各地的犹太人不同，还没有形成共同的文化认同。世界各地的犹太社群，因为互通声息而形成共识，才是有实质意义的社群。所以，我曾经提出是否可以用描述犹太社群的通行理念 diaspero——也就是散布世界各地而又靠宗教信仰而联系在一起的犹太人的情况来了解海外中华。香港的王赓武先生就坚决反对。王先生这几十年来从事于海外华人文化认同的研究。他最近的一本书《中国的中国性》（The Chineseness of China），讨论了许多散布在世界各地的华人的辛酸血泪史。如果作一历史的回顾，我们不难发现一个显而易见的事实，那就是在 60 年代（我开始注意到这个问题也是在 60 年代），散布在世界各地的华人是完全没有任何内在联系的。举个简单的例子。1965 年印尼发生政变，高达七十五万人在很短时间内遭到残害，其中有相当大的比例是华裔。世界各地的华人社会，包括马来西亚的华人社会，对这一浩劫没有反应、没有抗议，只是沉默。为什么沉默？从政治上考虑，中国台湾认为反共成功；大陆是"文革"初期，所以不便表态；新加坡感到很大的政策压力不能回应；马来西亚的华人有自身难保的恐惧。而真正对这个事情进行谴责的是第三个意义世界，通过媒体、通过各种不同的渠道来了解实际情况。

可是最近十几年来，文化中国，特别是散布在世界各地的华人社会，有了一个新的整合趋向。推动整合的动力多半来自经济利益。比如说1991年新加坡华商（新加坡的华人总商会）举办了世界上第一次"世界华人企业家大会"（世界华商大会），有800位散布世界各地的企业家到会，代表74个地区、32个国家。当时有两个议题：一个是世界华商的沟通，第二个是世界华商的文化认同。文化的问题和企业的问题是大家的共同关切。

第二届世界华商大会去年在香港召开，参加人数已超过一千。明年在曼谷召开，一定也是盛况。可见这个沟通——横向沟通虽然导源于经济利益，但却促使许多文化课题因而获得关注。华人社会，散布在世界各地的华人社会，至少有一种沟通的倾向，其中有深刻而广大的文化涵义。

我想也提请大家注意另外一个文化现象，也是最近十几二十年才受到重视的现象，以前是很难想象的。我以"汉字的生命力"来描述这一现象。

我们知道五四时代有人提出"废除汉字"的观点。陈独秀曾向钱玄同写信提出"打倒孔家店"的口号，钱认为这固然很好，可是还不够。如果真要全盘西化，必须釜底抽薪，应该废除汉字，这样中国才能彻底现代化。那时考虑的课题是现代化只能是西化。即使有斯宾格勒(Spengler)所提出的西方的没落,仍没有阻挡中国知识界先进要把传统脱胎换骨的强烈意愿。虽然梁启超在《欧游心影录》里提出来不能全盘西化的坚实理由,可是当时大多先进的知识分子坚信,除西化外没有任何其他可行的现代化途径,现代化就是西化。东亚社会知识分子基本存在这个问题,混现代化为西化,在当时是个事实,也就是认为要把中国文化从根上扬弃,至少是彻底改变,才能走向现代化。语言学大师赵元任先生曾写了一个很有趣也很能反映当时共识的对联,就是"废除汉字,中文万岁"。假如把汉字废除或把汉字拉丁化后,中文就可以像其他的拼音语言一样永远存在于世界。

近来情况变化很大,80年代"文化热"期间,即使是最西化的反传统健将和主张全盘西化的学者,还要用方块汉字来表述他们的思想。这和五四时期截然不同。汉字的生命力,不仅在文化中国社会,同时也在东亚,可能也在越南重新壮大。

虽然朝鲜和越南都废除了汉字,但学习汉字、学习中文的韩国已有一阳来复的生机。据说在汉城的大学生选读汉文已经蔚然成风。现在世界上聚集学习中文专业的大学生最多的大都会也许就是汉城了,大概超出一万人以上。汉字的生命力能够维持,与现代科技有密切有联系。通过电传(fax)和电脑的渠道,汉字已逐渐和拼音文字一样,可以用最现代的技术来处理,至少不再是打字机和电报时代的"恐龙"了。因此在过去十年二十年,才在世界各地看到中文的信息。也就是说,可以有充分现代化而不是西化的这么一种文化媒介的出现。那么，充分现代化虽然意味着深受西方文化影响，但却不只是模仿西方而已。这表示深受西方激励的东亚社会能够发掘、创造自己的文化资源以走出一条独具东亚特色的现代化道路来。因此，我们必须很清楚地意识到，今天确实已有非西方的传统而成为现代性一部分的东亚文明。

从这个角度重新回顾西方，发现所谓的现代西方事实上也是由好几种不同的文化传统所塑造的：就是英国传统所代表的西方和法国传统所代表的西方、德国传统所代表的西方各个不同。举个简单的例子。"民主"是西方现代化过程中不可分割的层面，确有普遍的意义。但英国的民主突出传统性，法国的民主突出革命性，德国的民主与民族意识、国家意识常常纠结在一起，而美国的民主则立基于市民社会和公民社会。这四种民主的形态，相当不同，各有特色。有了这层认识，法国文化在很多领域反而有和中华文明相似之处。法国的官僚制度和中国的官僚制度就有很多共同点。另外，法国和英国所代表的启蒙心态不同：英国的启蒙心态突出怀疑主义、经验主义和实用主义，批判精神特别明显；法国的启蒙心态则植根于反宗教、反神权、反帝制，有强烈的使命感和知识分子的参与精神，而缺乏英国式的渐进的改良主义。

值得进一步探讨的是启蒙心态所突出的三个重要价值中，自由和平等是冲突的。有很多学者，包括哈耶克牺牲平等，而认为独立自主的自由才真正可贵。民主在很多地方只是次要的、第二义的现代价值，最高的价值是自由。但许多社会主义信念坚强的思想家，则突出平等，反对自由。更值得注意的是，不管讲平等还是讲自由，很多学者没有特别注意社群(community)的观点,因此,法国大革命的三大口号:自由、平等、博爱(fraternity,应指社群),前两者有冲突,而后者竟被许多西方政治学家遗忘了!

对照西方社会这样一种复杂的景象来看"文化中国",显示了两个跟知识分子有关系的严肃课题。一个是精神资源薄弱而不深厚,是单薄稀少而不是积养深厚;另外一个就是价值的领域是少而不多。这是什么意思呢?假如从东亚传统文化来看,精神资源当然是非常丰富的。中国是世界有古有今的文明大国,有无限可利用的资源。不仅是儒家传统、道家传统、佛教传统,还有各种不同的民间资源,而且有非常丰富的文字材料。日本、朝鲜、越南的情况亦复如此。但我们要了解,"传统文化"和我们现在能够精确掌握的"文化传统"有很大的区别。

传统文化,在今天文化中国的各个地方,中国大陆、中国港台地区、新加坡以及海外华人社会之中,我曾用"遥远的回响"来形容。虽然我们在行为、态度和信仰方面都和传统文化有千丝万缕的联系,但是在具体的制度、精神面貌、价值层次等方面,它的力量却非常薄弱。如果讲得更露骨一点,我常常想起王阳明的比喻,就是不肖子孙把祖宗的产业都已丧亡殆尽,剩下的只是一本账目,把能记录下来的产业都非常完全地记录下来,但你到库房去看,什么都没有,为什么会出现这样尴尬的情况?我觉得我们需进一步考虑。

从五四以来,中国最杰出的知识精英为了全盘西化,突出民主、科学的价值,而且特别崇拜科学技术,因此科学主义的力量涵盖了其他意识形态。科学主义又导致了实用主义、功利主义和物质主义，还加上一种急迫的拿来主义的心态，想在很短的时间内可以把西方的好处拿来使用。因为这些思潮，使得很多在中国社会上应该发挥很大作用的精神力量被边缘化，甚至被彻底摧毁。其实，科学主义和科学精神大异其趣，前者所代表的价值是狭隘的。科学主义是一种对人文精神而言杀伤力很大的消解主义。科学主义不是科学精神，更不是理性思维，而它竟成为文化中国最有说服力的价值标准，使得很多人文学、社会科学本应掌握的资源都逐渐枯竭。

到了今天，不仅面对西方的挑战，而且和日本和朝鲜相比，我们的精神资源都显得特别薄弱。为什么呢？主要是长期的全面的政治化的结果。既然一切的价值被政治化了，那么还有什么更高的理念呢？不幸的是，今天除了政治化外，还有商业化。在商业化和政治化的夹击之下，使得很多可以开辟的价值领域，如美学、宗教、哲学以及其他应发展的生命世界中不可或缺的领域，都没有生存空间。

这也许讲得太空泛，举个具体的例子。我们常常认为，假如要继承传统文化，应该采取什么态度，使用什么标准？最好从孔夫子到孙中山都继承，但一定坚持要用民主、科学来判断它的精华和糟粕。弃其封建糟粕，取其科学、民主精华。这个看起来非常健康的提法，我则深深地感到它的杀伤力极为猛烈。为什么呢？因为科学、民主是五四以来中国知识精英共同认为中国传统文化所缺乏的舶来品。正因为如此，我们才要尽力向西方学习。我们又把"要向西方学习，因为我们没有"这个标准拿来衡量自己的传统文化中的价值。这个衡量的结果就是糟粕何其多、精华何其少。即使是精华，如果从这个角度来衡量的话，都是非常原始的、片面的、没有发展的、早熟又不成熟的一些薄弱而片面的资源。

比如我们可以说，荀子有唯物论的思想，但是它是朴实的唯物论。既然是朴实的唯物论，我们已经学到了辩证的唯物论，就不必花那么多时间、用那么多脑力学习古代汉语，去掌握荀子，因为结果得到的不过是一个现代已经不太适用的朴实的唯物论。那为什么要花那么多时间，那么多脑力做这些既无实用价值又不能开发现代智慧的考古工作？对整个文史哲的传统，特别是宗教意义深刻的传统，道家的传统、佛教的传统和身心性命之学的儒家的传统，在今天看来，从这个科学主义的狭窄意义来看，都是糟粕。

显然，我们正面临一个很艰巨的课题：如何面对日本乃至韩国的挑战，不必提西方的挑战了。我们应当怎样重新发掘——怎样以综合创新的方式来发掘传统的资源。这里牵涉到一个复杂的课题，那就是上海华东师大的冯契先生以前提到的，北京大学的汤一介先生最近也一再强调的，对古今中西之争的复杂议题，我们应该持有什么态度？

本来古今中西之争，是由四个不可分割的层面所组成的，我称其为立体问题。共有四个向度：如何继承？如何扬弃？如何引进？如何排拒？而且这四个向度是紧密联系在一起的，不能分割。但五四以来的知识精英为了要在很短的时间之内取得很大的成果，把四个向度压缩成两个向度，把立体的问题变成平面的问题，就是要现在，不要过去；要西方，不要封建。从面的问题然后再变成线的问题，线的问题就是路线斗争，很直接，要走直路，政策非常明确。即使承认道路是曲折的，仍坚持用一种而不是多元的极端方法解决一切问题。从线的问题甚至再浓缩成点的问题,要科学不要民主;要今不要古,要西不要中。这样的话,对于传统的理解是粗暴的,对西方文明的引进是肤浅的,对西方深刻的价值如自由、人权很难有如实的恰当的体认。

在五四开始时,提出"自由"和"人权"对西方现代精神的理解,这种想法有一定的根据,后来因为各种现实的考虑,所以才以富强的角度来提倡科学、民主。这种存在的抉择使得很多应该发展的资源没办法发展。表面上看起来力量非常集中,但它却受到政治化的干扰,等到政治挂帅的论说在各种不同的价值领域中都发挥了无比的威力,那么不仅精神资源枯萎,知识分子作为文化传承者、社会意义的构建者和政治权势的批判者也就被边缘化了!

儒学有没有第三期发展的可能,是在这背景中提出来的。近百年来儒门已经很淡薄,儒学已经深陷不能再发展的低谷。如果提议儒学能发展,很明显是从传统的资源能不能充分发挥、能不能创建这个角度来看的。既然传统资源能发挥,就必须扬弃一切都应政治化的观点。儒学能不能进一步发展,至少看它能不能对西方现代文明启蒙心态所提出的课题作出创建性的回应。假如它不能作出创建性的回应,它就不可能发展。但儒学能不能发展,意味着道家、佛教还有民间宗教能不能发展的课题。不是说如果儒学不能发展,那道家也不能发展、佛教也不能发展;而是说因为儒学能发展,道家也可能发展、佛教也可能发展,因为道家能发展、佛教能发展,所以儒学也可能发展。我们必须从多元开放的角度来开发传统文化的资源,来丰富我们的文化传统。从这个角度设想,儒学的现代命运和其他精神文明的命运息息相关。

现在，因为时间的关系我只提出一个命题，就是儒学进一步发展的基本命题。详细内容还需慢慢梳理。这个命题我想你们都能够接受，要论证当然有困难，就是儒家的人格、儒家的最高人格或者最高道德理想在现代意义下的自由民主社会里比在传统的专制社会或现代的权威社会更能充分发挥。儒家的理想人格可能是在中国特殊现实，即小农经济、权威政治、家族社会，各种其他的所谓封建制度的条件下发展起来的。但不管讲士、讲君子、讲贤、讲圣，这些道德理想价值，从结构来看，在现代自由民主社会中比较能够充分发挥，而在权威社会或专制社会则很难发挥，因为基本的人格尊严会受到压抑。由于这个原因，所以必须考虑儒家传统的现代转化，就是儒家传统能不能接受我前面提到的启蒙心态所体现的一些基本价值，如自由、平等、人权、法制等，能不能吸收到儒家传统之中。这是一个进行创造转化的前提。假如不能，那么儒家传统本身在现代社会发挥积极作用的可能性便不存在。因此，儒家传统必须彻底扬弃"三纲"这一权威主义、专制主义和男性中心主义的产物。其实，"三纲"在儒家传统中正好又和"五伦"背道而驰。"五伦"是双轨：父子有亲、君臣有义、夫妇有别（"别"有合作的意思）、长幼有序、朋友有信。不论站在什么立场，"五伦"精神的充分发挥要和"三纲"划清界限，这是儒家面临的一个复杂的课题。

假如儒家传统的现代转化能够使得儒家传统与现代启蒙心态所代表的普世价值配合，那么这个传统或者受这个传统影响的社会、这个社会中的知识分子，就争取到对现代西方文明各种不同的弊端、困境的一种批判的权利和义务。批评什么呢？批评极端个人主义、批评恶性的竞争、批评虚无主义、批评相对主义、批评只注视法律规章而忽视礼乐教化。但是，争取到这些批评的权利和义务的前提是，儒家传统本身要将西方的伦理价值内化成为它自己的一种资源。从这个角度看，儒家传统能不能再一步发展，对文化中国能不能创造资源有非常直接的意义。这只是很多例子中的一个。

让我作一个简短的结论。我想儒家伦理进一步发展应是综合创新的实例。这个例子做得好，对道家的发展、佛教的发展、民间宗教的发展、伊斯兰教的发展、少数民族精神文明的发展，乃至基督教本土化的发展，都会有好处，对丰富中国，特别是文化中国的精神资源也必然有好处。因此，儒学第三期发展的课题不应只是少数认同儒家传统的人所关切的课题，而是文化中国中的每个知识分子都应关切的课题！

（中华文化国际学术研讨会论文集《中华文化：发展与变迁》，

马来西亚，1997年）

儒家传统的启蒙精神

最近三个星期,我以儒家人文传统对西方自启蒙运动以来的霸权论说进行批判的理解为主题,在新德里、马德拉斯、桑提拉克坦、拉克劳和布纳拉斯作了 16 次学术报告。这个系列是由印度哲学研究委员会(The Indian Council of Philosophical Research)安排的国家讲座(National Lectures),这为我提供了广泛接触印度学术界的机缘,对我自己而言也是意义深长的教育经验。最使我感动的是,印度知识分子普遍而深刻的共识:"尽管我们受尽了殖民主义、帝国主义的蹂躏,数百年来在经济、政治和社会各个层面都饱经沧桑,至今百废待举,但是我们从不怀疑印度文明源远流长,有古有今。我们的宗教、哲学、音乐、艺术和文学,从民间社会到精英文化,都荡漾着生命力和创造力,我们的共同关切即是培养学术界、知识界和文化界的人才,让今天的印度知识分子真正能够体现吠檀多、耆那教和其他印度传统,特别是森林书和奥义书所象征的精神素质。"

今天的印度知识分子,不论是信仰马克思主义的社会革命、提倡市场经济的优越性或者崇拜自由民主思潮,都或多或少地致力于开发传统资源。当代印度出现了圣雄甘地、大文豪泰戈尔、哲学家像拉克辛那(Radhakrishina)、奥罗宾多(Aurobindo),以至今天的支辛那(Daya Krishna)和木谛(K. Sachidananda Murty)。一代一代的大师大德,乃至多彩多姿的像音乐家商羯(Rayi Shanka)及歌唱家苏芭拉克西密(Subbalakshimi)。这绝对不是一个偶然的现象。各行各业的知识分子,为印度文明积累了丰富的社会资本(social capital)及精湛的文化能力(cultural competence),值得我们借鉴和效法。特别是最近综览文化中国包括中国大陆、港澳台地区、新加坡以及世界各地的华人社会,我们所拥有的精神资源极其薄弱,而我们的人文世界所开创的价值领域又极为稀少。不仅如此,各种华人社团之间及内部缺乏协力的传统,常常发生因内耗而造成的恶性循环。为了培养我们的自知之明,我们必须关注人文学的抢救和发展。

儒家在中国是一条源远流长的大河,导源于洙泗源流,就是山东曲阜邹县一带的地方文化,经过了数百年错综复杂的发展,逐渐成为中原华夏文明的主流。但是,从魏晋到隋唐,儒家文化即使在政治、法律和家族伦理方面发挥了极深刻和广泛的作用,但中华大地的知识精英则多半信奉佛、老。根据京都大学的岛田虔次教授的说法,11世纪的儒学复兴,使孔孟传统旁及朝鲜、越南、日本和东南亚各地,成为东亚文明的体现,构成了今天所谓的儒教文化圈。

19世纪中叶以来,儒学因为西学东渐,陷入先秦以来最困难的低谷。因此,美国加州大学思想史家列文森(J. Levenson)在60年代断然判定儒家传统在现代中国已无再生的可能,最多只有他所谓的"博物馆化"的命运。今天在吉隆坡讨论儒家传统的启蒙精神,当然是想反驳列文森的观点。不过,更重要的是希望能以不亢不卑的平实心态对我们自己的传统资源进行再思和再认。

儒家传统的基本精神是以人为核心而开展的,把人当作具有内在价值的存有。传统中国没有"价值"这个概念,但是有"贵"的说法,所谓"天地之性人为贵"。就是说在天地万物之中,人有突出的价值。所谓人,指的是一个具有感性、能够创造、能够进行自我发展的万物之灵。在《论语》里,在教育方面突出这种人文精神的基本价值,就是孔子所谓的"为己之学"。"为己",严格地说不是为了他人、为了社会、为了政治,而是为了自己人格的完成。"为己之学"的"己"不是孤立决然的个体,也不是一个静态的结构,而是一个开放的、创造的、在从不止息的自我修养、自我发展、自我实现中以达到"己欲立而立人,己欲达而达人"的境地的动态过程。孔子所提出来的是对人的全面了解,所以一个活生生的人之自我超升和自我反思便成为所有儒学思想家同时关切的中心课题。虽然这些思想家有各种不同的论学途径,但"修身"却是大家的共识。

孟子提出有关人文精神的四个重大课题:人禽之辨、夷夏之辨、义利之辨和王霸之辨。人禽之辨就是人在生物界的特殊性是什么?什么是人的本质价值、基本精神?夷夏之辨讲的是文明和野蛮的区别。这不只是一个族群意识的表现。假如中国人不履行夏道

（文明法则），便可以成为夷；假如中国人履行夏道，就可以不是夷。义利之辨是讨论道德价值的内在精神和只为了利害、为了权势而放弃人格尊严的利禄之途的区别。王霸之辨就是真正能够体现仁道的政治和以霸道来维持安定的强权控制的区别。从孟子所提出的这些观点中，可以看出先秦儒家已经形成了一个共识：人不仅是一个理性的动物、政治的动物、会利用工具或会使用语言的动物，人至少应具备五个侧面。我们必须从各个不同的角度来理解做人的意义。

人是一种感性的动物，这是中国传统文化的教化所启示的。这个传统远在孔子以前就波澜壮阔。不但人和人之间可以互通，人还能与自然互通，和天互通，因为人是感性特别敏锐、特别强烈的万物之灵。人也是一种社会动物。在儒家传说中，人的社会性即在礼乐教化中凸显。每一个人都是在人际关系网络中完成自我的。人是一条发展的河流，而不是一个孤立的岛屿。人也是政治动物，儒家的政治理念在《尚书》中已可窥几分真消息。我们可以通过个人的道德素养，通过人与人的交互勉励和互相提携来转化政治。人同时是历史动物。我们有共同的记忆、传承。我们的生物性，我们存在的历史条件，都是通过长期积累形成的。《春秋》所代表的就是历史的人文精神。另外，人也是形而上的动物，有一种向最高理想迈进的要求。《易经》所代表的天人合一的思想，便说明人是形而上的动物。虽然"天人合一"一词出现得很晚，也许要到《宋史》才首见，但天人关系（或相应或互补）的论述则早在先秦便屡见不鲜。

所以，人不是可以用简单方法来规约的一种存有。人既有感性、社会性,又同时具有政治性、历史性和哲学性。荀子所提出来的礼乐教化,就是一个人充分完成自我所必须经过的复杂过程。荀子和孟子在性善方面有争议,但是荀子和孟子都坚信人可以通过自己的努力,通过自己的奋斗,通过自己的修身来培养、发展以完成自己的人格。这个信念是共同的。因此,先秦儒学的仁所体现的人文精神,是一种涵盖性很大的而不是一种排斥的人文主义。这种涵盖性的人文主义,可以从一个同心圆的逐渐发展来理解。从个人、家庭到族群、到社会、到国家、到天下。而这个逐渐发展的同心圆的最外一圆,一定是开放的。不仅是要突破个人主义、裙带关系的家族主义、地方主义、族群意识的民族主义、狭隘的国家主义,甚至必须要超脱人类中心主义,才能充分体现儒家人文精神的全部内涵。

从这个角度来看,儒家传统所体现的人文精神,不仅是一个横向的扩展,同时也是深化的过程。人不仅是身体,而且是心知、是灵觉、是神明。从人的身体到心知、到灵觉、到神明,是逐渐深化、逐渐扩展的整合过程。因此,先秦时代儒学已经很明确地突出了三个向度。第一个向度是个人和社会,第二个向度是个人和自然,第三个向度是人心和天道。因此,我们可以这样说,如何使得个人和社会能够互惠,人类和自然能够和谐,人心和天道能够合一,都是儒家人文精神不可或缺的关怀。

因此《中庸》便明确提出,一个人能尽己之性(能够充分体现他自己的人性),那就能尽人之性。能尽人之性,就能充分体现万物之性。能尽物之性,就能参与天地之化育(创造的、生生不已的大化流行)。能参与天地之化育,则可以和天地并列为三。把天、地、人结合在一起的人文精神,是一种既有广度又有深度的人文精神。

宋明儒学重新阐述先秦儒学的原初智慧。面对佛教、道家、考试制度以及政治文化的挑战,宋明儒者吸取了佛教和道家的资源,针对当时社会上所出现的弊端,发挥了具有文化批判意识的抗议精神,发展出一种新型的人文精神。这种人文精神,如果引用陆象山的话,是种"十字打开"的人文精神。既有纵向,又有横向,互相交汇所造成。这种人文精神突出了主体性。主体性和主观主义是互相冲突的。我们必须突破主观主义才能建立主体性。主体性和客体性(客观世界一切真实内涵)是可能互通的,因为突破自我中心,才可以融入客体之中。主体性和客体性并无冲突。同时深入主体,也即是通向生命的核心价值,像掘井及泉一样,挖得愈深也就愈接近源头活水。这种深层的主体意识,还可以通向绝对精神。因此,主体性、客体性和绝对精神可以十字打开。

这个复杂的新兴的人文精神,经过一个非常漫长而艰苦的文化实践历程,才逐渐成为东亚文明的体现。周敦颐提出的"立人极",人的最终价值是什么,是和"立天极"和"立地极"配合起来讨论的,也就是他的太极图说里面所提出的一种人生智慧。到了张载,以"乾为父,坤为母"的宏观视野来界定人的宇宙地位,人就成为天地万物的孝子了。所以孝不仅是对父母、对家族、对社会,而且也是对天地万物而言。16世纪的王艮曾说过,假如人是因"形生"而来,即我们的身体是父母所赐,那么父母即为天地。父母给予我们生命,所以他们的恩惠就像天地一样伟大。假如人的出现是"化身",即是通过进化,从无生物到生物慢慢进化演变而来,那么天地就像父母一般是我们生命之源。

中国民间传统后来发展出天、地、君、亲、师的观点，对天地、对君、对亲、对师的尊重，和这种感恩报德的思想有密切的关系。当然，君在当时所体现的不是一个帝王意象的君，而是整个政治秩序的最高领导。尊君是对普遍秩序的一种尊重。所以张载才提出："民吾同胞，物吾与也。"在天地万物之中，作为一个人，固然很渺小，但是我可以跟天下所有的人都有一种血肉相连的关系，甚至天下所有的东西我都可以"物吾与也"。所以程颢提出"仁者以天地万物为一体"的观点。他还运用中国医学上面所讲的"麻痹不仁"来说明这种存在的经验。假如一个人的感性不能跟天地万物吻合，不能通透一切，并非本来如此，而是因为我们自己把心量限隔了。所谓麻痹不仁，也就是感性觉情不能发生关联，它正是我们自限心量的结果。如果不是麻痹不仁，我们可以跟天地万物包括遥远的星球，发生一种血肉相连的关怀。

不过，儒家的仁者以天地万物为一体的精神，并非一种浪漫式的同体观，而是一种有具体事实经验为基础的人文关怀。从生态的观点来看，人和万物确有内在关系。这种以实践理性为基础的一体感，是通过内外、本末、先后、浅深各种不同的渠道而联系在一起的。这种思维取径和排斥性的二分法，依心物、精神物质、神圣凡俗、创造者创造物互相排斥而加以区分的分析决然不同。儒家的二分关系是内外交养、本末先后有序、浅深循序渐进而发展出来的万物为一体，既有分别又有联系的有机整合。

这个实践理性，在生命世界，在我们日常生活之中，即能够寻找到一条长久生存的永恒道理。而这种所谓一体之仁的观点，在王阳明的《大学问》里面体现得非常淋漓尽致。在他的《大学问》里面，他认为人与天地万物为一体，但是人和人的关系、人和物的关系、人和自然的关系、人和草木瓦石的关系，都要有所分疏，不都是一样的。所以儒家提出的是差等爱而不是兼爱。这可以从日常生活中的同情心来理解。我们的同情感，像水位一样，如果培养得高就可以流得远，培养得低就流得近。这不是一个理念，不是一厢情愿就能够达到的。要想流得远，必须靠修炼和培养。

因此，儒家所提出的仁道是"推己及人"，由近到远，从"不忍"到"忍"，每个人都有恻隐之情，都有所不忍，特别是对自己的妻子、父母，对自己所亲近的人，他们如果受苦我们觉得不忍，这是自然流露的感情。这种感情如果不能推向宽广的人际关系，儒家伦理便会堕落而成为家族主义，甚至个人主义。如果继续不断地往外推，就是推己及人的仁道。推向家族亲友，推向社会，推到世界各个角落。这种推将出去的过程，便体现了从不忍到忍，是仁爱精神的扩展，是逐渐扩展的过程。

6年以前，我开设了一门儒家伦理课，是哈佛大学道德推理范围的中心科目。当时我曾以为对美国学生而言，儒家伦理是属于外国文化的课题，而我的任务是如何把生疏的儒家伦理介绍给深受西方自由民主思潮也就是启蒙心态影响的美国学生。可是最近一次教这门课的时候，我却完全没有这种异化的感受了。的确，我深信今天美国的年轻人必须主动自觉地去了解、去体会儒家所提出的做人的道理。这种儒家的"启蒙精神"，有放诸四海而皆准（也就是可以充分普世化）的价值。

儒家传统经过自由民主的洗礼，也就是一种全面而深刻的价值转换。譬如抛弃封建的糟粕（像三纲）而突出双轨的、互惠的做人道理（像五伦）。五伦是一种双轨互惠的人际关系：父慈子孝，君仁臣忠，兄友弟恭，夫妇有别，朋友有信。固然，具体地说，君臣、夫妇的关怀还须作进一步的转化，但这种在对等的基础上进行健康互动的合作，仍是有价值的。

只有接受西方民主自由思潮的洗礼之后，儒家传统才逐渐争取到对西方文化因为启蒙心态而导致的弊病加以批判的权利和义务。毫无疑问，从广义的人文精神来检视，儒家文化对人格的尊严，对人的内在自由和对自我发展的权利的肯定，强调人应有良知，应该有理性，把人作为一个社群中间不可分割的组成部分。对这类时代性的课题，儒家传统都能提供丰富的象征和实践资源。在一个复杂多元的现代社会中，我们不能只突出自由而不顾及公义和平等。自由和平等是现代西方启蒙心态的两个重要的价值。可是它们之间的冲突极大。美国社会长期突出自由而忽视平等。今天，如何在自由的前提下培养公义、发展平等的价值，便成为举国上下都一致认识到的燃眉之急的考验。罗尔斯教授的《正义论》能引起那么大的响应，绝非偶然。批判个人中心的社群伦理在欧美哲学界引起共鸣，也是同样的道理。人人皆应拥有与生俱来的权利，但是具有权利的人能不能够不履行义务，不对社会负责？如果我们毫无义务和责任感，我们有没有资格只享受权利？

在儒家传统之中，表现义务的基本形式不是老百姓对皇帝乃至臣子对君王，恰恰相反，义务是要求统治者的，愈有权、有钱、有势的人，就应愈有义务感，越在高位就越应该对广大的群众负责。其实，法治在儒家传统思想中具有非常重要的地位，但光有法不行，除了法治以外，必须发展出一套礼乐教化。只有如此，人民才"有耻且格"，才有一种羞耻感，才能自发地体现道德理性。假如只是用法律来进行约束，道德自觉便相对削弱了。

另外，从道德推理的角度来看，到底是抽象的理性比较重要还是具体的同情更为重要？毫无疑问，儒家把人的道德推理构建在恻隐之情上，而理性则是以实践为基础的价值，而不只是抽象的原则。因此，儒家提出的社群伦理是以社群的福祉为目标，不只以孤立绝缘的个人为道德实践的惟一准则。我们可以这样说，当发生于西方世界的现代化理论越来越普世化，越来越波及全球各个角落的时候，我们应该更迫切地去认识、了解和体会现代性中的传统，——不是从传统到现代，而是现代性中的传统。1995年我编了一本以《东亚现代性中的儒家传统》为标题的论文集，已由哈佛大学出版。同时，对现代化应该从多元文化的角度理解。因此，可以有儒家形式的现代性，有儒家形式的民主，有儒家形式的社会公义，有儒家形式的民间、市民或公民社会（civil society）。

最后，我想提供大家参考的是，最近几年我从事文明对话工作所获得的一点感受。我一直有一个深刻的信念，即是有生命力和创造力的文化传统，必然是开放的、发展的、深具自我批判机制的，并且能以平等互惠、结合古今、贯通中西的气度，面向未来的长江大河。在多元文化的背景中，我们必须设法建立一个具有群体性而且具有批判性的自我意识。这种自我意识,应当既高明而道中庸;涵盖面非常宽广,甚至可以说是涵盖天地但又必须落实到日常生活。儒家所体现的正是这种结合个人、社会、自然及天道四个层面的人文精神。以此为价值基础,才能既高瞻远瞩又切问近思。为了培养"文化中国"的精神资源,开拓"文化中国"的价值领域,我们应该效法荀子所提示的以"仁心说"、以"学心听"并且以"公心辩"的学术精神,和伊斯兰教、兴都教、基督教、犹太教、希腊哲学、古代西方的自由民主理性、人权等价值以及各种地方色彩深厚的民间宗教进行对话,向它们请教。只有如此,我们才能真正发扬儒家传统中以"学做人"为核心的启蒙精神。

(《中华文化:发展与变迁》,马来西亚,1997年)

儒家人文精神与宗教研究[1]

一、从人文学看宗教研究

人文学的内涵

我的题目是"从人文学——也就是美国学术界或是西方学术界所谓的 Humanities——看宗教研究"。作为一个研究领域，宗教研究究竟是什么？而人文学又是什么？中国大陆的学术界有自然科学和社会科学二分的习惯，人文学是包括在社会科学之内的。这样的分类突出科学理性的价值，有不符合科学即非学术的含意。美国学术界的看法很不一样。美国在 1964 年成立了一个国家人文基金会，对人文学的方法取径、价值内涵乃至于社会功能都进行了考

1　本文为 1998 年 6 月 1 日在台湾政治大学文学院宗教研究中心主办之"宗教特别讲座"所发表之讲稿。

察反思。我自己对这一议题的理解还很片面,不过我在这里要特别强调人文学有其独立的研究领域和研究方向,不能用"科学方法"一种观点来统辖。

什么是人文学?我认为人文学是一门对人的自我了解、自我认识、自我定义最贴切也最直接的学问。当然,我们可以说社会科学乃至自然科学都和人的自我了解有关系,但人文学对"人"进行反思,进行自我理解、自我认识等课题时,肯定是最贴切而且最直接的一种学问。我所谓的"人",可以说是具体的个人,或者人的群体。举例而言,语言是人要传达自己心声的一种象征符号,一种传播工具,也是一种自我表现不可或缺的助源。从维特根斯坦的角度来看,要思考不能不用语言。某些语言学甚至直称语言能力是在定义"何为人"时,常被征引的本质特性。人是能够用语言来表达自己的情感、自己的理念的一种动物,所以语言毫无疑问是人文学重要的领域。文学,是人的内在感情通过细致的象征符号来传达的心声,文学也是人的身心灵神各层次的实感的表现,自然也和人文学有密切的关系。艺术,特别是研究艺术创造的学问,如美学,此一领域属于人文学可以说是不言自明。历史,是人的纪录,共同的记忆,也是塑造人之所以为人,是人的自我认识、自我理解不可或缺的一种学问。哲学则是对人的反思能力、反思领域的再反思,再讨论。从上面对于人文学内涵的讨论来看,那么宗教就是研究人的终极关怀。我所谓的"终极关怀"有两个意思,一是关怀是终极的,也就是说关怀一直在发展,关怀的东西不是个人的事业、个人的前途,而是有终极永恒的转化,这叫做终极关怀;另外一个意思是指关怀的对象是终极的,从基督教的传统讲,这个终极是上帝。我在用这个观点的时候,是比较松散的观点,不只是基督教传统的观点。也就是说宗教所关切的是人的最终价值,人的精神世界这些课题。前面所说的语言学、文学(包括文学批判)、艺术(如美学)、历史、哲学、宗教,甚至文化人类学,我们都称之为人文学。

比较而言,人文学和经济学、政治学、社会学、人类学,甚至心理学等所谓社会科学之间,有非常复杂的互动关系,既有重叠,又有不相隶属的特性。那么有没有它一定的方法?有没有它特别的研究对象和领域?人文学会碰到什么困境以及将来发展的前景如何?

人文学方法和特性:"体验之知"

人文学的方法和自然科学当然不同,和社会科学也有所不同。从美国的学术体制来看,把人文学当做一个和社会科学、自然科学鼎足而三的门类,现在基本上已是有共识的,没什么值得争议的了。这种学术研究和职业学院(例如法律、企管、神学、卫生、建筑、医学)的学术研究却又有所不同。在美国的大学里,文理学院主要处理的是人文学、社会科学和自然科学。另外,在实际职业运作方面有突出的研究领域,比如说法律学、医学、建筑、企管或神学,研究活动都是在研究院里发展,而不是在大学发展。所以美国的学术传统是通识教育导向,而其通识教育的核心,就是人文学。以哈佛大学为例,通识教育的中心科目分为五个范围,第一个范围是自然科学,特别是量化的观念;第二是社会和历史分期,主要是历史学,但有社会学的分析在里面;第三是艺术文学;第四是外国文化,假若说你要研究和西方文明很接近的外国文化，例如西班牙、意大利、法国、德国的文化，那就一定要修习一门以其语言讲授的课程；第五是道德推理，用专业的词汇来说就是伦理学，基本做人的道理。这五类都是人文学的范围，任何一个受教育的大学生，都应该有基本的人文素养，没有人文素养就不能成为大学毕业生。不管你将来从事哪一方面的研究，人文学是一个基础，其理由在于它是属于人的自我反思，是针对个人或群体的自我反思而言最贴切也最直接的学问。

那么人文学各种专业的共同特色又是什么？我对这问题虽思考有年，理解还很片面。我认为有几个观点可以提出来：一是人文学在研究方法上的特色，也就是人类学家常提到的旁观者与参与者这两个角色间复杂的互动关系。也就是说，人文学的研究者既是旁观者又是参与者。从严格定义下的自然科学研究方法来看，我的研究对象和我之间有一定的距离。因此用这个标准来看人文学的研究，常常认为人文学的研究有主观因素，不够客观，不能站在更高的理论基础上来从事现象的描述。这当然是很有争议性的课题。然而，自然科学所代表的学科研究典范在世界各地影响愈来愈大，直接影响到社会科学（特别是经济学）要向自然科学看齐，而自然科学中又以物理学与数学在方法学中的影响最大，因为它提出中立的观念。就是说我不把我个人主观的意愿、主观的偏见、主观的构想渗透到我研究的对象中，也就是必须和研究对象保持一定的距离，否则无法从事严格的科学研究。由于自然科学研究方法的力量特大，因此社会科学也多向自然科学看齐，于是乎就特别强调社会科学的研究如果量化程度愈强,分析方法愈精,分析的对象距离愈大,就愈符合科学性。在此标准下,社会科学中的经济学,尤其是计量经济和数理经济学,即被认为是最能体现科学性的社会科学。因此,发展经济学就常被专业性特强的经济学家认为是方法不够严谨,训练不够严格的软性功夫。硬性工夫即是非常严格的数据分析和逻辑推理。采取这种研究途径的研究者当然要和研究对象判然分明。如果以经济学为社会科学中最具科学性为评判标准,其他的领域像社会学、政治学的科学性就低于经济学,而社会学好像又比政治学好一些。社会学可以用各种计量、调查的方法和研究对象保持距离,政治学中例如有关权力的研究,就更困难些。从以上的说明可以看出,自然科学标榜的客观中立原则对于判断学术价值的影响有多么大。

如果从科学性的角度来讲,整个人文学的领域都出了很大的问题。因为认真地思考,我们便会发现人文学基本上很难有所谓自然科学意义下的科学性。如此一来,它在学术研究领域中的合法性便出了问题。我举两个简单的例子来说明。如果两个天文学家在进行辩论时,甲方可能批判乙方在方法运用和资料掌握上不全面,但他绝不会怀疑对方不是天文学家而竟是星象学家,如果产生这种怀疑,就立即失去学科交流的可能性。但在社会科学或人文学的领域里,却会出现你的论敌对你研究的合法性本身加以质疑,认为你研究的不是一种学问。这是值得我们注意的现象。这部分是因为人文学中旁观者和参与者之间复杂的关系所导致的结果。

第二个例子是伯克莱大学在1971—1981年发展宗教研究时,

曾经有过一次非常大的会议辩论宗教研究的方法问题。当时有一些支持科学主义的学者，坚持认为宗教若要成为学问，研究宗教的学者便不能和他所研究的对象之间发生所谓的认同问题；认同是一种心理状态或主观的意愿，与学术没有关系。他们坚信，我和我研究的对象认同，这本身是一个矛盾。他们举例说：一个物理学家在研究物理时绝不会认同分子、粒子，但如果一个宗教学家认同他研究的对象，那么和科学的研究就有了距离。但是另外一批学者，包括我在内，认为这种论点很偏颇。一个文学家热爱文学，一个宗教研究者信仰他研究的宗教，这和高深的学术研究一定有冲突吗？这是非常值得研究的问题。这个争议其实早在维科及赫尔德时代就开始了。如何消解这个争议，问题非常复杂。

我想提出一个很不成熟的想法，当然现在就提出这个想法有些冒险。我认为如果没有"体验之知"，或者说是"体知"，则人文学研究是很困难的。我以自己的经验为例。我在留学哈佛之初，很想以哲学为专业，而且对美学、伦理学、宗教哲学的兴趣最为浓厚，但这三个范围在当时的哈佛大学哲学系都是被忽视的范围。因为逻辑实证和分析哲学的影响太大，有些哲学教授甚至认为这三个领域在哲学界并不是中心课目，哲学领域的中心课目应是逻辑学、认识论、语言哲学、心灵哲学和存有论。但从 60 年代初期到今天三十多年，这种情形已整个改变了，目前几乎所有哈佛哲学系的教授都对这三个领域有着浓厚的兴趣。这三种在哲学领域的学问，大概都需要有"体验之知"作为先决条件。如果没有美感的经验或伦理学或宗教哲学的经验，没有体知，是很难进入情况的。我举个例子。当时有个年轻的、极杰出的哲学家,受了严格的分析哲学的训练,而且认为受了分析哲学的训练后,有了这套科学的方法,任何问题都可以谈,任何问题都可以分析,哲学系就是训练人的分析性。因此他决定在哈佛开一门以分析哲学进行宗教研究的课。但这门课三星期后就无法进行下去,最后他认为这种分析方法在有些领域是无法突破的。这就是因为他最初不了解某些领域是需要有所谓的"体验之知"的。

"体知"这个中文的"体"字,杨儒宾先生做了贡献极大而且比较细微的研究。他的研究也许受欧洲学者梅洛—庞蒂等人的影响。"体知"者如果从"体验"的角度来看,一定是既是旁观者又是参与者。这种认知和研究的方式到底在人文学的研究当中起了怎么样的作用?我们应该如何去重视它?是不是可以有深刻的体知而不仅不会和分析冲突,还可提高分析的水平?我爱我所研究的对象是否会妨碍批判的认识?有没有可能不仅不妨碍,而且可以帮助我从非常严格的科学意义深入分析研究对象的寓意及其内部的结构并展现其如实的面貌?如果有这样的可能,应如何使其成为事实?这是人文学上非常值得研究的课题。正因为如此,人文学在方法学上的挑战远比自然科学和社会科学更为严峻。从事人文学研究如果缺乏提升反思的能力,就是不但能自我反思,而且也能对研究如果和课题的复杂心态及情境进行反思,则研究者将会因缺乏自知之明而无法进入情况。因为人文学的研究,好坏之间差异甚大,无法量化。有时也不足为外人道也,但其中确有评价标准,即使不能定量客观化,却能在主体间考究证成。因此,人文学在评价上很难采用自然科学那种评比方式。人文学中问题意识的产生及解决问题的意欲与途径，和自然科学不同。自然科学的研究，往往是寻找问题—解决问题—重新开发其他问题的循环模式。人文学则不同。人文学中常常同样的一个问题，要经过长期的回味、长期的钻研，才能得到一些发展。例如哲学探究，可能是环绕一个问题而展开，但这问题却愈来愈复杂，永远无法解决，研究者只能一辈子和这问题生活在一起。一方面受问题的折磨，受其激励；另一方面因为问题的折磨、压榨、挑战，而使得研究者内在的资源借此机会开发出来。这种乐趣是任何其他学术领域所无法领略的。

"启蒙心态"对宗教研究的影响

在我谈宗教研究之前，我还要提出一个观点以作为"背景了解"，否则不能确认宗教研究在现代学术界中的困境。这个观点我称之为"启蒙心态"。我说的不是18世纪以来欧洲所进行的"启蒙运动"，也不是如哈贝马斯所说的那个虽然已经过时，而如自由、民主、人权、法治及个人尊严等启蒙理念尚待充分落实的"启蒙计划"。我强调的是一种"心态"，特别是受到西方启蒙运动的影响之后，中国知识分子的"心结"。我所谓的中国知识分子，是广义的"文化中国"中的知识分子，也就是包括中国大陆、港澳台地区、新、马以及散布在世界各地的华裔知识分子。大部分的人都有这个启蒙心态的心结，这与五四以来的思想或意识形态的发展有密切的关系。那个时代的知识分子面临国家民族救亡图存的危机，极力希望透过西方启蒙以来所开展出的价值而能使中华民族苟存性命于乱世。在这种急迫感导引下,开始推崇"现代化"或"西化"的力量,含有非常浓厚的科学主义色彩。

启蒙心态在西方的出现是以反宗教为前提的。这个心态强调理性,特别是工具理性,而且不期而然地突出人类中心主义。人类中心主义就是不仅反神学,而且要争夺自然,征服自然,控制自然。这个思潮从黑格尔发展到马克思,势力愈来愈强。我们不可讳言地说,这种强势的启蒙心态,是西方学术能发展到现在这种形式的主要动力。没有启蒙的出现,很多我们现代的价值领域(如自由、民主、专业化等等)是开发不出来的。从事科学研究的一个特性就是专业化。专业化的特性之一就是在各个研究领域内,它要突出那个科学性特别强的方法。所以韦伯曾讲过科学是一种"志业"(vocation),或召唤(calling)。因此,科学研究一定要去除个人的偏见,这种信念本来从宗教蜕变出来,但又不自觉地染上浓郁的宗教色彩,使西方学术界从中世纪的经院中逐渐蜕变出来,并且形成非常强烈的反宗教力量,但又把科学(应该说是科学主义)转化为宗教信仰。正是因为如此,所以现代意义下的科学,是一定要将宗教逐出学术的大门之外。信仰的领域让教堂和教会去关照,只是个人的私事,不是真正的学术研究。韦伯认为自己在宗教信仰上是患了"音盲",但他一生的努力都在研究宗教。当然,他所研究的宗教不是宗教体验性的宗教,而是研究宗教的社会作用。但他自己的确不愿也不能进入宗教体验的领域,因此他坚持他的研究不会成为神学家式的研究,也没有这种"体验之知"。哈贝马斯的情况也是相当明显的,在他的文化构建中,宗教所扮演的角色非常少。

受到现代西方启蒙心态的影响，自五四以来，以科学主义为先导的学术，在中华大地成了显学；不仅成了显学，而且成为知识分子心灵中一种强势的"积习"。我们举个明显的例子来说明问题。当时很多中国学者面对西方的挑战，提出要充分地现代化或"全盘西化"，但包括胡适之、陈序经都不把宗教放在西化的内容里。胡适之先生很突出这样一个观点，就是宗教本身根本不应进入学术界，他甚至认为中华民族的悲剧就是"印度化"。他自己花了很多时间研究禅宗，但他研究的主调就是禅宗是融合中国道家合理性因素的内部革命，把印度的那种神秘主义（也可说是宗教性）的因素给消除掉，变成凡俗的，具有中国性的，而且理性成分比较高的一种思想形态。这个工具理性色彩特别鲜明的实用主义，也同样地在傅斯年成立中研院史语所的信念中再度标明出来。譬如傅斯年强调要把历史研究做得像生物学一样地精确，即以自然科学为历史研究的典范。正是在这样的大潮流之下，没有宗教研究可以进入中国学术大门之内，因为宗教没有科学根据，没有理性根据，只是一种个人的经验或社会习俗。

欧美的学术传统毕竟与中国不同。宗教虽然一度被逐出学术大门之外，但基督教神学院在学术界和知识界的崇高地位不仅没有受到不可抗拒的冲击，而且宗教研究的相关议题在大学里面一直有其重要的影响力。经历了二三十年的苦斗之后，宗教研究合法性又逐渐建立起来。虽然在相当漫长的岁月中，宗教研究不能进入美国的精英大学，因为宗教学的研究不涉及传教是相当困难的。比如说新加坡，在80年代准备通过宗教教育来发展道德伦理，当时便发展基督教、佛教、印度教、伊斯兰教和比较宗教五大领域。李光耀提出一个挑战,就是说很多华裔假如不信这些宗教,是不是可以讲授儒家伦理。如此新加坡开始发展儒家伦理。发展一段时间后,基督教和佛教开始相互抗衡,形势日益紧张,最后终于迫使当局取消宗教教育以避免冲突。这种反应在美国大学中也存在,不只在伯克莱,在哈佛要发展宗教研究时,也有许多学者认为宗教要进入文理学院的可行性不大。

但宗教现象研究既然是人类社会中绝对不可忽视的现象,如果学术界不去研究,那是失职。可是美国的宗教学研究在文理学院的发展不是来自美国学术界内部自觉的推动力,而是外来的压力。值得我们注意的是,到底是什么理据,是怎样的分析方式,使得人文学的领域向宗教开放,而使宗教成为人文学研究重要的一环?这点值得我们深思。有一个很重要的助缘,就是学术界慢慢受到全球化思潮的影响,以及来自本土化思潮的刺激,使得学术界逐渐突破狭隘科学主义的局限,而本土化的思潮最强的动力之一就是宗教。

除宗教外,还有族群意识、性别、地域、年龄和阶级等。以前我们担心的是宗教与宗教之间的冲突,现在我们也担忧宗教内部的冲突,而且这种冲突,如自居正统的犹太教派和改革派间的对垒愈来愈严峻。这是目前国际社群无法相安的主要原因之一。另外,愈进入后现代社会,愈是受理性化影响的社会及人群,从比较宗教学来审视,都有愈趋向神秘主义的倾向。一个受过高深专业教育的人,很可能在学术研究的领域中有很突出的表现,但在精神领域方面却幼稚无知,甚至可能相信最没有科学性,最缺乏理性的原教旨主义。而那种原教旨主义,甚至可以对社会造成危险,于是乎各种不同招摇撞骗的行为都在现代社会中透过宗教的幌子而大行其道。这种现象十分普遍。这种现象使过去启蒙心态坚持现代化即是理性化发展的论点濒临破产。宗教的力量如此之大,最好的学者,最有反思能力的人,对这问题却避而不谈;最重要的学术单位,对这些问题更不加理解。这岂不是失职?在这种情形下,如果再不透过严格意义的学术方式研究宗教,那么就是学术界放弃了研究社会现象的权利和义务。

美国的经验可以提供我们参考。美国学术界最初是透过哲学来研究宗教的,但是因为哲学界本身自我设限,而使宗教学朝向独立的领域慢慢开展出来。这中间有个悖论,因为照理讲哲学是有普世意义的学问,世界各种不同的智慧它都应该有研究。如果按照科学分工的方式,哲学应是最能够中立,各种有关人类精神议题都能等量齐观的学问。反观宗教,它往往有其根源性、特殊性、局限性,看起来似乎不太能成为普世的学术领域。但是实际上,美国的宗教界虽然受到基督教文化的影响,但却反而向世界各种不同的宗教开放,逐渐形成"宗教对话"的领域;学院里的哲学界反而受到科学主义狭隘意识形态的限制,无法像宗教界那样开放地研究各种宗教。当然,美国宗教界的开放并不表示真能如实欣赏其他宗教,但为了了解宗教在政治、经济、社会及文化各层次的积极与消极的影响,不能不对其教义有所认识。所以,这种原非学术性的刺激,终于在学术界发生影响,其结果是使得宗教学成为过去二十年间美国人文学领域中发展最快的学问。如今在美国最好的大学,几乎没有不具有严格意义下的宗教系。如果精英大学没有宗教系,那只是例外。

这个发展的过程是很复杂的。最初在70年代,以伯克莱的GTU(也就是神学院研究院的联合学院)为中心,形成世界上最大的神学院联合组织。这个机构与伯克莱大学没有关系,他们走着面向全球的普世主义的路子,各式各样的宗教,都在他们的研究范围内,因此发展相当快。除了伯克莱之外,费城是另一个被看好的宗教研究中心,当时哈佛的反宗教势力太强,但经历三十年的发展之后,现在美国宗教研究发展的两个重点已移到芝加哥大学和哈佛大学,而哈佛的研究在很多方面还超过芝加哥。

哈佛从排拒到发展成美国现在最全面的宗教研究重镇的转折因素是什么?关键就是哈佛有一个极重要的学者史密斯(W. C. Smith)。这位教授一生就想发展宗教学,使宗教学成为严格意义下的学术研究。他说当初他有个选择,要么就去传播宗教,直接参与宗教活动,要么就从事宗教学的学术研究。这两个领域,一个领域是教会,另一个领域是学术界。如果他要进入学术界,最好选择凡俗性最强、反宗教最强烈的学校。哈佛是最好的对象,所以他选择在哈佛奋斗。他在神学院教书,当时神学被认为是宗教传播。史密斯于是在神学院里创办了一个世界宗教研究中心。世界宗教研究中心本身摆在神学院十分不合情理,因为神学院是研究基督教,神学院应该在世界宗教中心之下才对。史密斯的目的是利用世界宗教中心来拓展宗教研究,特别是比较宗教的研究,而最终的目标是要把宗教研究带到哈佛的文理学院。当时哈佛的文理学院其实很早就发展了宗教研究,但只是一个委员会,没有成为一个系,所以宗教研究仍属边缘。哈佛当时的校长叫普希（N. Pusey），特别同情宗教，甚至把蒂利希请来当教授。正因为他同情宗教，所以常受自由主义学者的讥讽和批评，但他以及史密斯的努力，终于使得哈佛的学风开始转变，于是大学部历史系、哲学系、人类学系等不同领域都有从事宗教研究的人，而且这些人也确实具有"体知"。在选拔同道和战友时，他们特别注重对宗教的学术研究有共鸣的学人。他们不但了解宗教，而且由于对宗教课题真有理解，使得他们在专业领域中更为突出。就是在这样的氛围中，哈佛文理学院的宗教委员会逐渐成为跨院的多科系的组合，实质上是一个系的规模，但运作上又不受系的限制。其实宗教委员会比系更大，是一个既能把各种不同系的资源调动起来，能在大学部发展，又能在研究院里教导学生，最后甚至结合神学院的力量，颁发各种宗教研究的博士学位。这个宗教委员会是个相当好的组合，目前的地位已很稳固，前景非常看好。所以，如果以哈佛为例，作为人文学的宗教研究，目前有不断向上成长的机会。

人文学宗教研究的范围与学院训练的旨趣

接下来我想简单介绍一下人文学宗教研究的范围是什么。我认为，第一，我们一定要把宗教学的研究摆在人类精神文明对话架构下来研究。我们不能把宗教当做孤立绝缘的个案来研究，我们要有全球性的视野，要有一个基本信念：就是主要精神文明的发展，多少都与其他精神文明之间有交流，而不能孤立发展。当然，也有一些宗教传统和某一文化传统结下了不解之缘，最明显的就是神道。

神道是日本文化,很难想象非日本人的神道徒,也很难想象神道离开日本会是什么景象。犹太教与犹太文化也有密切关系。儒家当然和中国文化结下了不解之缘,但儒家传统却和神道及犹太教的情况不太一样。儒家传统不只是中国文化的体现而已,因为还有日本、韩国、越南的个案。岛田虔次说,宋明儒学是东亚文明的体现。所以儒家的情形更为复杂。虽然有人主张儒家传统离开了古代汉语就很难发展,余英时就认为如此。在新加坡的时候,余英时、我与李光耀讨论能不能用英文来讲儒家伦理。余英时说绝对不可能,但我认为不仅可能而且大有可为。余先生认为不可能是有道理的,但我认为这是儒家能不能进一步发展的最大挑战。假如儒家不能透过翻译,那它许多新的发展可能就受到一些阻碍,因为宋明理学之后,它已经进入日本、朝鲜、越南文化之中,也发展出与中国不同的特色,像日本儒家对"孝"的观念就与中国不同,而越南儒家则强调以爱国主义为特色,要建立自己的独立性。

从前面的说明可以看到,即使是所谓中国传统的儒家,其所代表的精神文明也绝不是孤立发展的。这个例子说明,宗教研究的第一个共识就是宗教研究一定要放在世界文明的整体架构来看。延续此一主题而需建立的第二个共识,是宗教学的研究不能够和其他文化形态分开。如果接受宗教研究应具有全球视野和比较文化的基础,那么我们就应该认清宗教研究是科际整合的学问,具有多元多样的特性,不能只从某个角度来观察。这样说来,宗教学应该是人文学里面比较复杂的综合学科,而宗教学的研究也会为人文学的研究领域开拓出很多不同的价值源头,并可提升人文学的精神领域。

没有宗教学的人文学，一定会受到狭隘的甚至肤浅的科学主义的影响，人文学本身会变成一套干枯无味、小考据或毫无生命力的实用主义。所以，宗教学重新进入人文学的领域中，使人文学研究的各项方法重新组合。现在哈佛宗教委员会的博士训练班，基本上就是希望研究生要能对整个人类宗教发展的大关大节有所理解；第二要对树立宗教学具有主要贡献的典范研究有所理解；第三要对宗教的基本理念如信仰、祭祀、圣者、神迹、教堂、庙宇及其背后所反映的终极关怀能有所体知。不过，这是一个理想。一个研究生要能够通过这个理想的挑战，是要投注极大的心力，花费很长的时间才有可能。譬如，假设有个研究生想做韩国佛教发展的研究，在哈佛的传统中，人文学训练必须要会使用英文、法文及德文，这是"基本功"；亚洲研究的起码语文要求是中文、日文，针对韩国佛教这个主题，研究者至少要懂韩文及梵文。想想看，光在语言训练上，可能就要耗上八年十年才有可能过关，其他就不必提了。

虽然哈佛的宗教研究看起来颇有成长，但整个研究仍然完全是欧洲中心主义，而且基督教的色彩还是太浓厚，因此还要进一步开展其他宗教领域。这其中，"儒家算不算宗教"就是个问题。史密斯就曾说，儒家是不是宗教，在中国传统中是从来没有出现的问题，而在西方现代学界中则是从来没有解决的问题。为什么会出现这样的情况，我们可以在下面集中讨论。

二、儒家人文精神的宗教含意

下面我要谈的这个课题,我个人比较熟悉,但也比较紧张,因为这个课题有很多不同的面向,也比较复杂,就是儒家人文精神的宗教含意。

最近在中国大陆有一场相当激烈也很有意义的人文精神的辩论,这是由上海几位学者如张汝伦和朱学勤所提出的"人文精神失落和重建"的问题。北京方面的反对非常激烈。像中华人民共和国文化部前部长王蒙就说:"我们从来没有过人文精神,怎么现在又失落了呢?又何来重建呢?"这个争议在《读书》《东方》《现代与传统》、香港的《二十一世纪》《明报月刊》和《九十年代》等杂志里都有报道。

启蒙心态

我想应该区分两种人文精神,一种就是我前面提到的,通过西方启蒙运动发展出的"启蒙计划"及其所蕴含的启蒙心态和所体现的人文精神。大陆大半的学者,包括因提倡新启蒙而又精研《文心雕龙》为士林所重的王元化,甚至五四以来的学者,大家都公认启蒙所代表的人文精神、人文主义或人道主义,是西方从文艺复兴以后所发展出来的一套思路。前面也提到,这套思路可以说是19世纪中叶以来迄今仍然最强势的意识形态。

为什么说它是最有力量或者影响最大的意识形态?因为不管社会主义或是资本主义,都和这个启蒙心态有密切的关系。现在我们环顾世界各地，不管是发达国家或是发展中国家，所开辟出来的利益领域，多半和启蒙心态所代表的人文思潮有关系。譬如说市场经济、民主政治、各种不同的新兴社会组合、职业团体，乃至大学研究的单位，这些领域大概都是启蒙运动所导引出来的。当然，西方的很多大学含有深刻的欧洲中世纪宗教传统文化的影响，但大半在东亚的现代大学几乎没有例外，都是这个启蒙潮流所导引出来的。今年是北京大学建校一百周年纪念，从京师大学堂开始到五四时代的北大、军阀割据的北大，到抗战以后、1949年以后、"文革"以后的北大，到今天改革开放的北大，事实上在每一个阶段都可以说是完全不同的大学。可是不管是属于哪一个形态，北大这一座在现代中国思想界扮演重要角色的高等学府，确是从启蒙心态所发展出来的一种内容深刻而复杂的文明现象。不仅是利益领域，包括很多我们现在认为应该是普世的价值，如自由、人权、平等、法治、个人尊严，也都和启蒙运动、启蒙心态导引出来的人文思潮有密切的关系。

当然，如果我们要细分的话，启蒙至少有两种类型，一种是法国的启蒙，另一种是英国的启蒙。法国的启蒙突出革命精神，和宗教决裂，批判神学，要走出中世纪，走出封建时代、封建社会、贵族世界。英国的启蒙，特别是苏格兰所代表的启蒙，则突出经验主义、怀疑主义、实证主义以及渐进主义，和传统有很密切的联系，同时宗教的问题不那么严重。这是不同的启蒙。从时间流变来看，18世纪的启蒙和19世纪的启蒙及20世纪所发展的启蒙，三者之间也有非常大的不同。18世纪主要的启蒙思想家，像伏尔泰、卢梭、莱布尼兹，或者是百科全书派，他们认为理性主义是要打倒宗教的权威,要开拓出人的世界,所以特别强调个人。当时很多西方思想家把中国当做最重要的参考社会,把儒家当作最重要的参考文化。这当然和利玛窦通过拉丁文把很多儒家经典和中国情况介绍到西方有关。

19世纪的西方情况就不同了,从黑格尔开始,把世界非西方的文明(包括中国、印度、波斯)定义为人类文明发展的曙光,而坚信将来人类文明的发展会像太阳一样,必然落到西方。也许是普鲁士的德国,甚至黑格尔的哲学的本身才是人类精神的最后归宿。这是欧洲中心论,而且相信社会发展有其必然规律,人类文明的重要发展阶段来自演化论。这些观点都反映了19世纪的启蒙特色。站在这一视域之中,东方被边缘化了,中国不再被西方当做参考社会,而且沦为一个反面教材了。受到黑格尔影响的学者,像马克思、韦伯,甚至晚近的哈贝马斯,都一致主张真正的人类文明发展的重大阶段以及所体现出来的人文思潮,都与西方现代精神和现代命运是不可分割的。

可是这个现代西方的启蒙心态所代表的人文精神,在今天面向21世纪时又有了新的觉醒,认识到启蒙心态过度突出了人类中心主义,结果一方面消解了神学世界,另一方面则对自然形成一种掠夺。这两者都和我们现在所赖以生存的大环境产生矛盾冲突。这种反神学、反自然的意识形态如果继续发展下去,不仅会破坏生态,也会产生人类社群的分裂和解体。其实这些问题在70年代就已出现。当前,面对这样的困境,我们充分认识到,当代知识分子不论东西南北,多多少少都是这种启蒙心态所代表的人文精神的受惠者和牺牲者。面对这个困境,我们何以自处?

中国大陆的学者对这类问题的讨论很值得借鉴。最近我在厦门、广州、南京和武汉进行了一系列的学术讨论,基本议题就是:能不能够从儒家传统的人文精神来对现代西方的启蒙心态进行反思。这个议题在 80 年代是不可想象的,是痴人说梦,因为当时大家注重的问题是如何进一步学习现代西方的启蒙,如何能够用新的启蒙来突破帝王将相之类封建遗毒在政治文化中造成的困境。现在,反而要用过去交相指责的所谓"过时的封建意识形态的儒家思想"来面对西方先进的思想。好像说绕开最先进的社会主义,用过时的封建主义来理解资本主义,那不是痴人说梦?我们先抛开这一带嘲讽意味的转折,也暂且不说这两种人文精神的关系如何。我首先关心的是,有没有和启蒙心态所代表的人文精神相当不同但又可以进行互补、互动的一种启蒙,或者说另一种类型的人文精神?

传统文化的弃置

我现在要讲的就是儒家人文精神的根本指向问题。在讨论儒家人文精神能对西方启蒙精神所面临的困境提出什么样的回应之前,我想先就我所理解的传统现象做一描述。假如我们前面所提到的人文精神的本质特性之一是人类中心主义,它强烈凡俗化的过程就是解咒以及征服自然。所谓"人化自然"的意思,其实就是"人定胜天,征服自然",因此表现出强烈的物质主义。它也强调理性,但着重的却是工具理性。正因如此,现代很多学者面对西方启蒙心态所带来的困境,也纷纷做出回应。譬如说哈贝马斯提出除了工具理性之外,还有沟通理性的问题;有些学者像福柯,特别注意国家机器利用象征资源进行宰制的措施;或像德里达开始解构现代性中最核心的论域之类。可是当西方在20世纪末试图解开启蒙心态的束缚时,启蒙心态却仍然和中国现代思想界的走向关系十分密切;甚至更扩大来看,整个东亚社会都是如此。因此,值得特别一提的是,当启蒙心态在英国的剑桥和法国的巴黎大受抨击之际,它在北京、东京、台北和汉城却惟我独尊,俨然一切价值的标准都在它的裁判之中。

在中国现代文化的语境中,启蒙心态早已成为强势的科学主义,并且挟带着物质主义、现实主义、实证主义和工具主义,在知识界、学术界产生非常大的说服力。因此环顾世界各地的华人社团,几乎都是技术官僚挂帅。可是当我们回顾五四时期时,我们会发现,在五四运动以及后来的新文化运动中具有举足轻重的人物,如果不是文科出身,即是从其他学科转到文科领域的知识分子。像胡适是由农业转向人文研究,而大文豪如巴金、鲁迅,更是弃医从文的范例。可是到了三四十年代,当时引领风骚的大半都变成了理工人才,除了像北大、清华以及后来迁校整合形成的西南联大培养出像杨振宁这样一批人才之外,陈立夫担任教育部长时也希望能以科学救国,于是所有奖学金和教育政策都以培养科学人才为主。在这个潮流发展下,不管是在中国台湾、大陆地区及新加坡,所有教育经费想要培养的对象,基本上都是科学主义所导引的技术官僚,这固然只是概览,但确能反映出一个非常重要的学术信息。

我们可以这样说,由于启蒙心态的影响,现代中国知识分子的文化传统中,也就是心灵的积淀里,传统文化的资源已非常薄弱。当代知识分子的心态中有悲愤的积淀,有狭隘民族主义的积淀,有科学主义的积淀,造反有理的积淀。这种种积淀不是一种地质的积淀,而是一种化学的合成,因而可能发生各种复杂的、根本的变化,并常会引发一种爆炸性的作用。五四运动反传统的意念非常强,可是就我看来,五四的反传统,不仅很健康,它所反的那个传统,还得继续扬弃。五四的知识精英,在反传统的工作上做得还不够。譬如说只是把传统当做包袱,以为包袱丢掉就好,而他们侧重的,也只是所谓负面的传统或者畸形的心灵,像鲁迅等人所讲的国民性,或者像柏杨所称的"丑陋的中国人"。以今天的眼光来看,他们想要祛除的畸形心灵,事实上消除得还不够多,包袱也并没有真丢掉,可惜它所造成的影响,却是使得传统文化在后来知识分子的心灵积淀中愈来愈稀薄。我们知道中华民族有三五千年的历史,知道中华文化源远流长,但是在我们的生命、行为各方面,没有经过反思的那一畸形的部分可能作用更大,经过反思而成为我们可以充分发挥的资源则愈来愈薄弱。真正在我们心里面产生影响的那个启蒙心态,却又不是像西方那样波澜壮阔多元并起的景象;在我们的文化心理中起作用的,反而是相当偏颇的部分。正因如此,中华民族的知识分子在面对全世界的挑战时,能够掌握的精神资源,能够开拓的价值领域,两方面都有很大的缺失。这是一个困境,而现在我们正极力走出但还不能够完全走出困境。这困境是非常复杂的。在这个时候我们来重新回顾到底儒家传统它所代表的人文精神是什么,是怎么样的人文精神,这困难度是非常大的。我只能很简单地做一个描述，而且我自己也还在对这个问题进行考察、反思的过程之中，并没有定见和大家分享。

让我举一个简单的例子来说明问题。日本德川时代一些连儒学都弄得不很清楚的二三流学人，从他们的文集里，我们竟然发现他们对于中国文化传统的熟悉程度，竟远远超出现在各个大学里面专门研究文史哲的教授。我们与传统文化的割裂可说是愈来愈厉害。中国大陆的情况更令人忧心如焚。这个情况和西方的学术界是完全不同的。在西方的学术界中，即使是最强烈的反传统主义者如尼采、德里达等，他们对于希腊哲学以及整个西方学术发展谱系的那种熟悉程度，是我们根本不能想象的。中国大陆的学术界因受"文革"十年浩劫的影响，长期认为真正有现代意义的传统知识分子或古代思想家，大概只有屈指可数几位值得研究。他们能够接受的，从荀子一跳到王充，王充下来是刘禹锡、张载，张载下来就是王夫之或者李卓吾、戴震，然后章太炎、鲁迅，其他的都很难过关。荀子在古代思想家中被认为是比较突出的一个，但大陆学者看重荀子，是因为认定荀子具有朴质的唯物论色彩，所以算进步的，不像孟子是唯心的。我们可以想象，在这种意识形态影响之下，假设有两批学生，一批花了五六年功夫研究古代文献，好不容易掌握古代汉语之后，还不见得能看懂荀子，即使念通了，他们所掌握的思想武器也不过是朴质的唯物论。另外一批学生通过翻译的现代汉语，花个三五月的时间，大体就可以把辩证唯物论搞清楚。这一批人只要花三五个月就可以面向现代世界提出他的一些感觉；另外一批则虽花了五六年功夫，只要是有一点点自知之明的人，能够对自己的利益世界有一点了解的人,他会花时间去搞古代汉语研究荀子,掌握朴质落后的唯物论吗?

相反的,现代西方的学者如果花时间去念希腊哲学,了解柏拉图,他在西方的学术界就有很多的发展空间,而且可以被认为是了解西方智慧泉源的重要人物,他有解释权。就像海德格尔所说的,西方哲学只是为柏拉图做注脚而已。这是非常重要的一种态度。对自己传统文化发展出来的智慧,它体现出来的一些精神价值,如果是非价值,当然你不会花时间、力量去对那些非价值进行阐述或了解。对照来看,现在中国在各方面的情况都是非常残破的。中国传统文化中重要的大师大德,完全没有人做研究,因为没有人认为是有价值的。

西方的德里达,现在被认为是"后学"的主要人物,抗议精神非常强烈,甚至对西方语言运作的本身表示反对,但因为他是犹太人,在法国受教育,整个希腊哲学从柏拉图、亚里士多德一直发展下来的这个线索,对整个犹太文化发展的线索,那种精细了解的程度,很难为不知底蕴的趋时者所想象。大举解构主义、后现代主义大旗的西方人,对他们自己的文化传统都已如此,其他人就更不用说了。

我所认识的每一位西方哲人、学者和研究生,不管是学古代还是现代的,只要是拿到哲学学位的人,对西方文化的谱系都耳熟能详。如果说没有研究过康德,没有好好地读过黑格尔,不知道海德格尔是何许人,没有听说过圣奥古斯丁的,那即使有,必然是少数例外。可是在文化中国,我们训练最好的哲学专业博士班,对儒家传统里的大师大德，不要说是董仲舒这类人物，不仅没有任何的理解，而且更有甚者，所获得的片面印象又多半是错误的。最糟糕的是，即使面对"四书"，不仅不了解《论语》的全貌，还常把"唯女子与小人为难养也"这样的句子当做口头禅，并信心十足地宣称"这种落伍的思想我们还值得做研究吗？"对待孟子就给他一个唯心主义谬论的帽子，荀子则是朴质的唯物论。这是一个非常糟糕的情况，中国港台地区、新加坡，虽不是因意识形态的关系而使得大家对传统文化不熟悉，但是因为商业大潮或其他各方面的因素，在认识掌握传统文化资源上问题也是很大的。甚至学术界的领导把研究文史哲作为浪费资源的也大有人在。

儒家精神的四个侧面

如果把儒家的人文精神和西方启蒙心态的人类中心主义作一对照，应注意四个侧面，我论说的根据是孟子的这个传统所体现的人文精神。第一个侧面是个人的问题，也就是人的主体性的问题；第二个侧面是群体的问题，群体就是能从家庭到国家所开展的各种"公众领域"；第三个侧面是自然的问题；第四个是天、天道的问题。

近来有些学者，像哥伦比亚的狄百瑞教授，指出《大学》提出齐家治国平天下，所以中华民族没有开拓出社会的观念。意思就是说，中国人有家的观念，有国的观念，但没有民间社会的观念。但我们要了解一点，所谓的传统社会，不管邻里乡社或是其他的民间社会的结构，从个人到国家这中间各个不同的社会领域，都由人际关系、人际网络所填补充实。怎么样去理解它，是我们的问题。所以说第一个问题就是个人和群体的问题，这中间是如何配套的？可以这样说，它是层层限定又层层破除限定的。这个动态而有辩证关系的联系，刚好可以把公私的概念在这个领域里面体现出来。"我"就是私，面对家庭是私，家庭才是公；家庭是私，面对族群才是公；族群和家庭在面对更宽广的社群、国家时是私，但国家的利益面对人类社群算私；整个人类社群面对大化宇宙时可以算私。如此推衍不断。在这动态辩证的关系里，要有一个强烈的认同，要修身齐家，使得在人类复杂的人际网络中，有尽量协调、发展、开拓的机制。这个开拓出来的各个不同的社会领域，事实上也就是现代哈贝马斯所处理的人和社会的问题。中国传统社会有各种不同论说的方式，资源是非常丰富的，而且这个资源不是一两个思想家随便想出来的，而是经过长时间的社会实践所呈现出来的，内容相当丰富。

第二个问题就是人类作为一个群体和自然有关系。儒家希望和自然有持久性的和谐关系，对自然有一种敬畏感、和谐感，它根据的基本信念是人类的欲望无穷而自然的资源有限。但这个基本信念在启蒙心态所发展出的人文思潮中间，不仅荡然无存，而且正好一百八十度改变，认为资源是无限的；不仅资源是无限的，人类的智慧和人类发展出来的科技，可以达到万能，所以启蒙时代特别标举"理性之光"这样的形象。理性之光能照耀一切，越有理性之光就越能祛除黑暗。当理性的光芒继续不断地向四周照耀，宇宙的一切就像这间教室内的家具般都能一目了然。在黑暗的时代，宗教迷信可以有作用，一旦理性之光芒照耀，一切看得清清楚楚，那就无迷信可言了。

毫无疑问，这个观点今天看来的确有很大的失误。智慧或理性之光芒向前拓展，无知和黑暗可能拓展得更快。你越知道，你就越想知道你所不知道的；你越研究，就越发现你研究中间的困境。人类的智慧再提升，也永远没有办法掌握一切。《论语》里所讲的"知之为知之，不知为不知，是知也"，那个"不知"是了解我的无知，是很大的智慧。苏格拉底是至高无上的智者，因为他有自知无知的自知之明。在启蒙时代，这样的信念没有办法发挥其应有的功能，因为相信培根所说"知识就是力量"，相信这力量要是能够拓展出来，知识就可以无限发展。资源是无限的，没有想到资源是有限的。一直到了60年代，太空人到了月球上一看，才发现不仅地球资源有限，连空气、大气层都非常有限，现在还穿了个洞，出现直接危害人体健康的情况。1972年当世界环保大会在斯德哥尔摩开第一次会议时，包括苏联在内的与会国家都同意签署一项有关环境保护的文献，就提出了成长是有极限的，科技的能力也是有极限的观点。中国大陆也有代表参加世界环保大会，但那时正值"文革"时代，结果中国的代表是惟一拒绝签署的代表。理由是科学技术是无限的、万能的，成长是无限的，如果不接受成长，中国就没办法再进一步发展，因而拒绝签署。二十年后，现在中国大陆对环保的敏感度当然提高了很多，但1972年所体现的，正是启蒙心态所代表的科学主义的意识形态方兴未艾的表现。

这种科学技术挂帅，用工具理性通过社会工程来组合、发展社会的意愿，在新加坡、中国台湾、香港及大陆，目前还有很大的说服力，因为主要的政治领袖多半都是技术官僚。中国大陆十所最重要的大学的校长,最近和美国十所精英大学的校长举行了一次会议。有趣的是,美国的十位校长中,只有一位是自然科学家,而中国大陆则是只有一位不是自然科学家。我们都知道,为了维持一个复杂的现代社会的活力,除了要积累经济资本外,还要积累社会资本;除了发展科技能力之外,还要发展文化能力;除了突出智商,还要突出伦理的智慧;除了要发展物质条件外,还要开拓精神价值。这些面向如果不能开拓,还想抱着最狭隘的科学技术、社会工程的理由来提升国家的竞争力,这等于是缘木求鱼。一个以知识和信息为导向的新型社会所呈现的复杂景象,绝非单纯的科学主义所能设计得了的。假如一个社会不能开拓科学主义之外的其他资源,未经开发的精神领域就会被迷信、假借宗教之名而行招摇撞骗之实的神棍之流所占有,连高级知识分子和政治领袖都被唬得头昏脑涨,而却完全没有力量去回应这种社会病态。

假如不能发展伦理价值,整个社会运作的纽带就会像汽车的润滑剂没有了一样,即使有很大的动力,在运作的过程中必会出现大纰漏。假如没有文化能力,只有科技能力,连要了解社会内部机制如何运作都有困难,不可能有知己知彼的群体意识。所以,积累社会资本是非常重要而迫切的问题。所谓社会资本,就是要通过对话、沟通,但前提是无目的性的,就是为了对话而对话,为了要积累不能量化的资本所做的工作。

譬如哈佛的政治学者普特南(Robert Putnam)研究意大利的两种社会,两种都是同样的经济水平,同样的人口分布,同样的失业率,但其中之一的社会民主政治发展得非常好,另一则非常糟。这不能从简单的政治社会量化的方式来理解,中间的差别就在于有无社会资本。具有社会资本的地方,其沟通理性特别突出,有各种不同层次的沟通在进行;如果没有这样的沟通,就会出很大的失误。这个研究是非常有趣的。另外一份针对印度的拉克农(Lacknou)这个地方的研究发现,其他和这个地方种族分布、经济情况相同的地区,都出现了暴力,但拉克农长期以来都没有出现暴力,主要就是这个地方有一个习惯,每隔十天或一个星期,兴都教和伊斯兰教的长老一定聚在一起谈话、沟通,而且有填补代沟的机制,如年纪大者和年轻人也常常谈。这个谈天习惯化解了很多东西。如果说完全从抗衡、冲突而非沟通的角度来进行,整个社会资源就很难发展。这些研究意味着个人和群体的关系、人类和自然的关系,以及人心和天道的关系都应协调。一个复杂的现代社会必有超越的一面,宗教的、神圣的领域能否开拓,成为人们日常生活中不可或缺的一部分,是考验一个社会精神资源是否多元多样的重要标准。儒家的人文精神不是人类中心主义的人文精神,儒家的最高理想是人心与天道合一,也就是天人合一的境界。这不是像希腊哲学所谓"人是评断一切的标准"那种狭隘的人类中心主义。在儒家的传统中,这是私,是人类之私,而更高的理想,如果借用宋明理学的词汇,即是以天地万物为一体。

如果把儒家的人文精神与启蒙所代表的人文精神相比较,我认为儒家的人文精神所触及的面向比较宽,除了个人与社会之外,还有自然和天道,一共四个面向。它不突出人类中心主义,它要开发各种不同的社会资源,培养每一个人的文化能力。儒家传统在中国社会功过如何,自然有不少的讨论,但很多人是非常反对儒家传统的,他们认为儒家传统里的阴暗面太多了。但像我的同事包弼德(Peter Bol)也承认,儒家传统,特别是从比较文化学的角度立论,对中国传统社会确有不可否认的功能。也就是说,它是在政治势力(权)和经济势力(钱)二者之外开拓另一个以教育(或说教化)为主的价值领域。换句话说,就是在这个社会上,最有钱的人不一定是最有权的人,最有权的人不一定是最有影响力的人。有一批无钱无权但居然有很大影响力的人,长期在这个社会发挥作用,扩大影响。所以千万不要低估了儒家价值在传统中国乃至东亚社会所起的作用。

儒家传统开拓了在钱与权之外的意义世界,这是很重要的。我不认为儒家传统是重农轻商。假如要谈重农轻商,法家的传统是比较明显的,因为它主要是耕战,农业和军事是重要的,商业是不重要的,特别讨厌"士",所以才有焚书坑儒的极端行为。但儒家的传统从孟子的分工思想以来,便认为士、农、工、商是任何一种社会不可或缺的四种职业。孟子的这个观点,主要是为"士"这个阶层创造生存条件和价值的。因为农工商的价值都无可争议,都是在生产阶层上不可或缺的层面。但是"士"既不能生产亦不能制造,又不能通有无,所以要说明他们的用处和价值比较困难,也就是"上下与天地同流"的价值何在。重农学派认为任何人都要农耕才有吃饭的权利,儒家认为不行,要了解分工。而分工之中有没有士所能掌有的活动空间?这个活动空间就是能够创造人类大众福祉的,是为民请命而不是为了自己狭隘的单一阶级服务的。无恒产而有恒心,通过自觉、努力、学识去创造大多数人的福祉,而不是代表君王或社会任何一个利益集团。这当然是一个理想,但有没有可能在中国社会落实,或者是转化中国的政治,这点很值得我们深思熟虑。我们现在对这一课题的理解很不够。譬如说中国的专制社会很少有英主,也很少有暴君,大多数都是昏庸之辈。从心理学上讲,是一种从小被道德说教压抑出来的人格,不会出大的乱子,也不会做很糟糕的事情,当然也很平庸。提到这一点,绝不是为专制政体辩解,而是指出即使在消极性方面,即防止暴君的出现,儒家教育的确起过正面的作用。

从孟子的人文精神所显示的四个方位(个人、社群、自然和天道)是通过三个基本的坐标而综合的:一、个人及社群的健康互动,二、人类与自然的持久和谐,三、人以及天道的合一合德。简单地说,儒家传统中三个基本的坐标、四个方位,是根据表面上看起来非常简单而且我们可以直接感受到的一个理念,这理念就是"仁"。根据孟子的理念,仁即是从不忍到忍的人道,从不能忍受自己亲人受苦受难这个温情慢慢推出。这就是推己及人,就是恕道。任何人都有推的可能。我们也许有任何人都不爱的情绪,但一般说起来对自己的父母总有一分情。这种自然流露之情,在儒家认为是非常有价值的。这种情能不能推,就是一种能不能完成人格最重要的条件。恻隐之心最为基本。向外推,从不忍到忍,开始我能忍我不认得人的痛苦,到最后我可以不忍我不认得人的痛苦,甚至可以推到人类以外的世界。这个推的过程并不表示我的爱没有等差,爱还是有等差的。好比水位的高低,水位高就流得远,水位低就流得近,每一个能流的水位都有价值。假如我是一个绝对自私自利的人,所有的人我都不爱只爱我自己一个人。在儒家传统中这也是有价值的,至少这个还不是社会的累赘。假如我能够推到两三个人,这价值就比一个人要多一点;如果说从家庭能够推到社会,慢慢扩展下去,价值就越来越大。假如你能够己所不欲勿施于人,能够推己及人,能够己欲立而立人,己欲达而达人,那各种不同的中心点之间的互通就会为社会创造很多的资源。这个社会的多数人如此这般行仁,便会成为一个人道的社会,讲理的、可以互通的社会。当然,从我们现在复杂的社会机制,如抗衡、法律制度、人权看起来,这很肤浅,但是不要忘记它的后面的理据以及实践的可能。

假如说我们刚刚所描述的一些儒家传统的基本理念,它有重新让我们来反思启蒙心态所代表的人文精神的价值及可能,那到底儒家传统中所能突出的这些价值,面对现在人类如此复杂的社群时,它是不是可以作为一种资源?这是我一直在考虑的问题,现在不能细说,就提几个简单的例证,说明问题。

1993年全世界的宗教会议于芝加哥举行。这个宗教会议第一次举行是在一百年前,地点刚好也是芝加哥。1893年时,清朝曾派一名官吏参加,代表儒家,发表了一套己欲立而立人、己欲达而达人的说法。可是1993年并没有儒家代表(其实我是特邀对象,但因事不果行,很遗憾)。不过孔汉思所主持的一个委员会中,提出了全球伦理的两个原则,大约有一百多位宗教代表签名赞同。这两个原则都可以称为儒家原则。第一个原则就是"己所不欲,勿施于人"。在犹太教中有同样的金科玉律,也就是恕道。恕道基本上是消极原则。假使恕道不能突出，完全是强制性的理念，就一定会造成很大的冲突。第二个原则是待人以仁道。翻成儒家的语言就是：己欲立而立人，己欲达而达人。这是一个积极原则。为什么？因为任何一个人都是一个关系网络的中心点。正因为是关系网络的中心点，所以在这个人自我完成的过程中间，一定要牵涉到其他的人。这不是利他主义。所谓的利他主义，是说我可以满足我的利益领域，多出来的资源我可以帮助他人；己欲立而立人是说我要完成我自己的人格，就必须要帮助他人完成他们的人格，没有第二条路可走。人是一个关系网络的中心点，一个滚滚而来的长河，而不是一个孤岛。

第二个例子与环保思想的发展有关。前面提过，1972年斯德哥尔摩世界环保会议之后，环保思想就在全球各地展开。到了90年代，特别是在1992年于里约热内卢召开的环保会议，形成了《地球大宪章》。此宪章和生态学特别有关系。这门学问中最突出的一个思想家贝瑞（Thomas Berry），他从生态学的角度提出一大原则，即是仁者与天地万物为一体的原则。王阳明的《大学问》里面所讲的"大人者，以天地万物为一体"，此与贝瑞的思想有不谋而合的地方，很值得我们注意。每一个地方、社区、社团，都有自己的资源，要为自己的利益把积极性调动起来。但是这种积极性只能够为自身的利益服务，不能为其他人的利益着想。这就违背了基本原则。这种自己利益的保存和其他利益之间要通过怎样的协调才能发展，这和差等的爱如何向前推进是同样重要的课题。说仁者以天地万物为一体，人作为一个种类，有一个特性，就是世界上任何东西、任何地方的东西，和人心所能够包容的程度都是有关的。我们现在发现，世界各地的小学生，都可以发展出一套跟生态环境直接联系的、全球性的视野。但有这种潜力并不表示人类将来发展的前景就非常乐观，正好相反。最不乐观的说法就是，人类智慧所掌握了解的情况，使得我们越来越觉得假如我们这样做，或顺着这条路走下去，一定会导致自我毁灭乃至整个地球生态的毁灭。但这世界上的权力结构，不论政治、经济、社会、心灵等各种其他的力量，使我们的理解越来越明朗，却越来越无力。以美国社会为例最容易了解这个现象。我们越来越清楚我们是怎样被自己的贪婪而毁灭，到后来甚至都可以用数据来证实，但是就是没有办法改变现状。

还有一个例子是几位政治领袖，特别是从前曾在政坛上飞黄腾达如今已不在位的人物之间的合作，包括德国以前的总理施密特、美国前任总统卡特和苏联的戈尔巴乔夫。他们这一批人联合起来推动一个"全球责任宣言"。这个责任宣言中重要的两项精神，也就是宗教会议中的两个原则：己所不欲，勿施于人和以仁道待人，己欲立而立人，己欲达而达人。联合国教科文组织最近也在发展一个全球伦理宣言，已经在巴黎和拿波里开会讨论：到底哪一种思潮、哪一种人文精神可以面对人类现在所碰到的困境提出有创意的观点。尽管这种做法对整个全球各方面的发展可能毫无用处，因为经济的力量如此之强大，政治的斗争如此凶狠，文化的力量是微不足道的，但还是应该提出来。

从这几个线索来看，儒家的人文精神，确实有丰富的资源，能够对西方所代表的强势的——不论社会主义或资本主义——或是比较狭隘的、排斥性的人文精神，做一种深刻的反思。更值得注意的是，最近十多年来，在文化中国地区，一些较年长的学者，在文史哲方面的研究，在两岸三地不同的文化环境、政治氛围中得出的结论是相同的。其中最突出的是钱穆，他在九十六岁的时候口授了一篇很短的文章，提出人心和天道的合一是中华民族对人类所能做出的最有意义的贡献。这篇文章在《联合报》刊出后，在台湾地区学坛并没有引起什么反响。大陆的资深学者季羡林，首先开始对这篇文章做出强烈的回应，不仅认同而且大力宣传。后来大陆的《中国文化》期刊中又重刊该文，还加上了钱夫人胡美琦女士的序言。其中提到钱穆榻上要求夫人记下他要讲的东西，就是天人合一，自称是他晚年的彻悟所得，值得重视。冯友兰在"文革"期间的《论孔丘》，把儒家批判得体无完肤，但他最后的一本书引用了张载的一句话——仇必和而解。这就说明了他还是愿意回归张载的"为天地立心，为生民立命，为往圣继绝学，为万世开太平"的人文精神，而这四句话毫无疑问也是体现了天人合一的思想。北京大学一位研究西方哲学的长者张世英，最近出了一本书叫做《天人之际》，里面所讨论的问题也就是天人合一与知行合一的问题。但他有一个观念，即儒家的人文主义，必须经过西方启蒙精神人文主义的洗礼、考验。如果经过了它的挑战、冲击，还能够发展，这个儒家的人文精神，就能对西方的启蒙心态所暴露出来的困境做出创见性的回应。这基本上也是我的议题：儒家的传统一定要接受最严格的西方哲学的洗礼、考验、挑战和冲击。

今天我们所讨论的儒家人文精神究竟能不能经得起西方价值的洗礼、冲击呢？举例而言，我们当今在文化传统而不是传统文化中,民主、自由、法治、进步、现代、科学的理念都已根深蒂固,但是仁、义、礼、智、信是否在意识的层面充分发挥还值得我们深思。仁、义、礼、智、信其实和民主、自由、法治、进步、现代、科学这些启蒙价值没有冲突矛盾之处,而且这些传统理念在批判和诠释之后还有旺盛的生命力。从"述而且作"的发展策略如何开展既有传统性又有时代性和预见性的人文精神的时机已经成熟了。我们当然要通过辩论和研讨,但是怎么样通过辩论、研讨把儒家的价值体现出来,这过程是非常曲折艰难的。因此我设想:如果确有儒家的人文精神,那么要通过什么社会角色,才能把这些理想开拓并落实?我想提出"公众知识分子"的观念作为结语。

儒家人文精神与公众知识分子的角色

所谓"公众知识分子",简单来说就是一群关切政治但不一定要从政,参与社会,而且对于文化有敏感度且有责任感的人。在美国,这些多半是大学通识教育所培养出来的人才。以前我们希望是靠人文学来培养,现在人文学变成一个专门的领域,本应和人文关怀配合,但是目前又每每不能配合。譬如说,在学术界一位人文学研究者的身价,不是看他具有多大的人文关怀来判断,而是以人文学的专业研究为标准。换句话说,人文学者不一定要有人文关怀,有人文关怀的未必就只是人文学者。一位物理学者或生物学者的人文关怀也许要比一位人文学者来得高。人文关怀要靠公众知识分子,就是在各种不同的知识领域之内,除了研究专业之外,应有更高远、宽广的视域。这样的人应该在大学、在学术界出现。但学术是个象牙塔，所以虽然有一些出身学界的公众知识分子，但是人数还是有限。

现代的公众知识分子往往从媒体崛起，如媒体的政论与报导者。所谓公众性的媒体，是不受政治势力影响或收买的媒体。有些媒体创造新闻没有什么公共性，这是世界各地都有的现象。例如美国社会在1995年被辛普森案这个号称世纪最大的审判所充溢，这段时间里，世界上其他问题一概进不到美国媒体的视域，这就暴露了美国媒体私有化的程度。我们也不否认政府核心中会出现直接参与政治的公众知识分子，大部分的官僚虽然没有公众性格，但在政府服务的官员中还是会出现一批有良心理性的公众知识分子。企业也是一个可以发展的领域。至于专业组织如律师、建筑、医学等公会乃至各种不同的社会运动，如环保、妇女运动、消费者权益运动等，当然也包括宗教组织，都是公众知识分子活动的场所。但针对法家的自我定位和社会的功能而言，西方文化所能提供的借鉴资源是相当薄弱的。

公众知识分子不可能从希腊哲学家的角色中蜕变出来，因为哲学家追求真理所代表的意愿常是与世割裂的。以柏拉图的理想而言，哲学王就是负责把在洞穴中的人之锁链打破，把无知的盲从者带出愚昧，这是一种精英主义。公众知识分子也不是希伯来传统中所谓的先知，先知和凡人之间有着不可逾越的鸿沟，当然更不是僧侣阶级——他们早已放弃了世俗的牵连。那么应是什么？在我看来，最早是19世纪在俄国沙皇体制下的一群贵族知识分子，他们受到启蒙运动的影响，要将法国大革命的价值引进俄罗斯文化。在20

世纪俄国革命时代，这种知识分子做出了很大的贡献。我们今天英文中的知识分子（intellectual）的字源就是来自俄文的知识阶层。这个主题是以赛亚·伯林（Isaac Berlin）关注的重点之一。

但俄国的知识分子和我们今天讲的公众知识分子有很大的不同。因为俄国的知识分子不但都是贵族，而且是绝对反政府的。所以有很多西方学者用这个观念来研究中国，不反政府的都不算知识分子，跟政府有关系的都不是知识分子，结果发现中国没有几个人可算是知识分子。这是分析的失误还是中国文化本身的缺失？这种公众知识分子到底和儒家文化的"士"有没有关系？为什么许多彻底反传统的知识分子，他们的自我定位及社会功能竟和儒家的士、君子如出一辙？因此说只有在中国才能写一部从古到今的知识分子史，其他的文化很难做到。

这是不是资源？我认为这的确是非常重要的资源。余英时认为儒家传统残破到今天，在中国社会的地位有如"游魂"。认同儒学的实在是一批无权无势的游魂，因为基督教有教堂、佛教、道教有寺、观，而儒家在家庭制度、专制政治崩溃后，没有依靠的地方，变成游魂了。可是我认为，游魂变成了公众知识分子，在各种不同的领域里都大有活动的空间。如果今天的公众知识分子是一种士的代表，那么应该可以体现涵盖性的人文精神，可以通过西方启蒙心态的批判和反省，借此走出一条儒家的新路来。

儒家传统的宗教性

那么，到底儒家传统的宗教性是什么？在西方所谓人的宗教、世界的宗教，儒家都是包括在里面的，但在学术界里，儒家到底算不算宗教，还是很有争议性的。大陆有很多学者认为，儒家是哲学，不是宗教。因为无神论是进步思想，儒家是无神论哲学，是入世思想，不迷信，不是人民的鸦片烟，所以它不是宗教。但也有很多学者想说它是宗教，因为宋明理学以来，它在社会上发展出强势的宗教性格，并举例如天、地、君、亲、师与祖宗崇拜这类传统，对中国民间社会确有很大的影响力。像孔子在民间有很多庙，已是一种民间信仰。从这角度来看，可认为儒家是宗教。认为儒家不是宗教者，从哲学的角度来看，是提高了儒家的理性和现代性；认为是宗教者，则主张儒家和中国传统社会有千丝万缕的联系。这些都可以成为研究的问题。

但是，若对儒家的现象要做一个简单的回顾，在文化中国和东亚社会里，儒家在何处体现？我觉得至少要从五个方面来观察。

第一方面就是政治文化中儒家所体现的积极和消极作用。西方只了解这个侧面的一部分，所以把儒家当做是权威主义。从这个方面看来儒家和威权政治当然有密切关系，因此是反人权的。但是儒学的人文精神能否和民主合拍，不反对自由，很值得讨论。

第二方面，我们要了解现代东亚社会如何体现儒家，我们就要了解现代东亚社会的知识分子，儒家是不是支撑当代东亚知识分子的一种精神资源？如日本的武士道、韩国的士林和中国的大丈夫精神。五四运动乃至以后的学运后面，有没有儒家的理念和实践的支撑？很多学者正加以研究。美国的学生政治性不强，但东亚的学生几十年以来就拥有很强的政治性。原因为何？

第三方面是华人社会的企业精神之中有没有儒家伦理在里面起作用？儒商的观念，如日本的士魂商才是什么？

第四方面，最重要的是，整个东亚社会一般人民心灵的积习，这中间有没有儒家的因素？如对教育的投资，牺牲自己的事业为孩子创造教育的机会，并不是世界上所有文化都是这样的。

第五方面，儒家确实在海内外学术界成为重新讨论辩难的一个议题。如果要批孔，是不是有一个相关性的符号在那边？在民间流传什么不是政治强势可以控制掌握的，而是心灵积习的一个体现。

最后值得注意的是，在进行宗教对话的过程中，我们常发现，如果是其他的宗教之间的对话，对话的双方会清楚地知道谁是谁，但一有儒家参与，就产生混淆，于是乎出现了儒家式的基督徒或儒家式的佛教这类的词眼。"儒家式"为什么可以变成一个形容词？这是值得探讨的。我们可以这样说，儒家式的宗教信徒，他本身一定是入世的，一定是参与社会的，另外就是一定究心于文化。从这几个方式来看，儒家是不是宗教，对儒学研究者而言不是很关键的课题，但如果是研究儒学的宗教层面，则可能触及儒学的多种面向，意义与内涵都十分深刻。假如有人说儒家一定是宗教，他可能是把马克思主义和其他的意识形态都定义为宗教。在这情况下，从事宗教学的研究者怎么样处理儒家传统，怎么样了解儒家的价值取向。这些都将成为我们从事宗教研究时必须关注的课题。

启蒙心态，儒家人文精神及公众知识分子，是我近年来涉及较深的议题。其实这三个议题又跟文明对话与文化中国有密切的关系。儒家的宗教性是儒家人文精神的本质特色，也是儒家人文精神和启蒙心态所显示的人类中心主义大异其趣的基本理由。正因为儒家的价值取向是既入世又要根据道德理想而转世，它确有和世俗伦理泾渭分明的终极关怀。正因如此，儒家才能在文明对话中扮演中介和共法的角色。研究儒家的宗教性，不仅可以帮助我们一窥中国传统社会三教合一的哲学基础，也可以为我们提供儒耶、儒犹及儒回对话的理论方法及实践途径。

我相信，了解儒家的宗教性，还可以为文化中国积累丰富的精神资源。

（台北：《台湾宗教研究》第1卷第1期，2000年10月）

人文精神与全球伦理[1]

各位师长，各位同学：

我很荣幸能有这个难得的机会到武汉大学来进行学术交流。两年前的暑假，我曾在这里介绍有关文化中国和儒学创新的一些相当肤浅的看法。这一次应新成立的武汉大学中国文化研究院和哲学学院的邀请，把一些还不成熟而且还正在发展的观点给各位介绍一下。一方面与各位见面非常兴奋；另一方面我也感到有些惶恐，因为我要谈的这个课题太大，能够很平实地把现在还在发展的观点说清楚就不太容易了。

人文精神、人文关怀、人道主义，或者说人文学，近10年来在国内渐渐成为学术界和文化界所关切的课题。我今天的观点非常简

---

[1] 本文为1997年12月在武汉大学的演讲，由吴根友博士根据录音整理而成，1999年1月经作者订正。

单,那就是:当代人类社会既是一个全球化的过程,又是一个本土化意识越来越强烈的时代。

首先,介绍一下我的基本的认识(也可以说是成见),然后把它作一简单的分梳,作为讨论这一问题的背景来了解。另外,我要提出自己考虑的问题,即我是用什么方法来处理这个问题的,然后从这一方面来谈谈全球伦理。最后谈儒学的创新对全球伦理的特别意义,归结到目前美国知识界讨论得特别热烈的问题:公众知识分子(public intellectual)问题。

我的第一个基本观点是:我们现在面临两个相互冲突而又同时并存且影响相当大的基本潮流(我没有时间详细解释这两大潮流):一个是全球化的现象——无论是从市场、科技、企业、旅游,甚至是从疾病和环保等方面看,都有一个全球化的现象;另外一个是本土化现象。最近20年来,高度发达的工业国家都遇到了全球性与本土性、根源性相矛盾的问题。具体地说,本土性就是族群意识、语言、性别、地域、年龄、阶级乃至宗教差异性。

在美国这样一个高度工业化的国家,对全球化有特别的理解。在美国,如果族群问题如黑人与白人的问题处理不好,美国就可能由联合各种不同社群的统一国家变成分裂的国家。美国的自由主义者阿瑟·席来辛吉(Arthur Schlessinjer, Jr.)说,美国将会由United States变成Disunited States,即变成一个分裂的国家。美国最敏感的问题就是种族问题。另外,加拿大、比利时都碰到了语言的问题。如果讲法文的和讲英文的不能和平共存,加拿大的魁北克就会出现分裂的问题。如果弗莱芒语(Flemish)与法文不能共存，比利时这个国家就会出现分裂问题。如当今著名的卢汶大学就分成讲法文的卢汶大学和讲弗莱芒语的卢汶大学。这两个卢汶大学看起来就不可能重新统一。性别的问题，也就是说女性主义的兴起，使得社会上的人际关系、权力结构、工作时间和工作习惯等各种其他的日常生活都要重组。地域的问题，如巴勒斯坦的主权问题、印第安人的主权问题、夏威夷的主权问题、欧洲巴斯克（Basque）的主权问题，还有其他各种不同性质的主权问题。阶级的问题在以前只讲南北的差异，讲发展中国家的南北差异，现在南北差异不仅在全世界存在，而且在同一个具体国家、同一个社会甚至在同一个单位都出现了。年龄的问题以前认为30年算一代，现在发现10年就有代沟问题。在日本就有"新人类"乃至"新新人类"的种种说法。在中国台湾地区，这种说法现在也用得很多。七八十年代出生的人，与前面两代人的价值观念、处世方式亦有相当的不同；甚至在大学四年级与大学一年级之间亦有代沟问题。同样地，在家庭的兄弟姐妹之间也会出现代沟问题。宗教问题，以前大家担心宗教与宗教之间的冲突，如回教与犹太教、锡金教与印度教、回教与基督教等之间的冲突。现在是宗教内部的问题，保守的犹太教与自由开放的犹太教、原教旨主义的基督徒和保守的基督教的冲突，甚至佛教内部，如藏传佛教内部也有冲突。

一方面，全球化的趋势越来越明朗；另一方面，本土化的问题通过族群、语言、阶级、性别、地域、年龄、宗教的影响也越来越明朗，越来越尖锐。既是全球化，又是本土化，造成了当代文明内部的一种矛盾和张力。这两股潮流不只是发展中国家才碰到，而是任何发达国家都会碰到。在这样一个复杂矛盾的情况之下，不能只把现代化当作一个全球化的过程，也不能把现代化当作一个同质化的过程，更不能把全球化当作一个西化的过程。正是全球化的意识，使得根源性意识越来越强。也正是这一原因，我们不谈从传统到现代，而是特别突出现代性中的传统。最近，我编了一本书，由哈佛大学出版，书的名字叫《东亚现代性中的儒家传统》。当然，传统不仅有儒家的传统，也有基督教的传统、回教的传统、精英主义的传统、心灵积习的传统等各种不同的传统。这些都是现代性中的传统问题，而不是简单的就是从传统到现代的问题。

另外一个课题是：现代化如果不是西化，有没有可能是另外一种文化形式？有没有东亚的现代化或现代性的可能？如果有东亚的现代性，这就意味着将来可能有东南亚的现代性、南亚的现代性、拉美的现代性，甚至还会出现非洲的现代性。这也意味着西化所代表的现代性是一个分歧的观点，而不是一个统合的观点。

英国的现代化和美国的现代化、德国的现代化、法国的现代化、意大利的现代化都有所不同，这是一个事实。举一个最简单的例子。民主在英国的发展，和传统的渐进以及经验主义和怀疑精神之间有非常密切的关系。传统性在英国的民主化过程中有突出的表现；而法国的革命性以及对宗教问题的执著，对法国的民主有非常重要的导引作用。德国的民族认同性和怀疑精神，对德国的民主进程有非常重要的导引作用。美国的市民社会（亦即公民社会）对民主化有非常重要的作用。美国的社会比它的国家更为有力。国家可以说是社会中的一员，这和东亚社会政府的力量特别强、有的时候与社会的力量不能充分发挥形成鲜明的对比。不过,这都只能是不同的传统对现代化的进程发挥不同的影响而已,很难就判定说不同的现代性就是如此发展出来的。我因为讨论全球意识和本土意识之间的交互影响,提出了现代性中的传统问题和现代性的多元倾向。这是我目前关于现代性的一个基本认识。

通过上面这样的一个基本认识,我今天想提出的一个课题是,"启蒙心态"所代表的人文精神,可以说是现代人类文明最强势的意识形态,这一启蒙精神所代表的人文精神,能不能够从不同的文化传统来对它进行反思、批评?

从西方18世纪开始的"启蒙",可以从三个方面来认识、理解。启蒙是西方的一种文化现象——在西方发展出的文化现象,它从18世纪产生,延续到19世纪,直到欧洲中心主义出现。这是一种启蒙文化。其次,启蒙也可以算是一种理念,这种理念突出理性主义。至今,许多学者还认为这个理念没得到充分的发展、充分的落实,还应该让启蒙在西方世界继续发展。启蒙作为一种历史现象和启蒙作为一种理念是有所不同的。但我今天所提到的"启蒙心态"既非历史现象又非哲学理念,而是一种心灵的积习。这正是我要讲的"启蒙"的第三个方面的意思。这种心灵的积习在现代中国的转化,在五四运动以来中国转化的过程中起到了非常重大的作用。

这一"启蒙心态"是从西方发展起来的,即是我们通常所理解的人文精神。当然,如果溯源到更早的时期,则可以上溯到文艺复兴。在今天中国的知识界以及从事中国研究、探讨中国文化的外籍人士中,这一文化心理所代表的意识形态和人文精神说服力最大。

如果我们把传统文化和文化传统分开来,那么,今天在我们文化中国还发挥作用的文化传统,乃是西方"启蒙心态"下的"人文精神"通过中国社会的改造成为中国重要的意识形态。这种启蒙心态在我们心里所引起的影响力要远远超出传统文化。我这里所说的传统文化,包括儒家的传统文化、道家的传统文化、大乘佛教以及民间的各种宗教。这是一个我认为值得注意的特殊问题。

我现在要考虑的是:能不能从传统意义下的儒家人文精神出发,对西方"启蒙"以来发展起来的"人文精神"而又在现代文化中国的知识界影响极为深刻的这一种形态(也是一种人文精神)进行反思,进行批判?有没有这种可能?在我们的文化传统中,传统文化因素远远没有西方"启蒙心态"所代表的"人文精神"通过中国化这种转化而成为我们文化心理结构的力量那么大。

西方"启蒙心态"所代表的这种"人文精神",到底有什么属性?我认为,这种"人文精神"有一个突出特性,就是人类中心主义,即以人为中心。这种以人为中心的"人文精神",是从"启蒙心态"发展起来的意识形态。这种意识形态比较突出强调工具理性。工具理性是从工具、目的的角度来理解理性的,就是强调理性有没有实用性,有没有价值,对我们有没有用。假如没有用,则这种理性对我们就没有价值。这是一种强烈的物质主义,是一种科学主义,是一种实用主义。而其后面所根据的重要理据则是社会达尔文主义:优胜劣败,适者生存。富强是价值,不能富强就不是价值。

人类中心主义的另一层意思就是反对神性,这与西方启蒙以来"凡俗化"的人类中心主义有密切关系。工具理性的突出,目的理性的突出，则忽视了沟通理性；而沟通理性重视谈话、辩难，并没有一定的目的，但通过沟通、理解、认识慢慢地发展我们的人文资源。这种沟通理性比较薄弱，人文资源就比较匮乏。相比较而言，物质主义就相对地轻视精神价值，重视科学主义就相对地轻视人文学，如文学、哲学、历史和现代讲的宗教学、文化人类学之类的学问。实用主义色彩特别强的话，各种理想就会被视为没有道理的空想。

我们现在的人类社群碰到了全球化和本土化之间的撞击。如今，美国的人文学者在重新对人文学进行反思时认为：面向 21 世纪，任何一个人类群体如果要进一步的发展，它就应该掌握各种不同的资源。除了经济资本之外，还应该发展社会资本；除了科学和科技的能力之外，还应该发展文化能力；除了智商之外，还应该发展伦理；除了物质条件之外，还应该发展精神价值。即使从实用的角度来看，如果社会资本积累得不够，文化能力不强，伦理没充分地展现，精神价值荡然无存，即使在经济建设各方面有短期的富强，取得突出的成就，但前景是值得忧虑的。

社会资本与经济资本的不同之处在于，社会资本不能量化，它是要通过了解、沟通、对话，通过各种不同的渠道来积累的。比如说对一个大学进行调查，对一个系进行调查，看它们有没有社会资本。如果说，院和院之间、系和系之间没有什么沟通，这个大学可能没有很大的潜力。比如财务状况很好，但这所大学所积累的社会资本却相当的薄弱。一个系，没有横向的沟通与了解，没有相互之间的论谈，这个系也就没有积累很多社会资本。一个社会和国家亦复如此。

文化能力不能通过知识的膨胀来取得。文化能力一定要通过体验,没有别的路可走,正如学钢琴要去学要去弹一样。如果没有实践,没有在日常生活中让它展现出来,这种文化能力是不能被掌握的。在积累文化能力的过程中间,每一个人都要通过身心性命之学慢慢地积累,一代人不能传到另一代。每一代人都要通过身心性命之学的体验掌握文化能力,而这种工作是很缓慢的。传统中国社会成员,其文化能力的培养常常在家庭,而在家庭里面作出突出贡献的常常是母亲。儒家的精神之所以一代一代地传下来,不是靠知识精英,不是靠大皇帝的命令,不一定靠正常的学术规范,而主要是在家庭里面靠母亲的身教传下来的。这种说法很容易理解,在今天我们还有切身体会。

中国 17 世纪有一个思想家,他的母亲在他很小的时就告诉他,我们应该向两个无父之子学习。这两个无父之子,一个是孔子,他在三岁时父亲就去世了;一个是孟子。这两个无父之子能够在文化上有那么突出的表现,因为他们都是通过母亲的身教发展起来的。母亲常常不识字,所以不要把识字能力与文化资源混为一谈。我们常常说这个人没有文化,这个人不识字,但这个不识字的人,往往有很多精粹的文化价值在他的生命中体现出来。这种传播是一种文化能力的培养。在一个高度工业化的社会,假如这种文化传播能力被减杀了,即使有高度的科技能力,文化能力也会被冲淡。

除了智商以外,美国常常说情商,即通常所说的 Emotional Intelligence。我想这不太合理,但是实践的伦理,对于伦理而言,即是讲做人的道理、价值,我们叫它 Ethical Intelligence。这是非常重要的，这种价值也不是从正规的学院里能学到的，一定要通过日常生活的实践。一个社会如果它的伦理素质受到了很大的摧残，特别是在急速转化的社会，它的滑润剂，即社会能够运作的很多非量化的机制受到了破坏，也是值得忧虑的。一个社会的精神价值的培养不能从上到下，不能用完全政治化的方式来提倡。如果社会资本的累积不够，文化能力不强，伦理的素质在降低，精神的价值不能开拓，即使有雄厚的经济资本，有高超的科技能力和智商来作物质条件，这在现代文明发展过程中则是一个变型，是非常危险的。

作为一个从事人文学研究的人，在看文化中国的时候，我们觉得最忧虑的一个问题是，整个文化中国，中国大陆、中国台湾和港澳地区、新加坡以及散布在海外各地的华人社会，精神资源非常薄弱，特别是知识分子群中的精神资源特别薄弱。薄弱的原因非常复杂。如果仔细地来分析个中薄弱的原因，这与我们的文化传统中间缺乏传统文化资源有非常密切的关系。

李慎之先生最近在纪念匡亚明先生逝世的文章中提了三个观点，我很同意他的这一说法。他有三个观点对文化中国精神资源为什么那么薄弱作出的一个评断，我在这里只能很简单地提示一下。中华民族这样一个有古有今的民族，有五千年的文化，考古能证明这五千年来的文化是有继承性的，有非常强的继承性。李慎之先生说，中华民族有源远流长的历史，但中华民族的现代记忆、一百年来的现代记忆却非常短暂，而且断裂的情况非常严重。一个有源远流长的文化却只有非常短暂的现代记忆的民族，可以爆发出非常复杂的问题。

从鸦片战争以来到1949年新中国成立,每10年就有一次大的动乱。从太平天国到甲午战争,从辛亥革命到军阀割据,再到日本侵华,国共两党之争,每10年就有很大变化。而像中国极重要的杂志《新青年》,只存在了四年半的时间。最近美国的《大西洋月刊》庆祝它们创刊140周年。在这140周年里,该刊完全没有中断发行。

明年,北京大学要庆祝100周年的生日。有100年历史的北京大学,是中国历史比较悠久的大学,从京师大学堂到五四时代的胡适之、陈独秀所在的北大,再到北洋军阀控制下的北大、国民党控制下的北大,这是完全不同的大学。1949年以后的北大与1949年以前的北大不仅不同,而且地方也搬了,从红楼搬到了燕京大学旧址那儿。"文革"时期的北大和50年代、60年代初的北大,从教育的理念到价值观有很大的转变。"文革"以前的北大和"文革"以后的北大也是完全不同的。如果你要去问北大资深的教授,了解或描述北大的历史,多半会是不堪回首。这暂时不要讨论,而是要指向未来。这样一个大学在储备人才方面是一个重要的机构,其集体的现代记忆却是非常短暂的。

如果从北大推而广之来看各种文化组织,现代中国的各种社会组织能够有10年历史就很难得了。许多杂志出了第一期就不能再出了。许多学会成立了三五年就解散了。有些政党能够维持很多年,但是它的党纲、它的内部机制也有急速的改变。在美国有一个学会,即美国的人文社会科学院,是1798年发起的(是后来的波士顿地区做了美国总统的亚当斯要和费城地区富兰克林组织的美国哲学学会相抗衡,在波士顿建立了这样一个荣誉学会)。我在1985

年和 1986 年去作报告的时候,介绍我的史华慈教授说:这一次杜教授的报告是第 1672 次的报告。实际上,他们的这个学会每年只有 7—10 个报告,但两百多年来,学会每年的学术报告积累下来没有中断过。我服务的哈佛大学是 1636 年建校的,从 1636 年开始,即从中国的明末开始,一直发展下来,从没有断。也就是说,每一年它出了什么事情,它有什么发展,都非常清楚,都有记录。

所以从历史上讲,美国和中国是有相当的不同,源远流长的中华民族文化,其现代的记忆非常短暂,而且断裂性很强;而没有悠久历史的美国文化,这近三百年的文化继承性非常强,强到每一天、每一周、每一月发生了什么事情都有详细的史料。有很多类似的例子可以列举。历史的断裂,尤其现代史的断裂,使得文化中国的精神资源没办法积累。

因此,在我们的心灵积淀里面起最大作用的人文精神,是以近代西方所代表的人文精神影响最大。这种人文精神以对自然的破坏为主要特征。在中国古代,儒、道、墨都有关于人与自然的合理思想,如儒家的天人合一的观点、道家的与万物为一体的观点、佛教里面的很多观点等。但近代以来,中国社会的人和自然如何取得和谐的机制破坏了。文化中国对自然破坏的情况十分严重,如空气的污染、水资源的破坏以及其他自然资源的破坏,其情况均令人担忧。有些自然的恩赐甚至被当作没有用的东西给抛弃掉了。这种情况非常普遍(最近几十年有所好转)。而有着深厚的可以跟自然传神的天人合一理想的文化中国,在实际上,特别在 20 世纪,对自然生态的破坏是最严重的。

1972年在瑞典召开的世界第一次环保大会上,有一百多个国家参加了,苏联亦参加了此次环保大会。该次环保大会的主持人莫里斯·史强(Maurice Strong),即现在所谓的当代环保运动的创始者,拟定了一个宣言。该宣言的基本认识是:人类的文明在发展的过程中是有限度的。那时罗马俱乐部的发展限度的报告已经出来了。另外,科学技术的发展也是有限度的。就这两条,还有其他的一些论说。1972年中国还处在"文革"期间,中国代表团是当时世界上惟一拒绝签署世界环保共同宣言的代表团。这个代表团反对环保的理由可以归约为两句话:第一句说人类的发展是无限的,"人定胜天",愚公可以移山,我们人类可以充分掌握世界;第二句说,科学技术的力量是无限的,科学是万能的。所谓科学技术无限,那就是人类的文明发展没有限制。基于上述两点认识,所以中国的代表团不肯签署,而当时前苏联的代表都签署了。这种观念和"启蒙心态"所代表的工具理性有很密切的关系。

工具理性表面上看起来非常健康。我们的理性光芒如果向前照射,所有的黑暗都可以被它驱除掉。比如说这个宇宙就像这个房间,只要有强烈的启蒙光芒——理性的光芒,这个宇宙的每个角落我们都可以看得非常清楚。这里面有什么家具,有什么人,我们都一目了然。这是从"启蒙心态"发展起来的我称之为理智的傲慢——即一切都能了解的一种观点。这种观点与现代科学的最大不同是:现代科学认为,随着我们理性的发展,黑暗不仅没被驱除,无知更是随着我们的理解和知识的发展向前发展。我们知道得越多,想要知道的、能够知道的和应该知道的距离就越是没有办法弥补。不管你是研究电脑、生物还是研究其他领域的,这一点都非常清楚。我们现在可以做到克隆,但是我们对人的理解,以最简单的疼痛经验为例,就很难充分掌握。它既是化学的问题,又是生物的问题,又是生理的问题,又是心理的问题,又是认知的问题。我们要医治我们的头痛,医治我们人的各种不同的疾病,但在科学发展的前沿阵地,我们的很多无知就暴露出来了。以前,在儒家传统里有"知之为知之,不知为不知,是知也"的智慧观点。就是说,能够知道你不知道的,了解到你不能了解的,这才是智慧。你以为你可以用理智的光照亮一切,所有的都知道,按照社会工程来设计,这会出很大的毛病。

另外,李慎之先生还谈到,中国传统文化受儒家的影响是讲仁道的。但这个仁道的观点在现代的中国,变成从痛打落水狗、对敌人要狠,一直到后来对自己亲戚朋友的温情也要能够冷得下来,你才能真正地进入到革命的大行列。这种把仁道当作不值一顾的温情主义的观点,在这个社会上引起了一个非常大的震荡。基本的人际关系、人和人之间的依赖、一种基本的礼貌和从不忍——不忍我的父母、兄弟、子女受苦受难而推己及人,推到忍,这种很多很多在传统社会中发挥积极作用的机制,都被破坏得荡然无存了。在这样一种情况下,文化传统中非常缺乏传统文化的资源,主要是和西方"启蒙心态"所代表的那种反神学、掠夺自然的人文精神有非常密切的关系。

我现在所想问的问题是:到底儒家的人文精神——传统

意义下的人文精神，对西方的"启蒙心态"能不能进行反思。甚至进行批判？有没有这个可能？我在与国内的一些学者交流时谈到这一问题，有些人认为这是痴人说梦。儒家所代表的是封建的意识形态，我们现在还没有现代化，还没有进入现代，不要说是后现代了。你用前现代的一些封建意识、价值对启蒙这一西方最重要的价值进行反思，进行批评，这是痴人说梦。我们现在的工作是救亡压倒了启蒙之后的"新新启蒙"。如果你对这一新启蒙还没有任何了解，就要对它进行批判，这是非常荒谬的。

问题在这儿，到底现在在我们的文化传统中间所带来的强势"启蒙心态"是否有足够的资源让我们面对21世纪，并对中华民族的复兴充分发挥作用？很明显，这一种意识形态，不管你认为它是属于资本主义的还是社会主义的，作为一种社会资本的积累，文化能力和伦理精神价值的培养都不够。

举个很简单的例子。五四运动以来，中国第一流的知识分子得出了一个结论：就是要发展民主和科学，所以现在的许多学者都认为，如何发扬民族传统中的符合科学和民主的精华，去其糟粕，这是我们知识分子不可或缺的一个重要的知识选择。要用科学和民主的标准对传统文化进行一种检查，进行一种反思。表面上看这是非常合理、非常合情的，但是我们仔细分析看，民主、科学是西方文明创造出来的两个重要价值，而五四的知识精英得到了同样的结论，不管是属于社会主义的陈独秀、李大钊，还是自由主义的胡适之，还有大文豪鲁迅，大家得出的共识是科学和民主是中华民族没有开发出来的、必须向西方世界加以借鉴的文化资源。假如以这两种资源为标准,对传统的文化进行仔细检查,那么传统文化中的糟粕则特别多。这意思是说,在传统文化里面能够符合西方意义下的科学和民主思想的,如民本思想、有些科学技术的发展等,面对现代西方所发展的科学和民主,都是非常薄弱的,并不先进。假如我们以这个标准对传统文化进行全面的考察,必然会把传统文化的价值都边缘化了。那么,传统文化中的哪些价值面对现代的问题它还有生命力,它还可以发展?这些价值正好和积累社会资本、提高文化能力、培养伦理、发展精神价值、精神资源有密切关系。也就是说,一个复杂的现代文明除了科学技术,除了民主乃至于市场经济这些从西方带来的机制之外,还有很多其他的资源必须开发。如果这些资源不能充分开发,我们就连发展民主、发展自由、发展市场经济和西方的一些基本价值理念还不够,我们还怎么发展更多的精神文明和文化资源?那么,传统文化里面所具有的精神资源,从这个角度上来说,是可以站在儒家人文精神的观点对现代西方"启蒙心态"所体现的人文精神作一个反思,作一个批判。

从1993年开始,在世界各地进行了一场全球伦理的讨论。这场全球伦理的讨论最初是在1993年的世界宗教广义会上展开的。当时世界主要宗教的代表,如基督教的、回教的、佛教的各方面的宗教学者,聚集在一起讨论:如果有全球社群的出现,地球村的出现,哪一种伦理够得上是全球伦理?有哪一些价值、哪一些重要的论点是我们必须接受的?当时他们得到两个原则(当时我虽被邀请但没参加),这两个原则我认为可以是儒家的原则(当然这也许是我个人的偏见)。

第一个原则是"己所不欲，勿施于人"，这是他们当时得出的，叫"恕道原则"。这是基督教的思想家孔汉思（Hans Kung）提出来的。"己所不欲，勿施于人"，这是人类能不能和平共存的消极原则。有的人说这可以和"己所欲，施于人"配套。有的学者说，"己所不欲，勿施于人"是恕道，"己所欲，施于人"是忠道，是可以配合的。是不是可以配套我不知道，但是大半的学者（当时有一百多位学者）形成的共识是，"己所不欲，勿施于人"属于消极原则。

第二个原则是人道原则，把人当人看，不要把他当物看。即使是敌人，也要承认他是人。这个观点即人道原则。我们可以翻译为儒家所谓的"己欲立而立人，己欲达而达人"。这一"己欲立而立人，己欲达而达人"的原则，是把人当做关系网络的中心点，不把人当做一个孤立绝缘的个体。正因为他是关系网络的中心点，人的尊严是必须保障的。孔子提出"古之学者为己，今之学者为人"。这就是说我的学习是为了自己，为了发展自己的人格，为了人格的尊严。所有的人权价值的讨论，人格尊严是最重要的起点。但是人格的尊严，人和其他人必须有沟通理性。正因为我是人际关系网络的中心点，所以我的发展一定意味着要帮助其他人发展。这与零和游戏大相径庭。所谓零和游戏，就是100点，我拿了20点，其他只剩下80点；你拿了70点，其他只剩下30点。而沟通这个观点是双赢，我的发展可以使你发展，你的发展也可以使我发展。实际上，儒家的恕道和忠道原则可以与这种观点配合。这两个原则即是"己所不欲，勿施于人"和"己欲立而立人，己欲达而达人"，它们代表儒家传统的基本原则。

《地球大宪章》也是从1972年开始就有的。很多学者说，我们不仅考虑人类社会如何自存共存的问题，还要考虑人类与自然如何取得协调，如何取得和谐的问题。一位深度心理学家名叫托玛士·别瑞（Thomas Berry），他提出两个原则，这两个原则也是儒家的原则。

说它是儒家原则，是因为他本身提出来的就是儒家原则，如第一个原则是差等的爱。爱有差等，不是兼爱，不是博爱，而是爱有差等。在什么意思下爱有差等呢？每一个人，他所拥有的具体感情是有限的，他不经过修炼，不经过培养，不经过发展，他的同情心、他的恻隐之情就像火之始燃、泉之始达，不能够充分体现。一个小孩刚出世不久，他有强烈的依赖性，只能认他自己的母亲。人要慢慢地通过陶冶才能培养出一定的同情心，才能使他认识到，如果他只顾自己的利益就无法与人相处。就家庭而言，我自己是私，我的家庭是公，尽管我的家庭只有三五个人，我为了我家庭的"公"，我应该不只是完全体现我自己的私，而是能够把我的私逐渐地转化，我的感情还得与家庭的人密切联系，这便是从私到公。家庭是私，比家庭更大的社会才是公。假如我们只突出家庭的价值而将社会的价值加以消解，那么这不是儒家的伦理而是黑手党的伦理。面对国家全体来讲，社会是私，国家全体是公；面对人类社群来讲，国家是私，人类社群是公。而人类社群面对整个宇宙时是私，整个宇宙是公；面对整个更大的行星系，我们所处的太阳系是私，一直可以向前扩展。这种观念即是如何综合根源性和全球性的一个很平实的、普遍的、常识意义下的观点。我们不要小看这个观点的价值，这个观点使得我们了解到在儒家观点上从不忍到忍。我不忍我的亲戚挨饿受冻,但是我可以忍一个路人;如果我慢慢地推到对一个路人挨饿受冻也能不忍,这是我的恻隐之情向外推展。这就是仁爱的仁。这种差等的爱就是把一种具体体现的爱和普世的爱能够协调起来的一个复杂的过程。

第二个原则说是"仁者与天地万物为一体",也就是王阳明所说的"一体之仁"。程颢曾说"麻木不仁"。麻木不仁是从医学角度来了解什么叫仁。麻木不仁,就是你的血不能贯穿到你的手,不能贯穿到你的脚,你就变得麻木不仁了。人的感性体悟是无限的,人的心量能够感到最遥远的行星对我们还有关系。

我们人的心量有足够的能力与物、与天地万物联合为一体。这种一体之仁、天地万物之仁,和前面所讲的差等之爱是一个矛盾的统一,而这个矛盾的统一又使我们看出来"己欲立而立人,己欲达而达人"和"己所不欲,勿施于人"这两个原则在日常生活中可以平实地发展。这和王阳明谈的"不离日用常行内,直造先天未画前"是同样的观点。也就是一种"极高明而道中庸"的观点。在一个平实的生活世界,我们的人与人之间的基本关系,如果能够搞好,这种关系可以储蓄极浓厚的社会资本。而这种人与人之间的关系逐渐扩大,就可以成为一个社会乃至一个国家的基本精神资源。

另外,也是在90年代,有好几位政治学家,还有政治家,共同讨论除了人权宣言之外应该有个"责任宣言"。他们这个"责任宣言",最后所得到的两个基本原则也是"己所不欲,勿施于人"和"己欲立而立人,己欲达而达人"。现在由联合国教科文组织发起的普适伦理的讨论,把各家各派的哲学家联合起来一起来讨论,在巴黎和那波里开过两次会。明年5月要到北京召开中国伦理和世界伦理关系讨论会,此前曾在汉城召开过东方伦理和西方伦理的讨论会。这些讨论都意味着全球伦理的出现和全球伦理的发展可以充分地调动传统的儒家人文精神或人文资源。

为什么传统的儒家所代表的人文精神,在面向21世纪时从各种不同的文明对话或者比较学的基础上它可以有一些大家所借鉴的人文价值?因为这个人文精神是涵盖性的人文精神,和"启蒙"之后发展起来的排斥性的人文精神有极大的不同。所谓涵盖性的人文精神,它有四个侧面要同时顾及:一个是自我问题,一个是群体问题,一个是自然问题,还有一个是天道问题。如果要用陆象山的话来讲,就是要"十字打开"。一个基本原则是:个人与群体应该通过怎么样的渠道进行健康的互动?而群体不只是国家、社会而已,群体是从个人到国家、到人类社群、到整个宇宙的过程中间的每一个中介。只要有人的关系,就有群体的问题。如何处理群体的问题,不能只简单地处理个人和国家的关系、个人和社会的关系、个人和家庭的关系,所有的这些关系都要去处理。人类和自然之间要长期取得和谐、协调的关系。假如人类与自然的关系是狭隘的人类中心主义,是破坏人类赖以生存的生态的话,这叫做长期慢性自杀。

人心和天道的关系就是终极关怀的问题,这是如何取得天人合一的问题。这些问题中的每一个课题,如个人的灵与肉问题、个人与群体的关系、人和自然的关系、人心和天道的关系,每一种关系都有一个非常复杂的向度,但它的客观存在所展示出来的人文图像是涵盖性的。这个涵盖性的图像不排斥宗教，不排斥神性，不排斥终极关怀，同时要和自然保持和谐。这与启蒙以后发展起来的、也就是在我们的文化心灵里面起着非常大的作用的那种人文精神——狭隘的人文精神、排斥性的人文精神是截然不同的。现在在我们心里面发生重大影响的人文精神乃是对精神文明、对宗教、对整个终极关怀的课题不闻不问的人文精神，它对自然采取的是一种掠夺的和冲突的态度。如果说要重新发掘传统资源，最重要的课题是怎样让传统文化中的精神资源，如大乘佛教、道家、道教、比较属于精神性的儒家等这一类的传统能够得到现代的合法性。

当然，我是接受一些朋友的批评的。你不能用封建意识形态的一种精神文明来对现代性进行批评，除非你所了解的精神文明是已经彻底地经过现代性的考验、现代性的洗礼、现代性的批评而它还有生命力、还能活下去的精神文明。现在我们正好是这样一种情况。儒家传统是经过现代性批评最严厉最全面最深入的传统人文精神。这个传统因为受到现代性的批评，在有些人看来它已经是残破不堪了。

举两个例子就可以说明问题。

康有为是一个想要恢复儒家传统的重要人物，但康有为就提出儒家传统里面的人际关系的最终价值是朋友关系。五伦里的其他关系都可以抛弃掉。君臣的关系当然无用，但他认为父子关系、夫妇关系都可以商量，都是可以消除的。甚至他提出夫妇关系是可以协调的契约关系，三五年后就要重新考虑。只有朋友关系是儒家中还可以保留的人际关系。你不能说康有为不是儒家，但是面对西方的挑战，不要说三纲都有了极大的改变，儒家的五伦亦发生了重大变化。

新儒学的重要人物熊十力先生曾经说过，家庭为万恶之渊，天下各种最糟糕的东西都在家庭。他自己也曾一度抛弃了家庭，可能想出家。梁漱溟先生基本上认为他自己是佛教徒，愿意出家。这些也能显示就是这些信仰儒家的知识分子面对西方强势的意识形态批判，也对儒家的传统作了最严厉的批评、分析反思。如果把当时中国的第一流的知识分子，不管是自由主义、社会主义的或者无政府主义的，全部加起来，就是一支批判儒学的"义勇军"。

这种批判在人类文明发展史中，如基督教、回教、佛教的传统中，都没有经历过。那么儒家传统受到那么大的批判，那么全面的解构，它与传统小农经济下所孕育的专制政治乃至家族因袭制等这些东西已经脱离联系了（当然，脱离联系并不表示就荡然无存了）。以前，儒家能够发展出来与小农经济、家族制度和专制政体都有密切的关系。这是发生学的理由。这些发生学的理由，并不能规定从结构的角度来看儒家伦理里面的一些价值不能有普适化的意义。

现在讨论全球伦理，又不是我们到那边去宣传的。他们讨论全球伦理，得出儒家的一些基本价值在不同的时代、不同的环境还可以起作用的结论。这很明显地说明，这个传统经过长期的批判、转化，它现在如果还有生命力，那它就不是一种封建时代的意识形态，而是一种经过西方现代性严厉批判而能够取得现代性的传统之一。它是有涵盖性的人文精神和人文思潮，对西方启蒙运动所发展起来的大的思潮——涵盖一切的大思潮进行一些反思还是有可能性的。但如何把这种可能性变成现实性,使它有真正的价值,还需要漫长的过程。

我现在可以把结论里的几个问题提示一下。18世纪"启蒙心态"开始出现的时候,欧洲最杰出的思想家如伏尔泰、莱布尼兹、卢梭或者蒙田等很多学者,把中国特别是儒家传统作为他们最重要的参考系、参考社会、参考文化。伏尔泰还有重农学派的魁奈突出儒家的理性主义,反对西方的神学,这是18世纪的景象。

19世纪从黑格尔开始,把西方以外的整个人类文明包括印度、中国、波斯文明在内都看做人类文明发展的曙光,是刚刚开始的文明,而将来太阳是要落在西方的。具体地说,将要落在普鲁士,大概要落在黑格尔的精神哲学中。黑格尔可以说是世界现代史中具有全球视野的哲学家,把世界各民族的文化都放在全球的视野中来考虑,而他所考虑的尺度很明显是欧洲中心主义。而这个欧洲中心主义深刻地影响到马克思,影响到马克斯·韦伯,影响到西方所有重要的思想家,同时影响到19世纪以来特别是五四以来中国最杰出的思想家。而中国最杰出的思想家对中国传统的批判是从黑格尔以来的欧洲中心主义立场来进行的。黑格尔说儒家最重要的经典《论语》是没有什么哲学性的,是一套说教,是一套很松散的常识,完全不能代表人类智慧的高峰。从五四以来,中国一流思想家也认为《论语》是一大套道德说教,是泛道德主义,是一堆松散的语言,没有深刻逻辑,完全不能代表人类智慧的高峰。这种说法太多太多。

举一个简单的例子。中国学者经过长期的反思,希望从中国传统中找到一些值得骄傲的东西,有现代意义的东西。结果一检查,很多大的思想家都不能过关。有一度大概只有六七个人是可以过关的，大约从荀子到王充，再跳到刘禹锡，从柳宗元一下子跳到张载、王夫之，再跳到戴震、章太炎，再到鲁迅。这是一个谱系，其他都是糟粕。在这个谱系里面，第一个重要的思想家是荀子。但是，从我们现在的角度看，荀子发展起来的不过是质朴的唯物论，荀子本人也只不过是质朴的唯物论者。阅读《荀子》，我们要花很多精力来对付古代汉语。从事先秦哲学研究的学人，总要花很多时间来学古代汉语，即使花了很多时间，也不一定能读懂《荀子》（读懂《孟子》还差不多）；还必须经过很多特别的训练，才能读懂《荀子》。即使仔细地把《荀子》念完了，我们的理论水平也只是质朴的唯物论。现在有个朋友，只花了5个月的时间用现代汉语把辩证唯物论充分地了解，他在人类文明发展中是先进的，因为他掌握的是辩证唯物论，而这位了解荀子的人只能达到质朴的唯物论的水平。

我们把这一现象与西方的学术界作一对比。如果对柏拉图，假如你不仅从英文去了解，而且真正地掌握了希腊文，对柏拉图的《理想国》有真正深刻的了解，那么你在西方学术界将受到极大的尊重。因为你掌握了西方智慧的源泉。如海德格尔认为，西方整部哲学的发展都是为柏拉图的哲学作注脚。你现在掌握了文本，掌握了源头，而别人只是掌握了注脚，那你的发言权就很大了。一个西方的学者重新掌握了柏拉图的智慧源泉和一个中国学者来重新了解荀子（如果对他礼貌一点，不把他当作封建时代过时的东西，承认他的著作中还有一点点朴质的唯物论），这其间是不能同日而语的。因为这个原因（这是在很严格意义下讲的），我们所知道的西方知识界，特别是从事哲学研究的专业人才，不管你反传统反到什么程度，没有例外地对西方哲学传统从柏拉图到亚里士多德，到托马斯·阿奎那，一直到康德以后的谱系，都耳熟能详。如果一个学生、一个研究生或者一个教授居然对这些经典很生疏，引用错误，把柏拉图的东西讲成是亚里士多德的，或者是把托马斯·阿奎那的东西讲成是奥古斯丁的，把康德的东西讲成是黑格尔的，那他在学术界的发言权马上就会被剥夺。

现在我们大家都很欣赏德里达，他是一个反西方传统反得很厉害的人；还有福柯（他们所代表的学派叫做"后学"）。这些学者对西方经典的熟悉程度是非常令人惊讶的。像德里达，不仅对我刚才所讲的谱系耳熟能详，他对整个犹太文明也有非常深刻的理解（因为他本人就是犹太人）。福柯也是深入西方哲学传统的思想家。

假如在我们的传统文化里面，传统文化的资源都没有，而且丢得越多越好，其他从西方拣来的不过是人家的牙慧，那么我们可以有多少资源来面对现代人类复杂的文化，进行深刻的反思？因为这个原因，我们认识到：在我们文化中国如何发展传统的精神资源？而这种传统的精神资源，是经过严格意义下的西方现代性的洗礼，没有被边缘化，没有被彻底否认的。西方的价值如人权、正义、法制等现代性，这些都是人类普适化的价值。用这样的价值对三纲五常进行批判，我认为是非常正常的。但这些价值与我们自己所拥有的价值如仁、义、礼、智、信，为什么就不能配套呢？为什么自由、民主、人权是价值，而仁、义、礼、智、信就不是价值？这是值得我们反思的一个大课题。假如我们要重新发掘传统的文化资源，我们需要一种新的知识分子形象出现。这种新知识分子，我叫他为公众知识分子(the public intellectual)。

什么叫公众知识分子呢？公众知识分子就是关心政治、参与社会而且对文化有抱负、有敏感的一些专业人士。这些人士用国内流行的话来说，就是有人文关怀的人士。他可以体现广义的人文精神。以前我们总是认为人文关怀、人文精神是人文学发展出来的领域，而所谓人文学就是刚才讲的文史哲，或者还包括宗教学。从一定的意义上来说，这是对的，因为现代文明的特色是专业化。专业化的问题像国学的问题一样，在国内目前讨论也很热烈，它要求从事文史哲的人潜心于文献，做一些奠基工作，并与学术规范的讨论结合在一起。韦伯也讲，以科学为职业和以政治为职业是两条完全不同的路。一条是热的选择，一条是冷的选择。冷的选择就是学术的选择，热的选择就是参与政治的选择。这是因为韦伯从19世纪到20世纪以来，西方文化的影响使得他只有这种理解。因为在西方的文化中间，像我所说的现代意义下的公众知识分子，这种资源是非常薄弱的。

为什么薄弱呢？因为这种意义下的知识分子，不是希腊的哲学家，因为希腊哲学家只在探索真理这个课题上突出他的智慧，他可以不懂世故，他可以过平常的生活，他可以与其他的人完全没有沟通性。哲学家在这个意义下总是相当地怪，相当孤立；这种知识分子也不是西方意义下的先知，因为西方意义下的犹太文化先知是一个能够听到上帝声音的人。这个人(一定要能通过他的诠释、他的介绍)把上帝的声音传达给大家，因为我们没有听到只有他听到了。这样，他的诠释与我们大家之间很难有一种内在的沟通。他是教师，我们是学生。他是智者，我们是愚昧的。甚至也不是西方意义下的僧侣阶级或者长老，也不是19世纪俄国发展起来的知识分子。知识分子在英文中叫intellectual，这来自俄国沙皇时代的members of the intelligentsia。他们全是贵族，完全认同"启蒙运动"的法国大革命精神，反对俄国的传统，特别反对政府，不反对政府的就不是知识分子。萨哈洛夫是知识分子，戈尔巴乔夫、叶利钦都不能算是知识分子。所以以前按照俄国的模式来衡量，萨特是知识分子，雷蒙·让因为他参政就不是知识分子。这种观点现在和美国、英国、德国、法国的知识群体的发展有很大的不同。

所以，面向21世纪，这一批关切政治、参与社会而且对文化有敏感的人出自何处，这是一个值得考虑的问题。常常一个人文学者因为专业化的原因完全没有人文关怀，他研究文学，研究历史，研究哲学，他对于政治、社会等各方面完全没有兴趣。他是一个专业的学者，我们要保护这些学者的研究权利。他不愿做公众知识分子，你不能强求，而且他也没有必要一定非得做公众知识分子不可。但是人文学的发展，人文学要为我们的社会发展储蓄社会资本、文化能力、伦理精神价值，不能靠专业的人文学者，特别是没有人文关怀的人文学者。

另外，有很多不是从事人文学研究的人，比如他是一个物理学家，一个生物学家，一个统计学家，却有着深刻的人文关怀。所以人文关怀不是一个专业学术的选择，人文关怀有更宽广的意义。严格地说，人文关怀不是大学象牙塔里知识分子的特权。公众知识分子不能够只在大学的象牙塔里，公众知识分子会在传媒里发挥积极的作用。在政府里应该有公众知识分子的出现，在企业界里也应该有公众知识分子的出现（即现在所说的儒商，如马来西亚有世界儒商的学术组织）。中国有很多知识分子"下海"，有些不一定成功，他可以"上岸"，但也有一些很成功的，他愿意培养或发展学术事业；有些出身并非知识分子，他在企业发展方面成功了，也愿意培养和支持学术，愿意发展人文学，有强烈的人文精神。我们有一些大学的建筑都是由香港或其他地方的企业家捐款修建的。这些企业家是不是也体现了人文知识分子的风格？当然，在各种不同的社会组织如法律学会、医学会等组织里，都会有公众知识分子出现。这样一来，社会运动一定会培养公众知识分子，如环保运动、女权主义的运动、消费者权益保护的运动、对于宗教的保护运动乃至社群伦理运动等。

如此说来，在一个复杂的社会，尤其是中国这样一个社会里，它要发展人文资源，它要发展精神价值的各方面，它就必须要有各种不同类型的公众知识分子。这些公众知识分子，从严格的意义上看，他不是希腊的哲学家，不是希伯来的先知，也不是僧侣阶层，他的人格形象最确切的是儒家传统的"士"——士君子的士。在东亚社会这种资源非常丰富。日本有武士道，他们叫士道。武士道不只是武士之道，他们变成了官僚组织里面的一种行政人员。这种武士道是使日本能够现代化的一个重要因素。韩国、朝鲜所谓的"两班"，他们经过科举考试，文武两班因而获得政府的任命；同时，这些人也有很多在士林，即是指在民间讲学的这些人。在中国，这些人就是中国传统意义下的"士"。庞朴先生和我经常讨论说，只有中华民族在这种大的氛围中才能写一部庞大的、从古到今的知识分子史。其他的文明包括继承性极强的印度文明也没有这个传统，更不要说美国了。这是一个非常珍贵的传统，而这个还有生命力的传统使我们可以重新发掘各种类似的文化资源。

最后，我提一点浅见。如果要发掘我们的传统文化资源，对于"启蒙心态"给我们带来的意义领域和基本的价值，我们不仅不能简单地把它抛弃或对之作出简单的批判，我们还要充分地利用这一价值，而且这一过程还是相当漫长的。比如说，照西方的理解，现代性就是市场经济、民主政治、个人主义，由这三个不同侧面组合而成。没有市场经济、没有民主政治、没有个人主义，就没有现代性。我们可以去理解它，在某种程度上我们可以批判极端的个人主义，但是个人主义如果是人格的尊严，是个人的隐私权，是个人的权利的保障，任何文明的政府都要对个人的权利保障有一定程度的认可。不能够不通过法律的程序、不通过一定的渠道就轻易地对个人有所惩罚。这一基本的价值可以说是人类文明的普适价值，必须充分体现。现代西方文明所创造的意义领域、科技领域与市场经济、民主政治、各种不同的复杂的现代企业、公司乃至大学和各种教育单位，都是难得的现代文明的资源。必须充分发挥这些资源的价值，这是毫无疑问的。

但是，在这一大的背景里面，我们是不是还可以发掘传统资源并对现代文明，特别是"启蒙心态"所代表的文明精神和它所造成的缺失作一些反思、批判？能不能在物质主义以外还发展一些精神价值？能不能在科学主义之外发展一些人文素养？能不能在实用主义之外发展一些能够具有实践性的价值、具体实践的理想？我觉得，这是一个很大的挑战。而这个挑战是要靠公众知识分子来认真地回应的。一个有非常浓厚的人文传统的民族，应该有系统、有策略、有远见，共同努力来培养这种类型的公众知识分子。对这一人文资源我们要充分地发挥它，而不是去残害它，甚至把它弄成是糟粕，把它当成是一种无价值的东西。如果从这个角度来考虑，人文精神和全球伦理的复杂互动，是要通过广义的由西方"启蒙心态"所塑造的人文精神和儒家有涵盖性的人文精神的交互作用来实现的。

(《人文论丛》1999年卷，武汉大学出版社，1999年)

冈田武彦先生的儒学

冈田先生曾经担任过九州大学的中国哲学讲座,是楠本正继教授的及门弟子,当今日本首屈一指的大儒。在退休的几年中,他不但完成了《王阳明及明末儒学》的大著,而且会同数十位思想同好编写了为数 13 册的《阳明学》大系及 15 册的《朱子学》大系。目前,他正主持一项日本儒学研究的 5 年计划,准备以 50 册的篇幅把德川时代 92 位儒者作一番概括性的介绍。

我第一次和冈田先生晤面是 1966 年 6 月。那时他初度访美,在哥伦比亚大学副校长狄百瑞(Wm. T. deBary)所召开的"明代思想会议"中发表了一篇以存在主义的思维途径解析泰州王学的论文。这篇论文在狄百瑞主编的《明代思想中的自我与社会》一专书中发表后,曾引起美国汉学界广泛的讨论。斯坦福大学哲学教授尼德卫(David Nivison)在 1973 年为纪念阳明诞辰 500 周年的《东西哲学报》专号中所刊载的专文,即是针对冈田先生这篇论文的观点而发。

当时我也提出一篇有关阳明思想的文字,现在看来只是习作而已,但10年前刚刚修完研究院的课程并通过博士口试很有些"气魄承担"的狂傲,不把教授名流放在眼里。除了向哲学界的长者陈荣捷先生及在中学时代就已私淑的唐君毅先生讨教外,其他师友之间的人物只是问难而已。冈田先生又因为还有语言的隔阂,请教的意愿就更淡了。

1976年因为撰写论文曾到台北、香港、京都各地游学,对东瀛学人如吉川幸次郎、贝塚茂树、平冈武夫、岛田虔次等"汉学"家的论述有了较深刻的认识,对宇野哲人、楠本正继、武内义雄等日本硕儒的学问也有了较亲切的体味。1972年在夏威夷再晤冈田先生时,我突然感到自己对宋明儒学虽然研读多年,但仍旧只有一些皮毛的知解而已。要想升堂入室,台港各大师的论著固然要精读,当今日本的儒学专书也绝对不能忽视。和冈田先生交谈多次后,我又发现他所继承的儒学传统竟可直追德川时代的山崎暗斋(1618—1682)。也就是说,九州大学由楠本先生所代表的儒学传统,可以溯源到和明朝东林复社相同的时代。然而在我国,因为几经巨变,也许连有三五十年历史的学府都不多见。相形之下,五四以后的中国儒学若以熊十力、梁漱溟等先生研究为拓荒期,苦撑到目前最多只不过三代而已!

两年前,又因开会的机缘在夏威夷第三次和冈田先生晤面。短短一周,对语数番,或漫步棕林,或坐观海涛。有一次笔谈到深夜,大家都有醉意。他吟诗一首感叹地说,若能以此残年为儒学向国际学坛——陈辞,报答楠本师恩,则于愿足矣。我沉默多时说不出话来。不久翻阅他的近著,在序言前果有"敬しんて故楠本正继先生の灵汇捧く"的字样。

上星期我应美国学术联会之邀,在北加州举办了一个"清初思想"的小型国际会议,冈田先生抱病前来,并介绍两位已在大学任教的青年学人福田殖及牛尾弘孝。会后他们一行三人特别到伯克莱访游。通过此间研究生石汉椿先生的翻译,大家又交换了一些有关儒学研究的意见。他现在正致力于朱子学的研究,想把《朱子语类》全部逐卷地翻译为日文。我送他一本去年由夏威夷大学出版的《"中庸"论》,也是习作。他很郑重其事地告诉我,数年前在楠本先生的葬礼中朗诵《中庸》首章的体验:老师遗言犹在耳际,不觉声泪俱下,真是一字之中哀思无限。

冈田先生今年已届 68 高寿,但仍是勇猛精进的好学之士。他虽然公认是著作等身的日本儒学祭酒,但言谈之中却毫无自居人师的意味。有时我谈得高兴,把自己一知半解的观点也和盘托出,他总是以不耻下问的精神从旁疏导。临行,他说要寄给我一本最近写成的《坐禅与静坐》,专门讨论身心之教的书。我在美国教书和研究,最感到欠缺的正是这种从沉潜内敛的反省工夫所体察的东方体验之学了!

(台北:《中国时报》,1997 年 8 月 24 日)

全球化与本土化冲击下的儒家人文精神

我感到非常荣幸能前来参加这次《联合早报》为庆祝创业75周年而举行的"跨世纪的文化对话",特别是能和三位心仪已久的益友共同磋商,颇有如坐春风的惬意之感。

孟子曾说过,益友有三:直、谅、多闻。那么,余秋雨很直率地表示,如果搭不起第四座桥,缺乏有终极关怀的生命体悟,那么中国文化的深层价值意义就没有办法公之于世;陈瑞献慷慨陈词,一定要通过顶峰经验,有开悟的心灵,才能够创发文化的生机,达到真正的东西对话;高希均则从政治经济方面来考察传统文化价值的利弊,特别突出开放社会的重要性,不仅是要有储蓄,有危机意识,而且要特别重视教育,强调伦理价值和人文精神。

他们的讲话使我获得很大的启发,因此我在考虑我的发言时,自觉颇有教益,也改动了一些我原要提出的观点。

关切政治参与社会,公众知识分子必须接受通识教育

去年,我曾到新加坡参加国立大学中文系所主办的儒学与世界文明的国际学术会议。我的报告环绕着"从儒家的人文精神来看文明对话和全球伦理"的课题而展开,并提出了一个观念,就是公众知识分子的观念。所谓公众知识分子,是指一群关切政治、参与社会,而且醉心文化,也就是对文化有兴趣,也有研究的读书人。

我可以肯定地说,今天在场的一千二百多位朋友,都是公众知识分子。我希望也相信公众知识分子能够为文化中国——就是广义的中华文化——的精神资源注入养分,使它从薄到厚,同时使文化中国的价值领域,从稀到多元。这要靠所有公众知识分子的共同努力,当然也要配合全社会,甚至散布在世界各个地方的华人。这些工作必须同时开展,才能够为"第四座桥"的构建创造条件。在我们做这些工作的过程中,即使没有"顶峰经验",我们亦可堂堂正正做人,也可以发展我们积极的作用。如果有"顶峰经验",因有了宽广的价值基础,也不会走火入魔。

因为这原因,我觉得公众知识分子和人文学有关,就是传统所谓的文史哲。现代学术分工较细,应包括文学、历史、哲学、语言、宗教及文化研究等项目。虽然不是从事人文学专业,我们可以研究科学、研究企管、研究建筑、研究心理,也应该和人文学有关。人文

学是认识和了解人本身（包括个人和群体）最贴切而且最直接的学问。其实，不必是人文学者，所有知识分子都应有人文关怀。

正因如此，从公众知识分子的角度，我们必须强调接受通识教育的必要性和发展成人教育的重要性。教育应该是继续的、持久的，而且是永远向前推进的，因为我们所关注的不仅是专业知识方面的训练，还要关注怎样做人。要设法了解人与人的关系，人与社会的关系，人与自然的关系，以及人心与天道的关系。如何把"学做人"这个大家都耳熟能详但又无法一窥全豹的课题摆到跨世纪的文化脉络中来作进一步的讨论，是我今天的主要议题。

文化可分两大定义，也可以是一种"添加价值"

首先，让我厘清一个观念，就是文化对话中的文化到底应该怎么理解？文化有许多不同的定义。根据一位文化人类学者的统计，至少有一百三十多种定义，因此文化是个不能一目了然的观念。但是我们在日常生活中用了两个层次不同而又相互关联的文化观念，我们有时不加以分梳，混为一谈。一个是通义，就是文化代表各种不同的价值，这是综合的理解；另外一种是专义，就是集中讨论，可和其他领域区分开来的文化。何谓通义呢？如果说中国文化，说新加坡文化，说《联合早报》文化，或《联合早报》编辑部的文化，从这方面来讲，是一种综合的，是某一社团的总体气质或风貌。这里所指的文化，不仅无法精确定义，而且必有模糊性。但是我们对这类文化确有感知,有体知,能够综合理解。所以提美国文化、儒家文化、东方文化时,我们总有心知其意的熟悉感。

文化也有专义,专义文化就是我今天要讨论的课题,它比较集中于文化层面,而不是经济的、政治的、社会的层面。这个意义上的文化,包括文学、艺术、音乐、哲学之类,也就是中国大陆通常所说的上层建筑。但我不接受上层建筑的提法。我认为,如从这意义上来讲文化,它是有渗透性的,就是谈经济有经济文化,谈政治有政治文化,谈社会有社会文化,另外有一些精致的文化不能完全归约到经济、政治、社会的层面,但它是渗透在其他领域的内部。所以,讨论文化在我看来,可以是一种 added Value,就是经济学所谓的"添加价值"。就是说,谈文化不是把其他东西都排除掉,单谈文化,而是在其他的问题都考虑了,却不够周全,还要把文化价值这一类软体的东西加进来。

学习语言,学习文化,才能了解民族的精神面貌

让我举一个很简单的例子。我有一个同事朋友查默斯·约翰逊(Chalmers Johnson),一般美国媒体把他说成是批判日本的首席专家。我们曾有好几次在一起参加学术辩难的机会。他总是带了几分幽默的口吻说,杜维明教授是个文化论者,所以谈的虚无飘渺,都是高层次的东西,大家也听不懂。我所谈的是制度(institution)。制度这东西是非常具体的,所以我可以到华盛顿

向参议员游说。如果美国要向日本学习的话,就要学习日本的制度,像通产省。杜教授从来没有到华盛顿和政策执行者交谈,因为他如果向议员们说你们要认识日本必先了解儒家,那么所有的参议员都睡着了。文化是一种虚无缥缈,而且很难落实的东西。我讲的制度却是非常具体,而且确实可行。后来,他从伯克莱大学提早退休到圣地亚哥加入一个专门研究亚太经济的学院。那里面的经济学家很多,但是不像高希均先生,他们对文化因素不闻不问,掉以轻心。那些经济学家说:我们很欣赏查默斯·约翰逊,因为他讨论制度,讨论实体的东西,不讨论虚无缥缈的价值。我们这里的学生对数学、计量经济、经济发展的理论非常熟悉。我们不把资源浪费在培养文化能力方面,因为那种做法是没有实效的。所以我们要培养一批研究日本经济的学者,但我们认为他们不需要学习日文。查默斯·约翰逊听了非常生气,他说你们不学日文怎么能够了解日本呢?而且公开声称他自己是个文化论者。

从这里可以看出,美国的高等教育,特别是经济专家的傲慢之处。美国在日本驻有七十多位第一流的新闻记者,大半都是在东京,百分之七八十严格地说都是"日文盲",对日文一窍不通。但是,日本有四五百位记者散布在美国各地,每一位都能够掌握文化资源,都能够运用英文,因此日本对美国的了解和美国对日本的了解有很大的差别。查默斯·约翰逊说,无论如何,一定要这批硕士生研究日文。结果,那些经济学家说,你这样说岂不是变成一个文化论者。他说,"对。我现在改变了"。所以,我上次见到他,他坦率地说:"我现在是一个文化论者。"

我坚信，一定要学习语言，学习文化，我们才能真切地了解一个民族的精神面貌。重视文化，绝不排除经济、政治和社会的价值。可以这样说，如果经济的领域里面，完全按照经济的规则解决问题，既可不必考虑到制度问题，也不必提到政治问题；如果不行，则必须涉及政治问题和制度问题。如果把政治和制度因素考虑在内之后，即可把事情讲得一清二楚，那就不必要担忧文化价值的问题；如果还不行，那么你就要进入文化价值的领域做一个更全面的描述。因此，文化是一种"添加价值"，而不是取代。只谈文化而不谈经济、政治或社会，这才是虚无缥缈的。

多元文化背景中的儒学创新

近年来，我常在三个论域中"游走"："启蒙反思""文化中国"和"儒学创新"。这三个基本论域一般是把它们分开来谈。我希望在这里的讨论，能把它们综合起来。为什么呢？1990年，我从哈佛请假到夏威夷的东西中心服务了14个月，开展了文明对话、文化中国还有启蒙反思这三个论域。讨论这三个论域，当然是希望能够为儒学创新创造条件。但是根据我的理解，儒学创新应该是在一个多元多样的文化背景中进行，不是一枝独秀，也不是排斥性的竞争。儒学创新绝不排斥其他传统文化的创新，因此儒学创新和道家的创新，和大乘佛教的创新，和中国的基督教的创新，和伊斯兰教的创新，都可以配合，在各个不同领域里面互相发展。

为了实现儒学创新，我认为除了精英的学术研究，譬如学术界里面对经史子集等经典进行的研究,这个工作当然早已展开了,还有媒体的工作。到底儒家的核心价值在媒体里面还能不能起作用?媒体是不是有公众性?儒家的核心基本价值能不能够通过媒体而广为流传?还有企业,企业界能不能通过儒家的价值来发展创业精神?譬如说关于资本主义,是不是现在所谓的朋党资本主义?是狼狈为奸,政府和企业界的互相勾结,还是真正的国际精神?像日本、韩国乃至东亚各地,都碰到这类课题。当然还有政府,到底在东亚社会的政府,讲清廉的政府,讲信誉的政府,政府的官员应该以身作则,这些儒家价值是不是还可以起作用?还是说在这些社会中已经不能起任何作用了?再有即是职业团体,联系到各种职业团体的信誉问题。职业团体是不是只是一种私利集团?是不是只关注职业本身的利益?比如说律师集团、医疗集团或者银行集团,究竟它们只是为自身利益而形成的压力集团,还是它有更高的公众性?这也是很值得大家注意的课题。

即使是宗教,到底佛教或者基督教有没有入世的精神?例如台湾发展得非常好的佛教,多半是自称为人间佛教,或入世佛教。我曾到过佛教寺院听讲,为大众弘法所讲的佛理常和儒家的核心价值如出一辙。比如说提倡爱心,要了解并关切他人,既要努力创造自己的事业,又不要忘记和他人分享,要推己及人,要为社会创造好的回报,为社会播下善种,为社会的千秋万世创造美好的未来。不管是证严的慈济功德会,或者是星云的佛光山,还是圣严的法鼓山,都有入世的一面,并且强调从入世到转世,并不只是做个自了汉而已。另外还有社会运动,包括女权运动、环保运动及多元文化和多元宗教的运动。这些运动之中是否也体现了儒家的核心价值？换句话说，应从各种不同领域来了解儒家，看看它的发展前景如何。

传统和现代是你侬我侬，而不是截然分割的两极

要想进一步理解启蒙心态、文化中国和儒学创新这三大论域的健康互动，我们必须打破传统和现代的截然二分。不能把传统和现代认为是互相冲突互相矛盾的东西。正好相反，我认为应该把它们融合在一起来考虑问题。如何融合？当然必须针对具体问题进行思考。我突然想起了方东美先生很欣赏的，就是赵孟頫的妻子管夫人在一首词里表露的意愿。管夫人这首词纯粹是写来表达她的爱情的，就是说一对男女最相亲的情况，等于两个泥塑人，一个是男的泥塑人，另一个是女的泥塑人。把这两个干的泥塑人丢在地上，把它们打破、打碎，然后用水把它们混合起来，再重新塑两个泥塑人，一男一女。这两个新的泥塑人一定是你中有我，我中有你，不能够完全分割。希望大家有这样的一个形象。如有这样一个形象，就可了解传统和现代交互影响的复杂情况。传统和现代不是两个分割的点，而是一个互动的连续体。甚至我们可说现代性中的传统，没有任何一个现代性，美国的现代性，英国的现代性，法国的现代性，新加坡的现代性，东亚社会的现代性，和这些地区的传统能够截然分开来观察的，因为它们之间有难分难解的纠葛。

刚刚高希均教授提到了两个日本的说法。这两个日本在很多地

方是纠结在一起的。如果两个日本分得非常清楚,我们就发展现代健康的日本,落伍传统的日本我们就弃之不顾。可是实际情况并不那么泾渭分明,因为现代健康的日本中间又有那个传统不健康的日本,而传统不健康的日本又有很多现代的因素。更麻烦的是,表面看来健康的现代性未必真的健康,而不健康的传统也未必真不健康。那么,到底中间的情况怎么样,要怎样分梳,这问题错综复杂。

另外,从东亚经验来看,这个你中有我,我中有你,也包括了东西文化,特别是西方文化。西方文化已经在所有的东亚社会根深蒂固,等一下我还会进一步讨论。其中有福有祸。福祸纠缠不清的情况如何,还值得做分梳。另外,还要一提的就是大众文化和精英文化之间,也有非常复杂的互动,也是中国文化的特色。如果用余秋雨先生的比喻,就是第一座桥、第二座桥、第三座桥和第四座桥之间还有许多必须进一步认识的关系。第四座桥的构建,绝对不意味着要拆前面三座桥,不仅不要拆,而且前面三座桥还能够给第四座桥提供非常多的资源,让它能够真正构建起来。其中存在着非常复杂的互动关系。

文化中国有多元多样的文化资源:有大乘佛教的资源,有道家、道教的资源,有民间宗教的资源,还有基督教和伊斯兰教各个方面的资源。许多比儒家的资源更为丰富,这是毫无疑问的。但是,儒家也有它的资源。那么,儒家所拥有的是哪一种类型的资源呢?我认为儒家资源中,有一种是能够为塑造公众知识分子提供养分的资源。这种资源,特别是面对现在世界各地(不止是发展中国家,也包括进入后工业社会甚至后现代社会的先进国家)都碰到的大困境而言，确有一新耳目的价值。

先让我们谈谈所谓从工业社会到前工业社会都面临的困境究竟是什么？简单地说，就是两股思潮同时出现，它们之间有矛盾和冲突，但我们又不能不兼顾。一股是全球化（globalization），另一股就是地域化或本土化（localization）。这两股潮流造成各种漩涡。全球化，我们太熟悉了。新加坡就是全球化的重要的典范，不管从高科技、信息网络、旅游、金融，乃至传染病，都可以看到这是一个全球化的典范。生态环境当然更不在话下。但是对于根源性的问题，就是 localization，我们的关注不够，了解不够全面，常常把地域化当成阻碍全球化的障碍物。譬如说传统的枷锁，封建的积习等，甚至有人认为一定要把根源性消除才可能实现现代化。我认为这种思维是很危险的，不仅不够全面，而且太偏激。这种心态对开发和发展传统文化资源极不利。所谓根源性，绝非虚无缥缈的文化因素，而是在生命文化中塑造日常生活经验的具体势能。

族群、语言、性别、地域、年龄、阶级与宗教

我提出七点，就是七个范围，很容易了解，但不完全是东亚的例子，也适用于科技先进的国家。其实，采用欧美的例子，更可以了解根源性课题的重要。

第一个是族群。族群这个观念很有争议性。现在特别在印度，在南亚，发生了很大的族群冲突。因此媒体把族群当作危险性很大

的问题。新加坡对这问题特别敏感,而且政策制定者高度重视这个问题。他们认为族群的冲突会造成社会解体,因此绝不能容忍,因为有族群冲突的社会是不能在安定中持续发展的。美国以前有许多现代化的理论家,特别是在 50 年代时候,认为人类现代文明的发展是一个同质化的过程,就是 homogenization。很多文化差异性、根源性的问题,只要通过现代化和全球化即可消解,世界趋同的倾向不可抗拒。但毫无疑问,从 70 年代以来,特别是到了八九十年代,美国社会中最严峻的问题之一就是族群的冲突,也就是黑白对立的问题。今天大家认为这个问题如不解决,美国即会因这一毒瘤而弄得遍体鳞伤,可能从一个 United States 变成一个 Disunited States,从联邦到分裂。很多学者已经一再提醒美国的政治和文化精英,如种族矛盾加剧,从分裂到解体的命运不可避免。由此可见,族群问题不仅是南亚的问题、东南亚的问题、东亚的问题,也是拉美的问题、北美的问题、欧洲的问题。

第二个是语言。语言主要是指母语。一提到母语便引发很多感情的因素。如何运用母语来传达自己的声音,不仅是沟通的问题,也是自我认同的问题,是自我理解的问题,是人能不能够充分发展、有没有自由度的问题。就以加拿大来说,假如这个问题不解决,加拿大也会因英语系和法语系的冲突而分裂。我们大家都知道,比利时有所名校卢汶大学。卢汶大学以前一直是用法语授课,很多第一流的学者都出身卢汶。后来因为族群意识和语言的冲突,卢汶彻底分裂成两所大学,一所是讲法语的卢汶,另一所是讲比较接近荷兰语或德语的弗莱芒语的卢汶。现在,这两所相对独立的大学也许再也不可能合而为一了。这一现象充分显示语言这种根源性的问题,在现代社会中所扮演的角色和所起的作用。如果有了语言冲突却不妥善地、长期地和合理地加以处理,即有爆发性的危机。

第三个是性别。60年代,美国的一批学者在人文社会科学院的支持下召开了一个学术讨论会,后来出版了一部以《面向两千年》为题的学术论文集,里头包括很多未来学的预测,不少今天都实现了。目前,麻省理工学院有重新出版这一论文集的计划。参与筹划《面向两千年》的丹尼尔·贝尔教授告诉我说,在60年代有两个议题他们当时没有注意到。第一个议题就是生态环境的重要,第二个就是通过女权主义使性别关系基本重组的情况。现在世界各地,我想东亚社会在这个方面远远不及欧美社会进步,不论工作环境、家庭组织、职业分工,乃至领导风格和权威观念,都因为女权主义(包括妇女的参政、加入工作行列)而有了质与量的改变。这是普及全球的情况,任何一个社会都不可幸免。

第四个是地域,也就是由出生地、母国等原初联系所导致的根源性问题。这个问题在美国的印第安土著文化、欧洲的巴斯克出现了。不仅是巴勒斯坦人回归祖国的抗争,夏威夷现在也有很强烈的原住民的主权运动,当然还包括澳洲与新西兰的毛利族,以及日本的冲绳岛,都有类似的问题。因此,地域是全球性的问题。

第五个是年龄、代沟。以前的代沟,我们说是30年,后来大家觉得10年就有代沟了。现在大学一年级和大学四年级就有沟通不易的困难。同样的,兄弟姐妹之间的代沟有时要比父子之间的代沟还要严重,有的时候第三代和第一代联合起来对付第二代。各种不同的组合，问题很复杂。如果不谋求解决之道，就会出现日本和中国台湾媒体所谓"新人类"及"新新人类"的问题。

第六个就是一般所谓的阶级，事实上就是贫富不均的南北问题。以前，一般认为南北问题是高度发展的国家和正在发展的国家之间的问题。现在呢？即使是在高度发展国家，本身也有南北问题。纽约有南北问题，纽约市的一所大学也有南北问题；甚至一个族群、一个地区、一个街坊，也有南北问题。

第七个是宗教。以前我们所担心的宗教冲突，是宗教与宗教之间的冲突。譬如说犹太教和伊斯兰教、兴都教和锡克教。现在呢？我们也担心宗教内部的冲突。譬如说改革的犹太教和保守的犹太教，原教旨主义的基督教和自由放任的基督教。举例而言，关于生命权的问题。何谓生命？有没有选择生育的权利？还是绝对不能堕胎？这都是基督徒本身争论不休的课题，可以发生暴力事件和各种不同的抗争。

地域性与全球化：在不同文化环境下生根

族群、语言、性别、地域、年龄、阶级和宗教这些根源性的问题，和全球的普世化的问题纠缠在一起。不仅是纠缠在一起，我们现在常常发现地域性的全球化是一个特殊现象。譬如说中国台湾的文化，可以在休斯敦，可以在洛杉矶，可以在欧洲，可以在北美各个地方同时发展。

80年代中期，我在休斯敦参加一个文明对话的讨论会，达赖喇嘛也派了一位代表。听众数百人,但只有两位华裔参加。我的直接印象就是休斯敦的华人不多。晚上,这两位华裔带我参加一个欢迎台湾政要名流李国鼎先生的集会。集会在一个豪华旅店的大厅里举行,有五六百人参加,其中也有不少新闻记者。他们虽然身在休斯敦,但是他们对台湾的风土人情却了若指掌。譬如他们都知道台北的"立法委员"刚刚又打过架了,甚至一两个小时以前在台湾发生的大小事,他们都通过卫星传媒而一清二楚。他们虽然是属于台湾文化的一部分,但却是在休斯敦。同样的情况在洛杉矶,在温哥华也出现。香港文化也一样。有的人说,现在温哥华应该叫做Hongcouver而不是Vancouver,因为很多香港人在那里安家落户,而且改变了住房生态。泰国也一样,现在全世界的大都市中,除了曼谷以外,泰国人最多的是洛杉矶。在汉城以外,韩国人最多的也是洛杉矶。这一种复杂的互动的现象,就是global和local之间的关系。英文世界里用一个特别的名词来形容它,叫做glocal,就是说既是global(全球的)又是local(地方的),因此同时是全球又是地方的现象。

另外,不少研究全球化的学人已认识到,一般的跨国公司固然是全球化的,但成功的跨国公司却是能够以全球化的理念,在不同的文化环境、不同的地域里面真正的生根。就是说,the localization of global company(全球公司的地方化)是它成功的秘诀。假如它不能,不论从资讯、电脑等各个方面来看,它都无法继续发展、扩大,甚至连生存也出了问题。所以,全球与地方之间的互动是错综复杂的。现在,不少学术界人士尽量从各种不同的方法取径和思想模式来了解这种现象,以及如何制定妥善回应的策略。

我认为,站在人文学的观点,这种现象应该从一种涵盖性的人文精神来了解,不能从这一种偏颇性的人类中心主义来认识。人类中心主义是西方启蒙心态的一个特色。启蒙运动的价值取向,首先是反对宗教的,另外还反对任何无法由理性来掌握的现象,甚至反对跟自然保持和谐,把人提到最中心的地位。培根思想是最有代表性的例子:如果你要做一个科学家,那你对自然要进行了解,但是自然不可能把她的秘密交给你。你一定要对自然进行试验,进行侵略,进行各种不同的挖掘,使得自然屈服于你。自然屈服于你,你方能了解自然。所以,就有了"征服自然"的说法。所谓"人定胜天",这种观念当然是体现现代精神的重要观念,也是一种有进步意义的观念。但是,这种观念也为人类带来了灾害,造成了人和自然之间的冲突矛盾。这是今天人类进行自我反思必须面对的挑战。

重新了解自然,人心和天道的合一合德

如果想对儒家人文精神有一完整的理解。我们至少应考虑到四个向度:一个是个人,一个是群体,然后是自然,还有天道。这四个向度可以作为充分体现两大基本价值的场所。群体呢?我刚才提到了,是从个人一直到人类社群,如何使得个人和人类社群所开展出来的各个不同的领域能够配合。每个阶段都有限定,每个阶段都可能破除限定,能够进行超升。这个总体的超升和我们具体地、逐步地破除限定之间,是一种有机的联系。因此,儒家所谓的仁是差等的爱,是一种很现实、很实际的体知。就像水要往外面流的时候,它不能一下子就流到大海里面去,它要一步一步的流。如果前面有一个洞,那它一定要把洞填满了,才能继续流下去。如果我们不让它流,它就没有源头活水,就会干枯了。可以在个人中间干枯,也可以在家庭、族群甚至人类社群中间干枯。所以,一定要让它向外流。至于向外流的那股动力,和我们自己有没有很深厚的资源以进行自我理解,是密切相关的。

所以,个人和群体要进行互动,健康的互动;整个人类群体和自然,应该有一个持久与和谐的关系。人类应该重新了解自然,重新肯定自然。另外,人心和天道应该能够合一合德。在这个层面,天道不完全是自然,天道有神圣的一面,可以是人的终极关怀。所以《中庸》才有"能尽其性,则能尽人之性。能尽人之性,则能尽物之性,则可以赞天地之化育。可以赞天地之化育,则可以与天地参矣"。这样就可以和远古的中国传统里所谓的"天生人成"配合起来。人有责任感。这个责任感不仅是完成他自己的利益,完成家庭的利益,完成社会的利益,乃至完成人类的利益。他的责任感也应该是替天行道,作宇宙大化的孝子贤孙。

这四个向度:个人、社群、自然和天道;三个原则:个人和社会的健康互动,人类和自然的持久和解,人心和天道的合一合德,构成了一幅面面俱到的个人景象。这些价值的开拓,可以为全球性和根源性表面上看起来冲突矛盾的两股观念,找到一个结合点。当然,具体的实践过程是非常艰苦的。每一个人,每一个族群,每一个特殊的语言社会，每一个地域，每一个年龄代，皆有一本难念的经。

人类共存的两大基本原则与儒家伦理

虽然困难重重，我们面临挑战，需逐步展现人生的智慧。最近的20年来，宗教界发展了一种普世伦理的研究计划，1998年6月在北京举行过一次学术讨论会。经过长期努力，学者们认可了人类社群可以共同生存的最基本的两大原则。这两大原则和我前面所讲到的儒家伦理的基本精神是相契的，当然和佛教、道家、犹太教、基督教、伊斯兰教的伦理也可以合拍。儒家对这两大原则有很精确的描述。比如说第一个原则，就是"己所不欲，勿施于人"，而不是"己所欲，施于人"。这个金科玉律在各大宗教里面，有些是正面的提法，有些是负面的提法，宗教界的学人经过二十多年的努力，认为负面的提法方能比较全面地掌握恕道。也就是说，我认为对我最好的，也许对我的邻居不一定最好。为什么呢？因为我对我的邻居的理解，不能够像我对我自己的理解那么全面，那么深入。因此我要履行"恕道"。恕的意思就是"如心"，就是要推己及人。我可以对自己苛责，严格要求自己自律，但不能用这一套适用于我本身的价值强加在别人身上。但，这个"己所不欲，勿施于人"的恕道原则，一定要为另一个原则所证成，那个原则就是要以人道来对待所有的人。就是康德所讲的，要把人当作目的，不把人当作手段；应把人当作内在的价值，不把人当作工具价值。也就是俗话所称，把人当作人看。

这样做既合情又合理,但想持之以恒则难度很大。但是,这应是大家努力的目标。我们不把邻国当作我们发展的垫脚石,不把外人当作我们发展的垫脚石。这个意思就是"己欲立而立人,己欲达而达人"。我为了要发展,就要发展周边的人,也要扩展到更多的人。这种观念是从霸权、控制转化成协调、互助。其中的一个基本假设是人类文明发展的大趋向,包括经济上的竞争,不完全是零和游戏。所谓零和游戏,是预设总共只有100点,如果人家拿了80点,我只剩下20点;我拿30点,人家只剩下70点。零和游戏的情况当然存在,但是在人类社群的大多领域中,零和游戏是例外,所以就有双赢的可能,甚至三赢、五赢的可能。而这些可能性是要看我们有没有洞见,有没有真正的开放心灵;否则,视而不见,根本没有实现的机会。常常是对我们有百利而无一害的东西,我们不做;对我们有百害而无一利的东西,我们反而做。原因也许是我们的灵性不够真纯,也许是我们的视野不够宽广,也许是我们的"顶峰经验"不够深刻。总之,原因很多。但是,这些问题是我们在日常生活中随时随地都会面临的问题,而不只是极少数的知识精英才能察觉的问题。

人文资源的开发,人文精神的培育,是大家的责任。在深受儒家影响的东亚社会,人文资源应当是非常丰富的。1997年6月我曾在世界思维大会中用英文讲过"体知"的问题。我认为"体知"可以显示文化中国丰富的人文资源。现在我稍微介绍一下这个概念。

"体知"就是"体验之知",是体之于身的一种了解。譬如说每一个人,表面看起来都是孤立绝缘的个体,其实我们都是一个个复杂的关系网络的中心点。任何一个人都是关系网络的中心点。从这个中心点来看，每一个人都有尊严，都有他不可消解的人权，都可以有他的内在的价值。即使是一个完全自私自利的人，从儒家的角度看，还是有价值的。他不一定是社会的累赘。即使是社会的累赘，我们也不能够认为他完全不是一个人。这个"恕道"应该是宽广的一种恕道。从这方面看，恕道是基本的做人道理。但是，从最高的体现来看，一个人并不只是拥有身体。事实上，"拥有"这个观念本身即是错误的，我们不拥有我们的身体，我们"成为"我们的身体。身体其实是一个创造出来的价值，而不是与生俱来的，因为从出生到爬、到走、到学会说话、到能够用我们的手，用我们的脚，都要通过复杂的自知自证，慢慢才能够和我们的身体融而为一。但是，我们有心知，有灵觉，还有神明。从身体，即体之于身的身体，从心灵的理解，从灵性的开发和神灵沟通这些价值，都可以和身体配合起来。

包括儒家在内的中国传统里面，从来没有把身和心截然二分的理念。所以，身体成为心灵的监狱这一类的观念，在中国传统里头是没有的。正好相反，儒家强调身体的发展、心灵的培养及灵觉和神明的开悟。因此，身心灵神能够结合在一起。这不是精英主义，而是人人在日常生活中皆可以见证的道理。任何人，即使是没有特殊经验的人，都有体知的本能。换句话说，每一个人都可以在体知层次上面创造或多或少的价值。

儒家伦理的基本训练是"知人任事"。就是说，要了解人，除了要了解世界，了解历史发展各个方面以外，更要了解人本身的价值。

我们应该开拓人与人之间的了解。让我举一个简单的例子。你想了解一个人，而他又不想让你了解，你是不可能了解他的。你即使把你所想了解的对象的所有资料，包括最秘密的资料都掌握住了，你也无法了解他。除非他愿意跟你沟通，否则你永远也不可能了解他。即使是他愿意跟你沟通，如果你没有自知之明，也未必能够了解他。这当中有很多复杂的感性和理性的因素。

人生难得一知己。能真正有一个人了解自己，这在中国传统里面是不得了的大成就。只要有一个就很好了。为什么呢？就因为你的努力，经过长期的努力，经过长期的沟通，经过长期的辩难，这中间当然有冲突，有痛苦，但是也有很细致的感情交流，你才能使得两个生命合而为一。如果你能了解更多的人，那当然更好。以前伯牙和钟子期的交往就是很有名的例子。伯牙的琴曲高和寡，只有钟子期一个人真能听得懂。通过钟子期的听觉，伯牙的每一个琴声都能够在钟子期的心灵深处引发如实的共鸣。伯牙怎么弹，他就知道心志意趣何在。所以，钟子期死了以后，伯牙就不再弹琴了，因为他的琴声已经失去了知音。这种知音，既有美学的意义，也有伦理学的意义，还有宗教的意义。在中国传统里面，这是一种逐渐通过对自我的了解，扩展到对其他人的了解，对社会的了解，对人类和天道的了解，有极深刻的意蕴。

在东亚社会，这些价值如果不能够开发出来，我觉得不仅可惜，而且可悲。可以不可以这样说呢？如果公众知识分子能够参与社会，能够关切政治，又能够通过自己的体知来开发文化的资源，这是在座人人都可以做的工作。如果我们要做这项工作，我们应该了解对西方强势文明所导引出来的现代意识应有一种新的转化。譬如说市场经济是非常好的，但是我们不要使市场经济把我们的社会变成一个市场社会。经济可以有市场的效应，但是社会变成一个市场社会就是很大的悲剧。我们可以发展民主政治，但是民主政治和一种精致的文化价值和精神价值的开拓应该配套。假如只是发展民主政治，譬如中国台湾现在发展的民主政治，出现了金权黑道各方面的问题。那么，这种民主政治的发展就不能为人文的精神资源创造条件，太可惜了。这是民主恶质化的情况，非改变，非转化不可。至于个人的自由、责任和忠恕之道的培育，和我们现在所了解的社会，特别是从比较文化学的角度来了解的社会，到底应该有哪一种参考的系数和资料？除了以先进的国家，如欧美各国，作为参照对象之外，我们为什么不把印度文化、马来文化，甚至原住民的文化，也作为我们参照的系数呢？

如果要开发文化中国的精神资源，我们学习的对象不应只局限在西欧、北美和日本几个高度工业化的社会。譬如像印度文化，如果我们开始了解印度文化，我们对我们自己的大乘佛教、对我们自己的道家道教乃至有宗教性的儒学的理解就可焕然一新。固然，从科学技术、经济发展和政治发展来说，印度还不是最强势的文明，但印度文化有很丰富的精神资源，可以为我们所借鉴，所参考。马来文化也如此。甚至原住民的文化，也应对我们有所启发。

我的结论是这样：为了经济资本的积累，我们不能不同时注重社会资本的积累；为了科学技术的技能的发展，我们不能不同时注重文化能力的发展；为了培育智商，我们不能不同时注意道德理性的培养；为了发展物质条件，我们也不能够忽视精神价值。

这些工作，所有的公众知识分子，就是我们在座的每一位，都应该有责无旁贷的承诺。

谢谢。

听众提问的部分

问：我不止一次听杜教授的演讲，每一场都很精彩，可是杜教授讲得越深刻，我就越有一种无力感，有一种惶恐。今天早上，高教授讲到提倡第六伦，我们要注重和陌生人的关系，和团体的关系，和大自然的关系。我觉得和杜教授的演讲配合起来，让我们可以说是有另外一种的思考，就是在五伦之外有一个第六伦。是不是因为正式五伦之爱渐渐式微了，所以也就连带着第六伦也没有了。我们提倡第六伦是很现实的，因为我们感觉到对它的需要，感觉到它的迫切性。而第六伦所讲的与大自然的关系，与陌生人的关系，在儒家里面的"仁""恕""诚"以及"天人合一"学说里面都发挥得很深刻，所以在我们这个以资讯科技为主流的时代里面，文化经济的对话是不是在经济与政治中取着一种更强有力的主导地位，而文化，比如说儒家的价值，它不是在增值而是在减值。

杜教授的演讲每一次我都觉得很精彩，在学理上和思考上，我觉得它很深刻，可是来到了现实人生的时候，我就觉得这是一种呼吁，是一种迫切性的呼吁。也许下午的时候，高教授也可以根据这一点来做进一步的讨论。我们先听听杜教授的意见。

答: 我想这伦常的观念不是理想主义, 而是一个非常现实的考虑。经过好几千年的发展, 人与人的关系是一个复杂课题。人伦的关系不一定完全收缩到五伦甚至汉儒后来所讲的三纲里面。这些都很狭隘。各种不同的人际关系, 在古典儒学中即已出现。比如说在儒家传统最重要的人际关系之一, 就是师生关系, 并不在五伦之内。也许师生是朋友和亲子关系的结合, 有很多进一步推敲的价值。值得注意的是, 从古典儒家传统开始, 就对伦常中的每一伦发展的困难和挑战有相当全面理解。这些是一般人不太注意的。比如说,《中庸》里面就有一段引用孔子的话说, 一般的君子都能做到的事情我却做不到, 就是我对我的君能像我期望我的臣子对我一样的忠心耿耿, 这点我做不到; 我对我的兄长能像我期待我的弟弟对我一样地尊敬, 这点我也做不到; 我对朋友的信任能像我期待朋友对我的信任一样, 这点我也做不到。如果再扩展地讲, 我希望我爱我的妻子能像我期待我妻子那样爱我, 这点我也做不到。这几句话充分显示, 五伦的每一伦, 就是任何人际关系, 任何二人关系, 有非常深奥的价值, 要慢慢地体知。不管科学技术发展到什么样的程度, 这种不同的人际关系的出现, 我想是不可消解的。如人不是一个孤立绝缘的个体, 而是一个体系网络的中心点, 那这些伦常的价值, 包括你刚才讲的第六伦, 都是儒家文化所提出来的极值得人们静心思考的重大命题。把爱国主义定义为忠党忠君, 是对儒家文化的曲解与误用。

问: 这里有个问题有点敏感性。这个问题说, 儒家的伦理价值和亚洲价值观常常可以成为权威政治的工具, 达到压制异端的目的。面对这样的亚洲价值或儒家所可能发生的弊病,公众知识分子有何对应之道?怎样才能达到一个创造性的转化?

答: 这个问题虽然有点敏感,但是我很愿意回答。一般西方媒体对亚洲价值的批评大半是从政治文化的角度。就是说亚洲价值已被政权势力利用。譬如强调"顺服",最终目的只是维持政权而已。我们可以说,这是一种被政治统治术加以政治化所运用的、在人们的心灵积习中还能起巨大作用的象征资源。譬如说韩国朴正熙时代、中国台湾的蒋介石及蒋经国的权威政治时代,及现代东亚及东南亚各种不同的权威政权,都曾利用亚洲价值。这个侧面有没有?我认为有。不仅有,而且可以说是儒家文化在现代文明体现中间非常值得重视但却非常不健康的现象。

我跟西方媒体在讨论这一课题时便说,若要了解儒家文化在现代东亚社会的体现,除了政治文化以外,还要了解到年轻人的抗议精神。譬如说韩国的学生运动,常常用的是马列的社会主义革命的观点,但是它的学生运动的方式和儒家的为民请命、要对不合理的政治现象进行猛烈的批判的传统的士林精神,是一脉相承的。身为读书人,应该能够对现实的政权的不合理现象进行批评,不是为了他的自身利益。亲情伦理,教育的重要,很多这一些的观念,我认为是儒家传统在东亚社会的心灵的积习。日本的情况有点不一样,但儒家传统在武士道中起的作用不能忽视。但是在越南肯定有这个情况。除了这点以外,再加上企业界的精神和其他各方面的体现,儒家文化是不是就是为了现实的政治权威造势?我认为即使确有这一面,也是对儒家文化的曲解和误用。我们必须把儒家传统在东亚现代性中所起的作用摆在更宽广的视域中来省视。

问： 我有两个问题。第一个，西方媒体一直有一种主流价值观，像美国，它通过电影、电子网络甚至麦当劳快餐等，一直在传达一种主流的价值观，而在儒家文化圈里面，我们却看不到这样的主流价值观。因为像杜教授讲的这种新儒家的价值观，好像一直停留在一种学理的水平上，要通过主流的媒体来传达到普罗大众的水平上，好像还有很大距离。如果在西方，我们会感觉到，即使是在最偏僻的角落，也有启蒙运动以后的人文精神。这是第一个问题，就是价值观怎么能从学理的水平上传达到社会大众，为大众所接收？

第二个问题，就是在儒家文化圈的地方，杜教授讲到对人很重视，但在现实社会中，我们却发现恰恰是在儒家文化圈里面，对人的限制反而更严重。譬如说家庭对孩子的限制、老师对学生的限制、政府对公民的限制。而这种限制在西方好像较松一点。这可能也是高教授所讲的开放社会对经济的一种支持。那么，我们希望儒家文化圈对人的限制少一点。譬如说现在的教育，家庭对孩子有限制，老师对学生也有限制，这种教育能培养出西方那种大科学家、大艺术家吗？希望杜教授能给我们做出一些解释。

答： 这确实是一个很严峻的问题，也是我思考得比较多的问题。当然这与历史、与实际的社会条件有密切的关系。儒教文化圈——如果我们用这个名词——曾受到长期的屈辱，所以还有很多悲愤，或者说是愤愤不平之气。可以说，直到最近二三十年，我们才看出一些化悲愤为知性力量的苗头。也就是说，中华民族的再生，不仅是经济现象、政治现象，可能其背后还有深刻的文化信息。但是，目前有普世意义的文化信息还没有充分体现出来。这是一个困境。但是，我认为这个困境的本身却给我们创造了很多新的机缘。

东亚知识分子这一百多年来是向西方取经的。如果以日本为例子，开始是"兰学"，就是向荷兰学习，然后是学英国、法国、德国，最近几十年是学美国。但是，这个向西方取经，并不表示东亚社群里面的那些原来的价值已荡然无存。虽然经过了非常曲折的变化，有很多最好的知识精英，五四以来最好的知识精英，对传统文化进行猛烈的批判。但是，那些猛烈的批判事实上是为儒学创造了很好的生机，就是儒家传统里面的消极因素和阴暗面，已用放大镜都展示出来了，大家都能清楚地检视。譬如儒家经典，特别是四书五经，几乎没有一句和现代精神相违背的话没有被批判过。特别是《论语》里头的"惟女子与小人为难养也"和"民可使由之，不可使知之"，更是受到猛烈无情的批判。所以，儒家传统在最近几十年或近百年来的自我转化，在人类文明史上是史无前例的。而且，它这种转化是建立在以充分坦诚而且开放的心灵来吸收西方价值的基础上的。譬如说，儒家文化中若跟自由、平等、人权有冲突的价值，那自然要把它们洗刷掉，尽量发扬和这些价值可以配合的因素。

虽然这样做了，但是我们是不是已经到了一个新的阶段？我认为现在已经到了一个新的阶段。就是经过长期的学习，经过长期的批判，经过长期的自我反思，现在发现这些价值不仅有生命力，而且面向21世纪，对人类社群将来如何和平共存还可以提出一些新的贡献。就是在这个基础上，我们才谈到这些价值的重要性，因此学理的突破，甚至是最严格意义下的哲学思想的突破，是有必要的。不过那些突破只是一个极小的窗口。那些突破,如果正如你所说的,不能够落实到媒体、企业、社会以及日常生活的意义世界之中,那是不可能发挥转世功能的。事实上,它们已经在落实了,而且我们可以看出来。譬如目前在中国大陆所发生的,说得乐观些,虽然商业大潮冲击着一切,但文艺复兴的契机也日益明朗。

新加坡是一个很特殊的情况。新加坡经过长期的努力,已经有了显著成绩。很多人说,新加坡的儒学研究在开始时是风起云涌,后来就虎头蛇尾了。我的看法完全不同。我认为,那次在80年代的论说是为新加坡的社会特别是公众知识分子创造了难能可贵的公众空间(public sphere),让大家辩论彼此都关切的文化问题、政治问题、社会问题。这些问题的辩论使得新加坡现在绝对有条件发展一个严格意义下的、但却很健康的市民社会(civil society),也可以说是公民或民间社会。这是什么意思?就是说,媒体、企业、学术机构,各种不同的职业团体,各种不同的宗教团体,各种不同的社会运动,对政府而言有它的独立性。所谓相对的独立性,就是说它有很多丰富的文化资源和象征符号的资源可以调动起来,和政府能够进行健康的互动。当然有张力,甚至有矛盾。但是这个张力和矛盾是使得社会的动力更大,因为共识很宽广,社会的动力更大。

最近《联合早报》刊登了一项调查结果,显示新加坡人民对政府的公信度有非常高的肯定。但是我们要注意,假如说只有25%的人认为有自由度,意思就是发展的空间不够大。要怎样调节?这是所有公众知识分子,不仅是政府的官员,而且是学术界的、企业界的和媒体的领导,大家都应该重视的问题。应该使得这25%逐渐地升涨到50％、60％、70％。那个自由度的升涨，使得各种不同领域的价值能够开发。这是非常重要的任务。必须如此才能把新加坡社会的竞争力和新加坡的综合国力调动起来。如果只是工具理性的运用，特别是我们说的社会工程，所有价值、所有的理念都是从政权势力内部向下传达，那么这个社会的动力绝对不能够充分发展。为了使得"知识社会"（knowledge society）能展现其动力，由上至下的领导必须配合由下至上的创意才能相辅相成。

我觉得1997年6月的世界思维大会中，明显标示新加坡的政治领导已经有相当大的自觉，认识到真正的教育不能够是填鸭式的教育，应该要发展人文精神，要在各种不同的领域发展，不然是不能培育创造性的。那么，这种发展就需要一种新的社会秩序的出现。而这个秩序的出现，责任伦理非常重要。媒体要有它的责任，才能够像美国现在一直倡导的公众媒体（public press）。媒体本来就应该是公众的，但是当媒体变成私利的代言人或只能反应市场需求，即丧失了它的公众任务。以《纽约时报》为例，1995年我参加联合国在哥本哈根举行的世界社会发展高峰会议。这是个非常重要的会议，提出了许多非常严峻的问题，包括贫穷、社会解体和失业问题，可是美国媒体几乎没有报道。为什么呢？因为当时美国的媒体都在报道所谓20世纪的大审判辛普森谋杀案件，连《纽约时报》也不例外。从洛杉矶法庭传出来的那些鸡毛蒜皮的小事都变成大事，对人类社群的大事反而不屑一顾。这一种媒体的疯狂作业对美国媒体的公众形象是一个极大的讥讽。

现在，我认为美国社会有一个很大的考验，就是有深刻文化内蕴的创造性的动力能不能够再度开发出来。自从二战以来，美国一直在扮演教导文明（teaching civilization）的角色，到世界各地去教导市场经济、民主政治、科学技术。现在，美国能不能重新发扬它以前的那种精神，再度成为一个学习的文明（learning civilization）。这是美国文化能不能有进一步发展的一个大考验。保罗·肯尼迪在他的《大国的兴衰》里面说过，任何大的文明到了高峰以后都会没落。那么，美国文明是不是会没落？如果美国不能重新成为一个学习的文明，它就会没落。不过，美国是移民文化，和欧陆相比确有兼容并蓄的开放心灵。如果美国不仅向西方传统回归，而且勇于吸取亚太地区的精神文明，前景是乐观的。但中华民族的再生，具有深层人文价值的信息究竟是什么？应该是什么？让我们共同思考。

问：我是一个从中国大陆来新加坡读书的学生，现在国立大学。这样说吧，在我周围，当我刚刚来新加坡的时候，有很多的基督教徒向我传教。我的很多从中国来的朋友，以前接受的是中国教育，现在已经成为基督教徒。在他们挣扎的过程中，可以说是一种基督教和他们原来的价值观斗争的过程。我想请问的是，你刚才提到基督教和全球化，基督教和儒家文化还有基督教和伊斯兰教有很多共同的地方。那么，它们是不是没有冲突的地方呢？它们冲突是可以解决的，还是像美国的亨廷顿教授所说的，文明的冲突是不可避免的？另外一个问题是，我们讲究文化中国或者一个文化社群，但是真正能够得到这些文化启示、能够考虑这些文化问题的人，毕竟是不多的。在绝大部分的地区和地方人们考虑的是，如果他们连吃饭、穿衣、住房、行动都成问题的话,很难考虑到这些文化课题。他们每天做的是设法去赚钱、去吃饱穿暖。这是非常可悲的事情。但是,我们要怎样教化他们?余秋雨教授曾经说过,新加坡是以教育代替文化。教育究竟能不能够代替文化?我们是不是教育了人,就可以使他们成为文化人?还是需要通过其他途径来"文化"他们?

答:你把"文化"当动词,我是第一次听到,不过这很有形象性。我先回答第二个问题。我最近到北大参加百年校庆活动,也代表哈佛大学校长参加了校长会议。校长会议一共有150个大学校长参加,有三天的议程,一共有15个座谈,很多人发言。我的报告由北大的陈佳洱校长做主席,和牛津大学校长及东京大学校长是在同一个座谈,论题是关于人文学和公共知识分子的课题。报告以后,有位朋友提到,在这次的三天学术讨论中,只有你提到人文学,提到文化,其他所有的讨论都是集中在科学技术、经济发展、大学将来要怎么筹款、怎样生存、怎样维持、和社会的关系如何这些问题。你刚才谈的我非常了解。针对文化问题来讨论是真正的"少数民族"。经济问题不仅为多数人所关注,绝大多数的知识分子对经济问题都很敏感。事实上,即使是讨论文化问题,也不能对经济有所忽视。这是大家的共识。可是我倒不一定接受因为生活很繁忙就没有办法照顾文化的说法。那个文化的意义是一种精致的,而且可能和现实脱节的,一定要有足够的财源和时间才能够谈到。

但是,还有另一个意义的文化,就是如何做人。你每天在公司里面,在任何地方,只要跟其他的人有关系,要交谈,这中间就有文化的因素。你是一个惟利是图的人，或者你在发展你自己的企业时，你要照顾到自己的员工，或者要照顾到自己的亲人，这些都和文化有非常复杂的互动关系。譬如有很多学者说，中国有几亿农民跟农奴一样，每天在为生活而挣扎，没有文化。可是现在有几位从事中国民间文化研究的人类学者却对中国农民文化的那种复杂丰富的内容有一个新的体会，并且认为中国大江南北的农民都有企业精神，和一般所了解的那种缺乏自觉能力的农民大不相同。我们不要把文化只当做是精致的而且需要很多资金来培养的那种最高的艺术创造品。我认为文化也是渗透到各个不同的领域的价值和意义因素。从这个角度设想，我们才说公众知识分子对文化应该有一定的责任。

再谈谈前面的那个问题。如果说面向全球化的趋势，文明冲突是不可避免的，因此文明冲突是人类面临的危机，那么文明对话便更为重要，更为迫切。我自己进行过很多次的文明对话，基督教和儒家的、伊斯兰教和儒家的、佛教和儒家的，其中出现一个非常有趣的现象。就是说如果基督教和伊斯兰教对话，你知道谁是基督徒，谁是穆斯林；犹太教和伊斯兰教对话也是如此。但只要有儒家文化的代表参与其中，情况就大不一样。比如说我参加的第一次基督教和儒家的对话，不少代表儒家的也是基督徒，而他们自己称为是儒家式的基督徒（Confucian Christian）。

那么，是不是有儒家式的穆斯林（Confucian Muslim）？在中国，比如说杨怀中等中国的穆斯林学者，他们即可说是儒家式的穆斯林。有没有儒家式的佛教徒？比如说入世佛教，也就是人间佛教，基本上都是儒家式的佛教。它并不强调出家，它的爱世和转世使它突出入世。在这个情况下，儒家变成了一个形容词——儒家式。那么，这个形容词有没有什么内涵？我认为，这个内涵跟我前面讲的公众知识分子的三个特色完全可以配合起来。如果是儒家式的，则一定关切政治，虽然不一定从政，但必须关切，完全不关切政治的儒家是不可想象的，那也许是道家了。是否参与社会？这个很重要。另外呢？是不是醉心于文化？大概这三个线索是定义公众知识分子的标准，或者是有儒家性格的公共知识分子。

另外，我可以提一下公众知识分子在北美所开展的论域。公众知识分子这一观点是我在美国的总统特聘委员会关于人文学的讨论中提出来的。不过，我和西方的学者对话时早就发现希腊的哲学家、希伯来的先知、基督教的僧侣阶级、印度教所谓的导师这些人格形象，虽然曾为今天在欧美意义下的公众知识分子提供了很多资源，但是其价值取向及生命形态和今天的知识分子大异其趣。英文里所谓的知识分子（intellectual）的观念，是从 19 世纪的俄罗斯来的。但是，俄罗斯那时所讲的知识分子，和政治有截然的冲突，绝对不能认同当权者，一从政就成为官僚，就不是知识分子了。知识分子深受法国启蒙时代的革命精神的感召，抗议的情绪特别强烈。

最近中国湖北荆门的郭店出土了一批资料，中间有一句子思子的话很有意思。鲁穆公问子思子："何谓忠臣？"子思子说："恒称其君之恶者为忠臣。"意思就是说，那些一直骂君王说"你很糟糕"的才是忠臣。结果鲁穆公很生气，没有回应，而问宫里的一位大臣，表示"子思子虽是老师，但提出'恒称君之恶者为忠臣'未免过火了吧？"那位大臣说："并不过火。有很多臣子为了君王可以牺牲性命。这些人为了钱，为了势，为了名，他们愿意牺牲自己的性命来报效君王。可是一直在骂你，而且一直要你小心翼翼的，大概只有子思子这样伟大的忠君者可以做到。""恒称君之恶者"当然体现了儒家思孟学派的抗议精神。19世纪以来的俄罗斯传统认为，只有抗议精神才能体现知识分子的风格。但是我们现在发现，特别是在中国大陆，这种情况极为明显，即很多最有抗议精神的知识分子事实上却在体制内部，他们的抗议精神反而特别突出。

（正文部分载1998年9月27日《联合早报》言论版，问答部分载1998年11月10日《联合早报》言论版）

郭店楚简的人文精神[1]

郭店楚简具有十分丰富的历史和现实意义。从学术史角度看，《五行》篇所标举的仁义礼智圣，继马王堆帛书《五行》之后，进一步确证了思孟"五行"学说的具体内涵。所谓"德之行五和谓之德，四行和谓之善。善，人道也。德，天道也，"通过分梳的形式表达了"五行"贯通天人之道的精神实质，其性与天道思想已相当凸显。从子贡所谓"夫子之言性与天道不可得而闻"到郭店楚简《五行》《性自命出》诸篇所揭橥的性与天道思想，反映了子思或思孟学派在这一论域的积极开掘，同时复现或补足了子思或思孟学派的思想面貌，使先秦儒学的崭新诠释成为可能。

从历史观方面看，郭店楚简作为实物形态的战国文献，有力地支持了"走出疑古时代"的命题。毋庸置疑，以顾颉刚先生为代表的

---

[1] 此为作者1999年10月5日在武汉大学召开的楚简国际学术研讨会上的报告。由胡治洪整理。

"古史辨"派所高扬的"疑古"思潮,对于廓清历史迷雾,摆脱盲目"信古",曾经做出过很大贡献,是对清代辨伪之学的继续,为后学留下了弥足珍贵的学术遗产。但这一思潮矫枉过正,以致将西周共和以上都归于茫昧不可知的境地,对于学术思想史的材料亦怀疑过度,定位甚晚。郭店楚简,特别是儒家简,以其达到的思想高度,证明儒学文化发展到思孟时代,已经有了非常深厚的文化资源。因此,我们应该在批判继承"古史辨"派学术成果的基础上,扬弃"信古""疑古"两个片面,跨入新的"释古"时代。

郭店楚简蕴含着中国文化的内在精神及核心价值观念,如《太一生水》表述的宇宙生成论,《五行》《性自命出》《穷达以时》等篇彰显的天道性命思想,《忠信之道》《唐虞之道》突出的道德理想主义倾向,《鲁穆公问子思》呈现的抗议精神,确实在源、流两个向度上都与中国传统的关于个人、社群、自然、天道的观念深相契合,表明中国文化自孔子以来,特别是通过颜回、曾子、子贡、子游等亲炙弟子和子思及孟子由身体力行所彰显的本体诠释,即已开展出一条源远流长而且博大精深的身心性命之学。从"天生人成"来理解人的创造性,从超越而内在的天命来认知道德主体的终极基础,从内外交养的修身哲学来体现自我的价值——一种"性由心显"的人文精神便应运而生。这确是轴心文明时代光辉灿烂的哲学成就,为"文化中国"在当今世界的"文明对话"中提供了丰富的思想资源。

二

就其实质而言,郭店楚简的意蕴在于人文精神,这才是它的不朽的价值。任何一种文明,除了经济资本之外还必须有社会资本,除了科技能力还要文化能力,除了智商还要有情商(以及伦理智慧),除了物质条件还要发展精神价值。人文学就是指涉人类精神的科学,它关注人的自我认识与反思、个人与社群的关系、人类与自然的和谐乃至人心与天道相应合德等课题。

可以说,在郭店楚简中,人文学所应关注的问题基本都有涉及,自我修身、群己相成、万物一体、天人互动之类思想多彩多姿,美不胜收。这是中华文明大师大德的思想结晶,是作为"文化中国"的认同基础的重要组成部分。

当前中华民族的生存境况如何?大陆改革开放以来经济资本和物质条件都有了很大的增长和改善,但精神资源与文化资本是否也在同步积累?面对以英语为媒介的英美文化占据绝对强势的国际互联网的咄咄攻势,中华文明如何生存和延续?所有这些严肃甚至是沉重的课题,都指示我们必须发掘、阐扬并且十分珍视我们的人文资源,以为我们文化认同的深厚根基。郭店楚简的面世为我们提供了契机。

2001年将是文明对话年。希腊传统、佛教、基督教、伊斯兰教、兴都教、犹太教以及儒学、道家(道教)等轴心文明系统,都将争取尽可能大的言论空间。

而争取言论空间,必须拥有非常丰富的人文资源。郭店楚简的面世，也为我们提供了美好的希望。我们至少要有三代人的努力，庶几达致中国文化一阳来复的境地。

三

庞朴以"孔孟之间的驿站"来刻画楚简中 14 篇（当然，究竟如何分篇尚无定论）儒家经典的历史价值。孟子"仁义内在"的性善说如何从孔子"性相近"说演化而来，在这些资料中可以获得许多新消息。既然这批包括子思学派在内的原始资料早在孟子之前，当然也即是荀卿学派的源头，能找到不少与荀学一脉相承的痕迹，也就是合情合理的。

其实，郭店楚简为我们开拓了一个宽广的论域，使我们对"儒分为八"的局面有了较深的认识，也迫使我们重新认识今本《礼记》中不少应属战国中期思想的篇章。正如郭沂所谓各家各派征引"子曰"的文献也必须承认是孔子及门、再传或数传弟子忠实记载的夫子之言。职是之故，我们不能贸然否定孔子家传从而对《孔丛子》乃至《孔子家语》都截然断定是与夫子毫不相干的意揣之辞。

更值得注意的是，我们如果接受李学勤所谓"走出疑古时代"的呼吁，那就不仅必须重新评价 20 世纪的科学主义，而且对崔述、阎若璩乃至宋人的证伪也应全面检讨。孔子和六经毫无关系的武断已经不起事实的考验，但如何重新诠释孔子《诗》《书》之教、读《易》、习《礼》和作《春秋》，则还需点滴凝聚的艰苦工夫。不过，孔子确有身心性命和天道的教言，已不能说是用宋明儒的眼光来认识先秦儒家了。

的确，郭店楚简为宋明儒学家的心性之学乃至身心性命之学，譬如程颢以道训仁、朱熹把心性情分为三个相对独立的范畴、陆象山从"仁义内在，性由心显"讲立志，提供了论据。

四

郭店楚简的研究已经取得了可喜的成就。如上所述，郭店楚简的面世以及迄今为止的研究工作，有力地支持了"走出疑古时代"的观点，证明原始儒、道两家的和平共处以及先秦儒家天道性命思想资源的丰富深厚，这必将导致整个中国哲学史、中国学术史的重新改写。

但是，要实现改写历史的伟大任务，还必须经过长期的、艰苦的研究。现在看来，郭店楚简存在的问题还不少，如"太一生水"究竟是中国早期宇宙生成论还是民间信仰？儒家简中十分突出的"情"的内涵究竟是"情感"还是"情实"，或兼具二义？"四行""五行""六德"以一套德目贯穿三重道德，是通过怎样的渠道推进的？简文中许多"心"符文字，除六书造字的通则之外，是否具有更加深刻的人文意蕴？特别是这批材料的下限是否确为公元前300年左右，这对先秦学术谱系的确定具有至关重要的意义。诸如此类，不遑枚举。显而易见，对郭店楚简的深入研究，需要考古学、文字学、简牍学、校勘学、文献学、历史学、民俗学、人类学、文化学、知识社会学、哲学等多学科学者的共同努力，需要国际汉学家的积极参与,可以说这是一项跨学科跨国界的共业。

目前,郭店楚简研究的势头是很好的,北京大学、武汉大学、台湾大学以及美国哈佛大学、达慕斯大学、芝加哥大学和日本东京大学等高等学府,或成立专门机构,或开设楚简研究课程、举办研讨班等。特别令人兴奋的是,上海博物馆购藏的楚简将于最近整理发表,到那时,我们对先秦学术思想史的认识将会有质的飞跃,郭店楚简的研究也必将出现新的局面。

五

我们期待上海博物馆购藏的楚简尽快公之于世。据说这批和郭店楚简年代相同而数量则多出一倍以上的珍贵文物,可以让颜子之学重见天日,为《尚书》的真伪提供新线索,对《易经》研究亦大有裨益。本着学术为天下公器的原则,1972 年出土的马王堆帛书至今仍不得一窥全豹的教训是深刻的。郭店楚简的研究在短短两年之中即取得如此丰硕的成果,是中国学者勇猛精进的显例。能够在近期一睹上海博物馆购藏的楚简的原貌,是世界各地关心中国学术发展的知识人的共同愿望!

(《郭店楚简国际学术研讨会论文集》,湖北人民出版社,
2000 年)

全球伦理的儒家诠释[1]

1993年在芝加哥举行了大规模的世界宗教集会,并以孔汉思(Hans Kung)起草的文本为基础发表普世伦理宣言,引起精神领域中各家各派的关注。同年夏天哈佛大学政府系亨廷顿在《外交季刊》提出"文明冲突"的构想,在全球各地掀起广泛的讨论。儒家在世界宗教集会中缺席,而在"文明冲突"论域中却扮演了毫无先见之明的重要角色。不该缺席的竟缺席了,而不应出场的又出场了。在儒家传统现代转化的议题中,这种坐失良机的沉默和身不由己的曝光,值得我们深思。

由孔汉思主导的普世伦理所得出的两项基本原则,和儒家"己所不欲,勿施于人"的恕道精神如出一辙。而且宣言中明确指出,孔子思想是基本原则的源头活水之一。当然,这种对先秦儒学的认可

---

[1] 本文是在台湾"中央研究院"中国文哲所筹备处1999年7月6—8日举办的"儒家思想在现代东亚"国际研讨会上的发言提纲。

其来有自。18世纪的伏尔泰、莱布尼兹及重农学派的魁奈即突出儒家人文理性的启蒙价值。二战以后,雅斯贝尔斯在《大哲学家》一书中特别凸显柏拉图、孔子、释迦牟尼和耶稣的历史意义在欧美学坛已成公论。儒家居然在这样一个友善的环境中缺席是一大遗憾。特别是1893年第一次世界宗教大会在芝加哥召开时,还有代表儒家的清朝官员参加,而百年之后竟完全沉默更令人扼腕长叹!

亨廷顿的"文明冲突",从西方,特别是美国的战略立场设思,有浓郁的冷战情结。亨廷顿把儒家文化和伊斯兰文明相提并论,成为当代西方民主世界的对立面。更有甚者,他刻意把日本剔出儒教文化圈并判定李光耀所代表的反美观点是立基于儒家式的意识形态,因此儒家便成为权威主义和中国威胁论的理据。在这一以霸权(也包括反霸权)为主旋律的论域中,李登辉强调台湾的民主经验并驳斥新加坡模式,金大中坚持孟子传统拥有丰富的民主资源和西方媒体猛攻亚洲价值都使儒家曝光。固然,在文化宗教领域里沉默而在经济政治领域里曝光,使儒家的优点黯然不彰而缺失则暴露无遗,对新儒学的健康发展是极为不利的,但从文化宗教及经济政治之间复杂互动的关系中来检视儒家伦理的全球涵义,则黑白二分判然明确的印象并不符合事实。

孔汉思所草拟的普世伦理宣言虽然确有可借鉴之处,但其基本取向则颇有商榷的余地。我们如果把孔汉思的取径描绘为"淡化削弱"的过程,也许失之公允,但10多年来,他悉心讲求最大公约和最低要求的努力确有淡化和削弱的倾向。对孔汉思倡导普世伦理的心路历程作一现象描述即可说明问题。必须提出的是,这种粗糙的描述完全不涉及孔汉思的神学,当然也不低估他在宗教学方面的贡献。孔汉思的伦理普世化的起点是天主教内部的对话。以此为基础,他先设法消解基督教之间(天主教与新教)的歧异,再考虑三大一神教(犹太教、基督教及伊斯兰教)的会通。接着,他联系各大宗教(包括佛教、印度教、儒家和道家)进行对话,最后才讨论宗教和世俗的分别以及形成共识的可能。这种淡化特殊性和削弱排他性的策略虽然"言之成理,持之有故",但也潜藏着简化的危机。

孔汉思深信宗教之间的相安无事是人类社群得以和平共存的先决条件。他的普世伦理便是通过宗教对话而消解矛盾冲突的权法。为了有效进行对话,特别是基督教和伊斯兰教之间的对话,当然必须超越特殊性和排他性,否则根本无法起步。值得注意的是,对宗教与宗教之间的冲突,乃至同一宗教内部的冲突,愈有体认的神学家,如孔汉思,便愈意识到远离教义之争的必要,因有切肤之痛,不愿陷入在外人看来毫无疑义的门户党派之争。这点当然是可以理解的。因此,我对孔汉思能从天主教内部提倡对话,跨出基督教、一神教和宗教的藩篱而站在宏观视野讨论普世伦理的志业是认同的,赞许的。

其实,由于秦家懿的引荐,我和孔汉思晤面多次,也曾积极参与他所主持的对话。我也曾获得参加芝加哥宗教大会的邀请,事前也对普世伦理宣言略有所闻,但是竟因俗务羁身放弃了发言的机会,后来也没有主动投入筹划的意愿,确有几分不易说清的疑虑。

试问一个虔诚的基督教(或伊斯兰教徒)要通过什么"诠释实践"才真能淡化特殊性和削弱排他性?如何在多元宗教的氛围中坚

持耶稣基督是唯一道成肉身的典范并且是唯一的真理、道路、生命的信念,而不妨碍向其他精神文明汲取智慧的意愿?如何坚守以宣传福音为天职的原则而不强人之所难?如何把了解异质文化乃至极端他者当作实现精神自我的助缘?如何回应生态环保、女性主义以及多元文化的挑战?如何在信仰上帝的基础上充分肯定修身为变化气质不可或缺的工夫?如何培养自我批评的能力而不陷入相对主义的陷阱之中?这类问题必须从信仰本身(包括基础神学、系统神学和实践神学)进行反思。如果刻意摆脱浓郁而强烈的信仰,只通过淡化和削弱的宗教情境来建立人的共识,即使支持宣言的签名者成千成万,实质意义仍极有限。孔汉思在神学界建树颇多,但在文明对话的领域中则乏善可陈。我曾翻阅他有关基督教在当今世界如何自处的伟构。在洋洋千余页的巨著中,有关非基督教文明的世界只数笔轻轻带过,也许不到 40 页。我们如何相信他的普世伦理真能超越特殊性和排他性,而他的淡化削弱不只是传递福音的策略?

联合国教科文组织邀请汉城大学哲学教授金丽寿主持普世伦理的研究计划。我未能参加 1997 年在巴黎举行的定调会议。据悉孔汉思的观点为与会的其他 11 位哲学家认可并形成共识,准备在 1998 年那波里会议中草拟宣言。可是我参加的那波里会议不仅没有草拟宣言而且对淡化削弱的策略提出基本质疑。北京和巴塞罗纳区域会议之后疑虑显然加深了。

相形之下,亨廷顿在 1993 年刚提出"文明冲突"的论说却引起极大的争端。带有讥讽意味的是,亨廷顿在民主化研究的领域里因为采取了熊彼得集中考察选举行为的方法,对文化因素不仅不重视而且经常不列入考虑。不过,在触及儒家文化和民主政治之间关系如何的课题时,亨廷顿并不接受白鲁恂把"儒家民主"判定为自相矛盾的断言,而且做了和白鲁恂从政治文化分析出儒家必然倾向权威主义大不相同的结论:即使儒家传统和民主政治之间有很大的张力,深受儒家文化影响的东亚社会未必不会走出一条和欧美大异其趣的民主政治道路。不过,亨廷顿虽然不是一个文化决定论者,他对文化因素在国际抗争中所起的作用确有夸大其辞之嫌。亨廷顿在民主化研究中有意排除文化因素,而在探讨国际政治的冲突地带时又过分强调了文化因素。这种或过或不及的摇摆,即使在大众媒体引起对儒教文化圈的关注,也并不能帮助我们思考曾经深受儒家传统影响的东亚,特别是文化中国,在世界秩序重组的全球化过程中会扮演什么角色,应如何自处。

近年来亨廷顿和伯格合作,进行"全球化和文化"的比较研究,使我想起1990年在夏威夷的东西方文化中心发展"文明对话"的经验,也使我想起上世纪80年代在新加坡的东亚哲学研究所组织国际学人共同探索源远流长的儒家传统如何向现代转化的经验。前者和孔汉思的普世伦理有关,后者则与亨廷顿的文明冲突有关。文明对话的理据至少可以溯源到雅斯贝尔斯有关"轴心文明"的理念。从公元前6世纪以来即对人类文明发挥塑造作用的轴心文明的视野立论,"文明对话"意味着第二个轴心时代的来临。假如第一个轴心时代(从公元前6世纪到20世纪中叶)柏拉图、孔子、释迦牟尼和耶稣所代表的希腊哲学、儒家、佛教和基督教四大文明虽然有不少相互影响的痕迹，如希腊哲学与基督教和儒家与佛教，但主要倾向是相对独立和各自发展，那么，第二个轴心时代的本质特色即是文明对话的可能和实现。毫无疑问，孔汉思的普世伦理即是以文明对话为前提的。其实，亨廷顿也接受这样一种论点：正因为有文明冲突的危险，文明对话才成为必要。

王赓武指出，即使亨廷顿的"冲突"构想在世界各地引起紧张，文明多元的预设也是值得肯定的。假如一位完全从西方现实利益着想而且以美国的全球战略优势为专业的政治学家也不能不承认全球化不是西化，也不是美化，而是在多元文明的格局中进行的，那么想从一种文明（希腊文明、儒家、佛教或基督教）导引出普世伦理绝无可能。孔汉思的取径当然是以多元文明为前提的，但他的神学扎根于天主教，其哲学浸润在基督教氛围中，而生活世界又不脱当代德国的心灵积习。根据我的观察，他参与文明对话虽有高度的智慧和宽阔的心胸，但究竟与自家身心性命有何关系则不得而知，和早先的布伯及晚近的蒂利希大异其趣。也许这是孔汉思不能从淡化天主教的特殊性和排他性的策略取得犹太教、伊斯兰教、佛教及印度教学者积极认同的缘故。

孔汉思的普世伦理在文明对话乃至比较宗教的领域里引起质疑和责难的根本理由也许还不在天主教、基督教和当代德国的地方情结。其实孔汉思的诠释实践充分证明，正因为他确能淡化特殊性和削弱排他性，他才能超越自己的地方性而站在全球的宏观视野来开展普世伦理的论域。我想他的困境不是地方性太强而是根源意识太弱。这当然是一个悖论。淡化和削弱的诠释策略必然导致抽象的普世主义,正好陷入女性主义、社群伦理和文化多元等"后现代"论说严厉批判的启蒙心态。暂且不追问这类批判是否具有真实的理由。和吉尔兹、华瑟、桑德尔和陆思本等人的思想相比,孔汉思的"最低要求"确实显得单薄软弱和缺乏说服力。特别是面对亨廷顿的文明冲突更有陈议虽高,但在国际政治舞台上则缺乏操作可能的书生味道。

在文明对话中,儒家扮演了一个涵义甚深而前景大有可观的角色。凡是有儒家参与的对话都会出现双方定位不能判然明确的情况。一般来说,基督教和佛教,犹太教和伊斯兰教或印度教和锡克教对话时,双方信仰重叠的例子极少,但代表儒家的基督徒、穆斯林或佛门弟子则屡见不鲜。把儒家当作形容词来描述自己价值取向的教徒亦大有人在:儒家式的基督徒、穆斯林或佛门弟子。为了论说的方便,我们刻意把"儒家式"规定为关切政治、参与社会和重视文化三种属性。具体地说,在文化中国的范围里儒家式的基督徒应是"文化基督徒",儒家式的穆斯林应参与社会改革,而儒家式的佛门子弟则信仰"人间佛教"。这种情况似乎昭示儒家能在文明对话中起沟通的作用。也可以说正因为儒家的排他性不强而其特殊性并不妨碍其普世性,因此有发挥中介功能的潜力。我们应当追问:这种作用和潜力只是偶然因素还是有更深刻的理由?如果不只是外缘而已,那么究竟有什么本质属性使得儒家能在文明对话中扮演这种角色?

儒家入世的人文精神立基于"鸟兽不可与同群,吾非斯人之徒欤而谁与"的悲愿之中。这种和普罗大众共命运的悲愿自然会引发关切政治的真情实感,和通过天国来世或彼岸净土而否定此岸现世的价值取向迥然异趣。不过,必须说明,关切政治并不一定要从政,更不必认同现实,可是政教二分或圣凡对立则非儒家赞许的人生态度。固然,儒家传统曾和中国乃至东亚的政治理念、制度及实践有不可分割的联系,但把儒家政治定义为权威和专制则失之武断,有欠公允。

正因为儒家所认可的专制关怀不局限于官场,儒者以天下为己任的胸襟每每在人伦日常生活中体现。参与社会便成为儒家"身心之学"中不可或缺的维度。不过,儒家的专制关怀和社会参与既非强调凯撒而轻视上帝,也不是选择红尘而背离净土。恰好相反,儒家以凡俗为神圣的价值取向和基督教的社会福音有类似之处,而其转化权力斗争为信赖社群的宏愿又和佛教为拯救众生而不入无余涅槃的菩萨道有相同之点。

职是之故,儒家对文化的重视在比较宗教的领域里获得广泛的认同,儒家人文化成的理念还可以为祈求天国来世的基督教和向往彼岸净土的佛门子弟提供丰富的伦理资源。的确,儒家的问题意识——一种在日常复杂的人际关系网络中带着浓郁的人情味,积极进行"转世"而不为"世转"的"为己之学"如何可能的自反自证,对其他轴心文明而言,不仅有参考的价值而且有导引的作用。

儒家获得对全球伦理进行诠释的契机是两股表面上似乎矛盾但骨子里却能够而且必须整合的思潮:全球化和地方化。全球化和地方化的整合意味着全球化可以突出地方性,而地方化未必排斥全球性;同时也显示了两者可以进行健康互动的可能。儒家"己立立人""推己及人"和"成己成人"的教言正是这种以"亦此亦彼"取代"非此即彼"的思路。儒家伦理的起点是活生生的具体存在的个人,场所是人伦日用之间的生活世界,过程是做人的道理,而终极关怀则是以天地万物为一体的仁德为基础来完成修身、齐家、治国和平天下的圣贤大业。

全球化所必备的普世精神和地方化所预设的根源意识在儒家伦理中是不可或缺的两个维度。首先,我们可以从"层层限定和层层破除限定"的辩证发展来认识儒家从根源通向普世的艰苦工夫。个人和家庭,家庭和宗族,宗族和乡里,乡里和州县,州县和郡国,郡国和天下,每一个环节都有不可消解的独立自主的根源性,而且也都有突破封闭心态、向外向上开拓和挺进的源头活水。

以个人为例,既然"三军可夺帅也,匹夫不可夺志也",任何利用集体主义的意识形态来消解为己之学的核心价值的策略,都不符合儒家伦理的基本原则。但是,儒家的个人不是孤立绝缘的个体而是关系网络的中心点,因此"己立立人"不是利他主义而是修身的常法;"推己及人"不是异化自我而是恕道;"成己成人"不是牺牲个体而是君子自处的坦途。由此类推,家庭、宗族、乡里、州县、郡国和天下每一层次都不能排除根源性的限制,同时也都具有通向普世的动力。

进一步检视,根源性和普世性在儒家伦理中不仅是限定与破除限定的辩证关系,而且是相辅相成的有机联系。家庭是由个人组成的,没有独立自主的人格即不可能有和谐温暖的家庭,但是家庭的意义又超出个别成员的总和,因为参与家庭的每一位作为网络中心的成员都获得了额外的物资和精神资源。一般家庭是由性别、年龄和身份的"差序格局"而组成的,无法逃避权力和权威的干扰。儒家的家庭为社会组织的细胞,充分认可家庭在人类文明演化进程中的积极角色。站在"为己之学"的立场,家庭是人类生存、培养和成德的基础结构,不是权力集中或权威控制的机括。如果应为每一位女男幼老谋福的基础结构竟异化为少数人乃至一个人滥权的机括,那么家庭便会沦为"万恶之渊薮"。可是儒家坚信家庭是人类长治久安的不可或缺的自然秩序,不能因家庭异化的现实而根本否定家庭的社会功能。即使取代家庭的乌托邦理念仍层出不穷,而家庭的定义和实践亦变化多端,我们还很难设想一个超越家庭制度的现代文明。三纲的信念已彻底动摇了;即使东亚儒教文化圈还不能完全摆脱君权、父权和夫权的心灵桎梏,"君为臣纲,父为子纲,夫为妻纲"的教条已毫无说服力了,但五伦的理念(父子有亲,君臣有义,长幼有序,朋友有信,夫妇有别)还值得阐发。

据此类推,从家庭到天下都和个人的修身有紧密的亲和关系。近来法国的皮埃尔·阿多以哲学为人生并突出从苏格拉底到福柯的"精神磨练",和儒家的价值取向很相契。《大学》中称"自君子以至于庶人,壹是皆以修身为本",充分体现了这一思路的特色。固然修身哲学的逻辑本身未必即能开出科学理性或民主政治,但如果判定科学及民主和修身了无关涉,那就是失之武断了。不过,这一课题牵连甚大,不必在此详究。值得特别提出的是,儒家这种可以用同心图示来标示的理念落实在本末先后内外深浅(循序渐进)的实践过程之中确能体现"极高明而道中庸"(既有根源意识又有普世精神)的伦理。

筹划1993年世界宗教集会的领导小组为了安排1999年12月在南非举行的跨世纪论坛,特别提出四大议题作为建构全球伦理的基础:持续性、进步、差异和了解。面对文明冲突的危险,我们务必强调文明对话的重要。通过文明对话来考虑生态环保、社群整合、文化多元及相互参照的可能,比抽象的普世主义为前提的伦理宣言更切合实际。这就是全球伦理的儒家诠释。

(《文史哲》2002年第6期)